西站故事

车站改变城市与生活

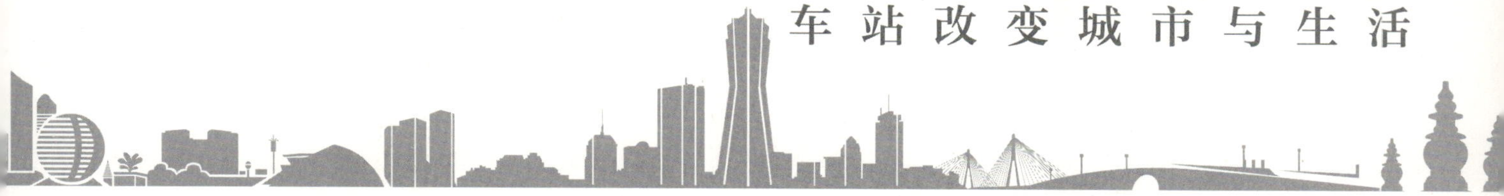

徐洁 于晨 姚涵 编著

同济大学出版社
TONGJI UNIVERSITY PRESS
·上海·

图书在版编目（CIP）数据

西站故事：车站改变城市与生活 / 徐洁，于晨，姚涵编著 . -- 上海：同济大学出版社，2024. 8. -- ISBN 978-7-5765-1285-4

Ⅰ. U291.1

中国国家版本馆 CIP 数据核字第 20243RF177 号

西站故事：车站改变城市与生活

徐洁　于晨　姚涵　**编著**

责任编辑　由爱华　朱笑黎　　**责任校对**　徐春莲　　**装帧设计**　完颖　杨勇

出版发行　同济大学出版社　www.tongjipress.com.cn

（地址：上海市四平路1239号　邮编：200092　电话：021-65985622）

经　销　全国各地新华书店

印　刷　上海安枫印务有限公司

开　本　889mm × 1194mm　1/16

印　张　16.5

字　数　278 000

版　次　2024年8月第1版

印　次　2024年8月第1次印刷

书　号　ISBN 978-7-5765-1285-4

定　价　198.00元

顾问 程泰宁　　支文军

编著 徐　洁　　于　晨　　姚　涵

参编人员

郦仲华　陈东杰　林　军　高　松　钱桂枫　方　健　陈金友　张　敏

盛　晖　许敦莲　罗之颖　陈开校　董光炎　宫　达　罗汉斌　郭雪飞

孟　佳　杨志红　郭　磊　刘鹏飞　王梦佳　金智洋　严彦舟　李墨君

陈立国　戚东炳　江　畅　丁晓莉

序：火车站，开启城市文明的新起点

火车改变了世界。18 世纪 80 年代，英国人詹姆斯·瓦特改良了蒸汽机，拉开了工业革命的序幕。蒸汽动力火车的诞生推动了工业化的进程，开启了全球范围内的铁路建设热潮。蔓延欧洲各地的铁路网络连接起城市、工业中心，甚至也延伸到了诸多中小城镇。这些铁路沿线的城镇因工业而繁荣，而铁路的建设也促进了人们迁徙至城市，推动了全球城市化进程的发展。

大量火车站在欧美各大城市涌现：宏伟壮美的建筑、宽阔整洁的站前林荫广场、功能丰富且装饰华丽的室内空间等，使火车站成为城市的中心。无数历史事件在火车站发生，人世间的悲欢离合在此上演，无论是小说、电影、绘画还是城市中不同人的日常生活，都能在这里找到样本。

火车站作为城市基础设施节点，铁路交通流动性的特点促使物资、资金、人员、技术、信息等要素在区域内聚集和重组，推动着区域的发展。当交通流量成为经济社会生活的重要指标时，火车站成为许多城市的地标和节点，例如英国伦敦的国王十字车站和圣潘克拉斯车站，法国巴黎的里昂站、蒙帕纳斯站，以及美国纽约的中央火车站、宾夕法尼亚车站等，都成为城市重要的地标建筑，也是城市最主要的交通中心节点。火车站不仅成为地标和城市门户，同时还在城市更新的发展过程中，在百多年之后蜕变重生，焕发出旺盛的活力，推动着地区的再生。

在百多年的交通竞争中，虽然面临着汽车和飞机发明的挑战，但火车通过不断的技术革命和发展，找到了适合自己的定位和路径。如今，在清洁能源动力竞争中，火车独树一帜，保持着高效集约和大流量普惠等优势。火车站也凭借其独特的区位优势和规模流量，重新成为城市的区域中心。

回顾近现代中国发展历程，晚清李鸿章“洋务运动”开启中国第一条自建铁路，孙中山先生提出“发展中国财源第一要策”以及《实业计划》中的铁路计划，铁路成为中国现代化自强的典范。截至 2020 年，铁路已覆盖 99% 的 20 万人口以上城市，成为中国社会经济和日常生活中不可或缺的重要组成部分。截至2023年底，中国投入运营的铁路总里程达15.9万公里，其中高铁4.5万公里，运行速度最高达到350公里/小时；2023年的国家铁路旅客发送量达36.85亿人次，高峰日旅客发送量突破2 000万人次。同样，中欧班列让“一带一路”合作伙伴之间的经济联系日益紧密，铁路发展成了国际化合作的重要支撑。

高铁的出现改变了中国，重塑了城市发展格局，改变了城市内部的空间结构和交通组织方式，引入了新经济、新产业和新业态，推动了区域城市之间相互联系和同城效应的形成。高铁站也成了城市发展的新引擎。

作为杭州这些年高速发展的重要见证，火车站为杭州走向一线城市提供了动力。特别是杭州西站，对杭州西区的发展影响重大。杭州西站的综合体已经发展成为城市的门户和中心，集成了现代城市的核心功能，包括产业、科研、教育、商业、办公、文化、休闲公园和绿地等。杭州西站也将交通的网络推向了极致，高铁、地铁和道路交通体系深入城市的每一个区域，就像人体的血管和神经延伸至人体的每一部分，整个杭州城因交通的流动性而充满生机和活力。围绕杭州西站展开的故事提供了有关城市、建筑、科技和创新的一种新视角，希望能带给人们欣喜和共鸣。

前言

杭州西站于 2022 年 9 月建成通车，开通至今持续受到国内外的广泛关注：在各大媒体、学术论坛、讲座中频繁出现，吸引了众多业界人士前来参观考察。可以说，杭州西站作为“站城融合”的示范性项目，为中国“站城融合”的进一步提升和发展打下了很好的基础。同时，杭州西站也获得了国际关注，外国网友纷纷评论其为“好莱坞电影里才有的科幻建筑”。随着 2023 年杭州亚运会的召开，杭州西站在国际舞台上发挥了更加巨大的影响力。本书是杭州西站设计思考的全记录，可以看到“站城融合”是如何一点点从理念变成现实的，并体现在设计的各个维度上。

同时，本书又不只是杭州西站的工程总结。在书中，杭州西站成为一个媒介，串联起了车站的历史、车站中发生的故事、站城之间的对话等。在其中可以看到车站是如何一步步改变城市空间，并与人的生活产生愈加密切的关联的。从诞生到现在，车站已经发生了天翻地覆的变化。车站，保留着时代和社会的缩影，又像是一座座人生驿站，记录着人们在此发生的相遇与离别，承载着五味杂陈的情感，充满了未知的无限可能。因此，除了杭州西站，本书还记录了从 20 世纪 50 年代到现在，不同时代、不同车站中发生的故事，以纪念车站以及探寻车站在人们心中的意义。

更加不能忽略的是，中国铁路客运站的发展以及杭州西站的落成并不是一蹴而就的。19 世纪铁路发展初期，中国铁路建设曾落后于西方发达国家大约 50 年。如今，中国已经发展出世界上最大的高铁网络，高速铁路客运站设计也已成为世界关注的焦点。中国铁路及客运站的建设浓缩了时代与社会的发展历程，也饱含着一代建筑师为国家铁路事业发展不断开拓的初心与深情。本书回溯了 1949 年以后铁路旅客站设计的发展历史，重新回顾了先辈建筑师们的研究及实践成果，这其中包括新中国建筑史上意义重大的北京站以及同时期建设的一批大站，还包括国内第一本铁路设计参考书《铁路旅客站建筑设计》的出版。其中凝结了无数先辈的心血与汗水，也书写了中国铁路客站的历史，值得每个人深深铭记与缅怀。本书系统梳理了中国铁路客站的建设发展历程，借此向先辈建筑师们致敬。

近年来，“站城融合”理念被反复提及，一些新建客站的建筑设计中，普遍开始重视站城功能的复合、高铁与城市交通系统的有机衔接，以及站城空间特色的塑造等。然而，“站城融合”理念并不是凭空出现的，早在20世纪90年代杭州城站的设计中，即显现了“站城融合”的雏形，这一理念不仅体现在建筑设计中，还体现在城市设计与控规当中。遗憾的是，受限于特定时代下的机制，一部分设想未能够落实。杭州西站的设计理念，一定程度上与杭州城站一脉相承，是在其经验总结与积累之上，作出的创造性的尝试与突破。杭州西站今日所展现的新理念、新创想亦是中国铁路客站设计变迁的映射。

可以说，杭州西站的设计解决了过去客站建设中存在的一些问题，但应该承认，它的建成存在一定的偶然性，有时代的因素，也有地域的因素，并不是一种具有普适性的模式。相比于具体的设计手法，杭州西站的设计理念和思考更加值得关注，这也是出版本书的目的。另外，杭州西站的建设过程中也留有不少的遗憾，一些设计方案由于种种原因并未实现。本书收录了部分过程方案，展现出杭州西站的设计过程，以及它是如何一步步成为现在的样子。目前，杭州西站的综合开发还在建设过程当中，对其下结论还为时过早，更客观的评判应留待未来书写。但是，杭州西站作为“站城融合”这一特定发展阶段的代表作品，是一个良好的开端。应该说，“站城融合”的路还很长，中国铁路的发展也远远没有到达终点。希望本书的出版能引发更多的思索，为中国铁路客站设计带来更多的可能性。

目 录

1　车同轨，城相连：天下共享

中国古代城市与交通

车同轨：马车与驿站

古人陆路交通的主要工具是马，日行千里是古人对于速度的最高想象。

陆路交通的飞跃始于轮式车辆问世，人们掌握了用驯养的牛马拉车驮物的技术。车，最早见于甲骨文，为有轮子、靠牛马驱动的战斗工具，后引申为有轮子、靠牛马驴牵引的交通运输工具。上古时代，以牛马为牵引力的轮式车辆犹如工业时代的火车和汽车，是先进交通方式的代表。轮车出现后，就有了人工筑路。与天然的河道水运一样，人工修筑的道路打破了山川地理的阻隔，为商品货物和人员的流通提供了便利，为思想文化的传播提供了必要条件，促进了不同地域的互动交流与多元融合。

公元元年前后，欧亚大陆两端有两大帝国几乎同时崛起——中国古代秦朝和罗马帝国。对于大一统的帝国而言，为车马通行而设的人工道路本身就是控制和调动社会资源的国家重器。建立和维持一个巨大的文明圈，与畅通的国家道路工程密不可分。

在西方，随着罗马势力范围向四面八方延伸，连接罗马和各地战略要冲的公路网也不断延伸，原有行人马匹通行的路基被修直、拓宽，架桥、挖隧道、改善排水，使其变成坦途，“条条大路通罗马”，形成了横跨欧亚非的帝国路网体系。

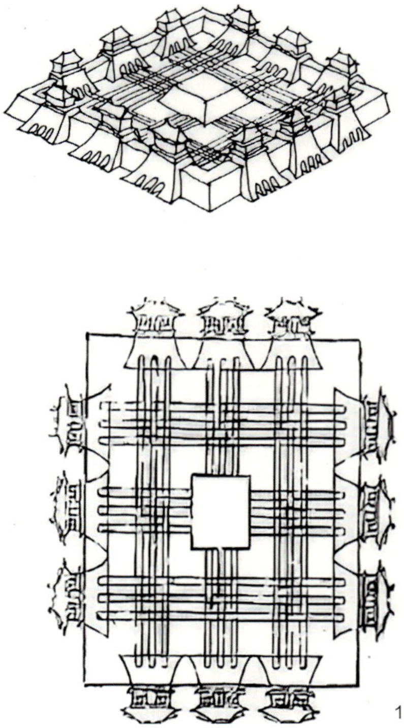

1

在欧亚大陆的另一端，中国古代秦统一六国后，施行了车同轨、书

同文、统一度量衡的国家战略。“两轮之间的距离为轨”，“车同轨”是道路标准化的一个措施，以秦都咸阳为中心筑驰道、修直道、凿栈道，原先区域性的交通网由此连成一片，初步形成全国统一的水陆交通干线网络。这些四通八达的国家公路犹如血管脉络，把政令和资源高效率地下达和传输到帝国的每个角落。秦汉以后，一个不断开拓延展、渐趋完善整合的全国性交通运输网络系统，对多元一体的中华文明的形成、发展和延续起到了十分重要的作用。

“一驿过一驿，驿骑如星流”，完全依赖于人力、畜力的陆路交通网络上，驿站必不可少。乘马传递曰驿，中途停留转运的地方曰站。驿站备有驿舍，提供换马、食宿、休息服务，功能类似于当代高速公路上的服务站、加油站，是古代邮驿制度的重要组成和支撑。比如据元代《马可波罗行纪》记载，“所有通至各省之要道上，每隔二十五迈耳（mile），或三十迈耳，必有一驿……合全国驿站计之，备马有三十万匹，专门钦使之用。驿站大房有一万余所，皆设备妍丽，其华靡情形，使人难以笔述也”。

在古代，交通运输和通讯主要依靠水路，陆路交通完全依赖人力畜力，长距离运输车马颠簸、花费不菲且费时费力，因而在相当长一段时间内，倾国家财力建立的驿站交通网络主要供官方使用，负责下传政令、上达民情、输送税赋、调动军队、接待官员或使客等。即便到了近古时代，驿站之外增设了大量为普通旅客服务的商业性设施，也只有少数人可以承担得起出门远行（经商、朝圣、赶考、赴任、游玩等）的成本和风险。安东尼·吉登斯曾在《现代性的后果》中论述道：“同现代交通工具所提供的密集的流动性比较起来，前现代的绝大多数人处在相对凝固和隔绝的状态。”普通人终其一生，其生活范围很少有超过方圆几十里的。

1《周礼·考工记》中城市的组成——城门、城墙与交通（轨）定义着中国的城市基本格局

2 秦铜车马

3 汉画像中的车马图，当时的车马将交通延伸至远方

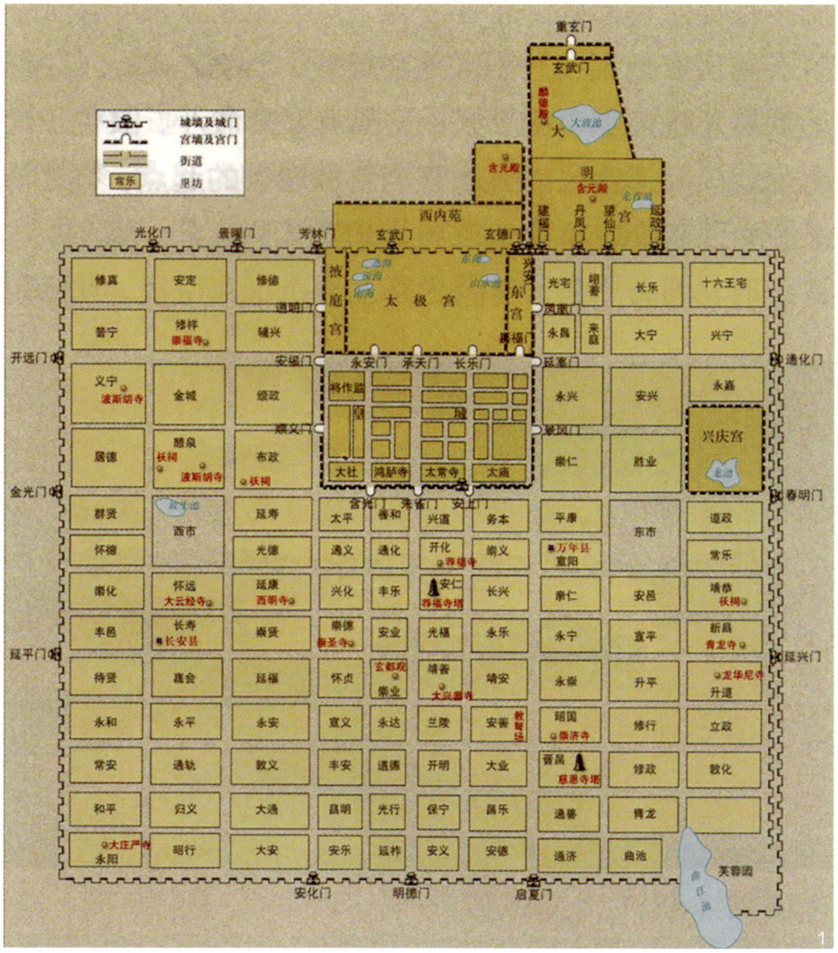

城门、城市与交通

城市与交通的关系极为密切……交通路线是城市发展的生命线，可以保障城市居民的日常生活用品的供给，同时通过城市将整个区域甚至其他区域的商品转输各地。

——张晓虹，《古都与城市》

在古代，城市大多为城墙环绕的封闭式结构，城墙和城门是城市物理边界的标识，规定了城市的形态、规模、尺度。城门的位置和数量根据城防和城市整体布局需要而设置。城门连通城市道路，传统的棋盘式道路格局，经纬式道路分别通向各城门，形成城市的骨架，城门与城市内部空间结构、功能区布局形成明显的呼应关系。

以杭州古城为例，杭州最早的筑城历史要追溯到隋朝，依凤凰山筑城“周回三十六里九十步”。南宋定都临安（杭州）后，人口从至多20万人增至百万有余，城市却并未向城郊扩展多远，城墙外的湖泊、江河与连绵的山岭阻挡了城市扩张的脚步。杭城郊外的江南运河与浙东运河系统，组成了一张由水道连接起来的高速交通网，舟船运输打破了杭城物理环境的阻隔。供应杭城庞大城市人口日用所需的交通运输，主要倚赖城墙外连接江南地区大小城镇的水运网络，以及城墙内横贯东西南北的水陆交通网——运河、街道和桥梁。

城门是城市与乡村、城内和城外两个世界相遇的地点。城门分为旱城门与水城门，分别与城内大街、河道贯通，是水陆运输重要物资进入城市的主要交通线。城市居民日常生活以及工商业运输都需要经由城门频繁进出，城门内外挑担的脚夫、驮包的牲口、过路的行人和车辆拥挤碰撞，仓库市场、店铺作坊、食店茶肆客栈鳞次栉比。城门还是信息中心，是古时官府张贴公告晓谕民众的场所；是收税的关卡、报时的中心，高耸门楼上的暮鼓晨钟俨然是整座城市生生不息的脉动象征；是城市的门面，城门之上的重檐飞阁望之如云，望之便知所归。设置在城市重要的对外交通线上，城门（楼）构成了中国古代城市的天际线，向过往之人宣示着城市的威仪。

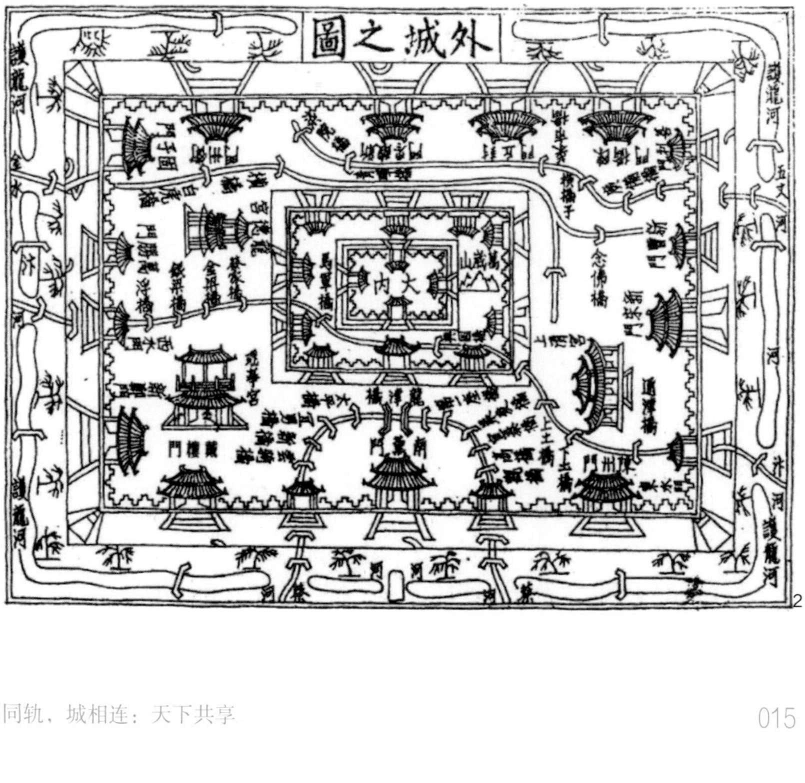

2

1 唐长安城示意图：遵循传统网格，以纵横道路组成的城市与皇宫、坊里

2 宋东京示意图：以方正的城墙围合城市，主要的道路划分出城市的区域与功能

1

2

活跃在城门内外的生活的节奏，不仅随着一天中的时间变化，还受到城门在城市中的不同方位以及城外关厢特点的影响。南宋的杭城有13座陆城门、5座水城门，都有大街通向城市中心，而在城门外临街、沿河、近桥、傍山等交通便利的地方，有大约15个主要日常消费品的供应市场，素有“东菜、西水、南柴、北米”之说。比如，始建于隋朝的武林门（又称北关门、余杭门）是杭州最古老的北大门，门外是杭城最大的稻米和淡水鱼市场。每天，从江浙一带大米主产区开来的米船，沿着大运河源源不断抵达北郊米市；后半夜，来自附近水乡的渔船停靠北郊码头鱼市，卸船过秤交易，然后再从这里批发到全市各处的店铺里。武林门内则是纵贯南北、直通皇宫的御街，临近御街的街区是杭城内买卖最兴隆的地方，可以找到奢侈的精品、上等的店铺、最大的酒店和时髦的茶肆等。庆春门（又称东青门、菜市门）和望江门位于城东，门外是郊区农民的

1, 2《清明上河图》中的城门区域是城市的门户意象，是交通枢纽，也是商贾云集之地

3 杭州原古城门示意图

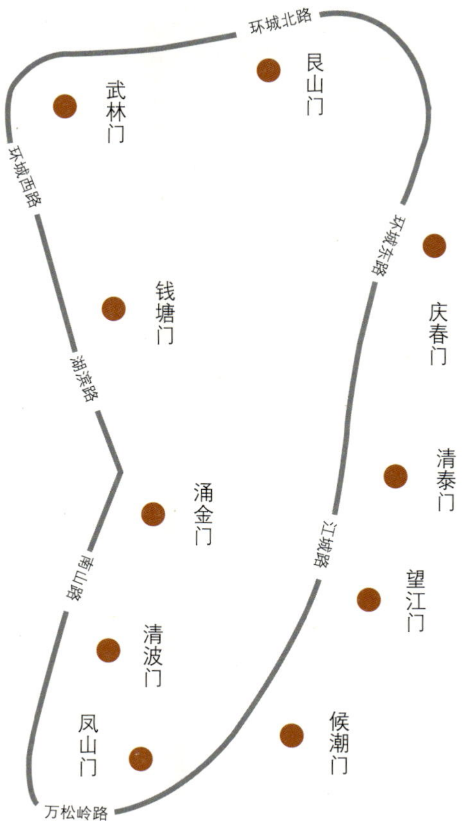

3

菜地，菜农每日清晨挑着菜担入城，售卖后再担粪出城。而庆春门内的庆春街，历来是杭城繁华的街道之一，沿街开设店铺、食店和小作坊，有各种各样的日用品和器皿……就像北宋《清明上河图》所描绘的汴京，南宋杭城的城门、街巷、运河、桥梁，也组成了一幅生动鲜活的都市生活浮世绘。

高耸坚固的城墙与定时启闭的城门是古典城市的标志，不仅是行政中心和军事防御的重要屏障，也构筑起便利的交通网络，对于保境安民和促进城市经济发展起到了十分积极的作用。随着人口增长和商业发展，城市经济活动区域不断向城墙外拓展延伸，市民日常生活，以及工商业发展和运输都需要经由城门频繁进出。城门有限的交通流量和对城墙内外道路走向的约束，制约着城市经济的发展，影响了城市布局的合理调整。

人民宫殿：从近现代城市的中心看火车站百年

火车站的现代性：流动、快速、新材料与结构

工业革命开启了新的时代，人们对于时空环境的概念发生了重大转变，蒸汽机带来新的交通方式，改变和重塑了世界与生活。从马车到火车、电车，从帆船到轮船，从邮传驿站客栈到火车站、酒店、邮局、电报，形形色色的现代交通运输与通信工具先后出现，工业革命的技术进步创造出一个加速奔跑的新时代——技术迭代加速、社会变革加速、生活节奏加速。

19 世纪最重要的发明无疑是火车。这匹现代“铁马”喷着隆隆响鼻、冒着滚滚黑烟、拉着节节车厢贴地飞驰。火车经过时的那种力量和速度，撼动了古老的大地和人们的内心，就像查尔斯·狄更斯笔下浑身冒火的魔鬼，冲击着沿途人们的工作与生活。它所代表的现代性，开启了一个新世界。

与马车相比，蒸汽火车和轮船使得大宗商品的流通、大量人员的流动得以实现，开启了地理和社会流动的新纪元。借助火车和轮船，广袤的地理空间被极大地压缩，跨越地区、国家、大洲的大众旅行开始兴起，统一的世界贸易体系开始形成，并沿着无尽延伸的铁轨和航线蔓延、渗透。它们是引领 19 世纪人类文明进步的发动机。

如果说火车曾是工业文明的标签，那么火车站就是工业文明时期最先建起的圣殿。它们屹立在城市中心，充当着城市门户的角色，代表着

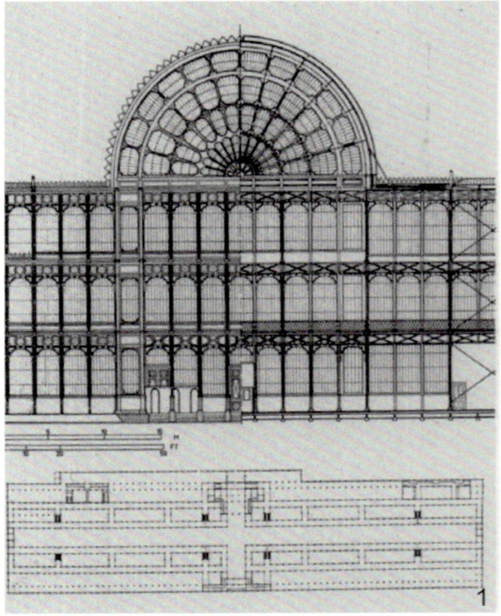
1

1 世博会“水晶宫”平面及立面局部：1851 年伦敦世博会“水晶宫”开启了现代城市中巨型空间形式的先河，其结构材料的生产与建造彰显了工业时代的到来

2 关于世博会“水晶宫”（钢版画）

工业时代交通与建筑的高峰，以宫殿般的造型表明了铁路出行在近代世界中的地位，并给那些从这个门户进入城市的人们留下深刻印象。比如，建于 1905 年的安特卫普中央车站，巨大的穹顶让人想起罗马的万神殿；布达佩斯火车站由法国人古斯塔夫·埃菲尔于 1874 年设计，是当时欧洲最现代化的火车站，用钢网架结构与玻璃建构了一个如教堂般宏大壮丽的公共空间（15 年后他设计了法国巴黎的埃菲尔铁塔）；伦敦圣潘克拉斯火车站是英国“铁路热”的象征，以红砖为主的哥特式风格，代表了维多利亚时期建筑的巅峰……

作为工业时代的重要象征物，火车站建筑大量运用了新型结构与材料——钢铁、玻璃、混凝土等。19 世纪是一个钢铁世纪，铁是建筑史上

1

首次出现的人造建筑材料，铁轨是最早的建造部件，脱胎于铁轨的铁梁改变了建筑的形式和空间，促进了高层和大跨度建筑的发展。19 世纪的火车站建筑集成了工业时代最尖端的建造技术、建筑材料，体现了崭新的审美标准。火车站建筑以开放的平面为基础，内部空间如教堂般雄伟，可容纳多列车体进入的站场，内部空间宽广气派，通常采用 19 世纪特有的铸铁桁架构造。完全暴露的大跨度桁架结构形态特别，表达了现代力学之美和材料真实，创造出传统砖石拱券结构无法提供的空间跨度和轻盈体系，把围合结构从承担荷载的束缚中解放出来。工业时代的火车站讲求效率，虽然外观上依然延续古典审美，以一流的砖石材料和宫廷风格的浮华装饰为主，内部则是工业技术革新的殿堂——钢铁结构从设计、制作、运输到现场安装，完全依托工业生产和近代工程技术的强大能力完成，其内部空间也更倾向于表现结构、材料的合理性，强调建筑的简洁造型、秩序感与功能。

2

1, 2 布达佩斯火车站是一组对称的仿古典建筑，与中间的玻璃大跨建筑共同组成工业时代城市的宫殿，火车（机器）占据着中心位置，高悬的时钟似乎成为主宰，在时间、效率和机器的时代，火车站也成为城市的重要节点

3, 4 纽约宾夕法尼亚车站：巨型的券拱桁架和钢铁梁柱，勾画出火车站厅新的空间图景

位置与建筑空间特点：开放性、公共性、综合性

每一个城市都需要一个令人印象深刻的中央火车站，作为它面对世界的门户。这些车站成了宣扬特定价值的机会和场所，并引发了世界范围的激烈竞争。与过去的大教堂和市政厅曾经定义过城市层级的方式一样，这些火车站创造了新的城市环境。火车站广场，以及火车站周围涌现出的旅馆、办公、商店重新定义了城市的中心。

——威廉·科尔德雷克

Architecture and Authority in Japan（《日本标志性建筑》）

工业时代的城市化，不仅打造了都市的现代化景观和诸多标志性建筑，也引领了都市公共空间的变革，催生了一种新的生活方式和都市文化。19 世纪的巴黎人频繁地走出家门来到街道广场，去体验这座现代都

1–3 巴黎的奥赛火车站，曾经是维克多·拉卢为 1900 年巴黎世界博览会而建。1986 年，经过八年改建，它变为奥赛博物馆，应和了当年爱德华·迪泰伊的赞美：火车站像一座陈列艺术宫的宫殿

市的公共空间和人潮。除了传统的教堂和市集，人们也在咖啡馆和公园约会，在林荫大街漫游，在拱廊商场购物，在塞纳河畔散步，或是搭乘公共交通到达城市远处……这些真正意义上的公共空间带给巴黎人一种新的都市生活体验。

火车站作为那个时代城市重要的公共空间，在 19 世纪 40 年代就已经是现代生活的代表和容器。随着公共马车、火车和电车的出现，历史上第一次出现了公共交通。廉价的公共交通改变了城市生活，使流动的自由不再是权贵阶层的专有权利，大众出行逐渐变得日常化。1851 年，伦敦举办了第一届世界博览会，数以万计的观众乘坐火车从英国各地来到首都。火车和火车站将个体与城市、国家的公共生活紧密联系起来。它们开启了一种新型的社交场所，一个平等、开放、普惠的公共空间，一个不同地区、阶层、性别的人们邂逅、互动和交流的平台，就像现代都市的公园、博物馆和图书馆一样。

19 世纪的火车站作为交通枢纽位于城市中心地带，是一个崭新、快速流动的综合体，融入了交通、商业、文化、娱乐等功能。每一位通过车站抵达城市的旅客，总会率先见到车站及其映现出的城市风貌和气质，并由此来认识整座城市。在古代，高耸的城门是城市门户，城门内外的广场空地以及从城门向中心延伸的主大街，就是城市最为活跃的商业中

2

3

1

1 纽约宾夕法尼亚车站大厅古典主义的柱式、穹顶、拱券巨大的空间尺度，宣示着人们对火车工业机器的崇拜，古典的“神圣”空间预示了新的仪式与生活方式的开始

2 赫尔辛基火车站大厅

3 纽约中央火车站大厅

心，聚集了各种市集、驿站、仓库、餐馆、作坊和小店，是人流和物流、商品和信息的集散地。近代以后，火车站成为城市门户，火车站建筑及其周边地区成为活跃的商业中心，镶嵌入与日常出行生活密切相关的设施和服务：酒店、办公、购物、餐饮、娱乐、公园，甚至温泉浴场、剧院、博物馆……功能包罗万象，满足了人们对交通枢纽的多元需求。

时空的工业化：标准化时间、城市化与现代国家

苟无铁道，转运无术，而工商皆废，复何实业之可图？故交通为实业之母，铁道又为交通之母。国家之贫富，可以铁道之多寡定之，地方之苦乐，可以铁道之远近计之。

——孙中山

电影《雨果》的故事发生在20世纪30年代的巴黎蒙帕纳斯火车站，栖身于火车站大钟里的小男孩雨果，每日奔波于火车站的27座机械大钟之间，进行调校维护。镜头跟随小男孩穿梭于精巧的钟表齿轮、发条和蒸汽、管道、机器构成的迷宫中，从人们看不见的时钟内部，远眺埃菲尔铁塔和错落有致的城市风景，俯瞰火车站大厅内穿梭往来的旅客，还有书报摊、面包房、玩具店……镜头下的巴黎火车站，宛若一架制作精良的机器，每个人和物都是机器上一个的零件，被赋予了永无止境、全时运转的动能。

在电影中，大钟成为火车站的重要标志和象征，那是全球化时间的开始。车站公共空间中无处不在的大型机械钟显示的并非本地时间，而是现代性的标准时间。从中世纪开始，欧洲城市与乡村建起教堂，竖起钟楼放置机械钟，教堂的钟声标识了地方性时间，以及日出而作、日落

1 火车站的钟代替了古老教堂的钟声，定义了工业时代的城市时间与生活

2 电影《雨果》中，从火车站大钟向外眺望，可见巴黎市景

而息的生活节奏。19 世纪，随着英国全国铁路网的建立，引入了格林尼治时间作为整个铁路网的标准时间，农业社会地方性的自然时间被迫向“铁路时间”妥协。1880 年，英国政府批准格林尼治时间成为英国的标准时间；1884 年，世界各国以格林尼治时间为基础划分了时区。火车时刻表和全国统一的标准时间重塑了西方社会的时间意识。作为资本主义生产和生活方式规训的象征，精确到时、分的钟表频繁地出现在公共空间和私人空间中，控制了人们的工作和闲暇时间，快节奏的机械生活取代了之前的自然作息，成为现代都市文化的主题意象之一。

正如文化史学家沃尔夫冈・希弗尔布施在《铁道之旅：19 世纪空间与时间的工业化》中指出的，交通技术是社会改变的物质基础，这种时空组合体的变化影响了整个社会结构的变化。铁路无疑是 19 世纪文明进步的火车头，无尽延伸的双轨铁路催生了时间的标准化、空间的城市化、地域的全球化等一系列现代性特点：在美国，铁路与西进运动、国家统一和城市化密切相关；在欧洲，修建铁路成为争夺“生存空间”的手段，原先小邦林立、碎片割据的状态向统一的现代民族国家转型，铁路网作为现代国家的“神经”和“血脉”与大城市、大市场相互成就，彻底改变了欧洲的社会面貌和地理版图；在中国，孙中山先生的建国方略也把铁路建设作为振兴实业、构建民族国家的主要手段……

如果说城墙和城门是古典城市的地标和象征，服务于封闭自守的农业社会和传统经济，那么 20 世纪初的火车和火车站就是中国现代城市的门户和地标。清末民初，蒸汽火车如同冒着黑烟的钢铁长龙，在中国古老大地上奔跑轰鸣，代表着西方工业文明势不可挡的冲击力，在 20 世纪中国城市空间转型过程中留下深刻的现代印记。“拆城筑路”首先

2

2

3

发生在沿海一些水陆交通枢纽城市，为近代城市化、工业化、现代化转型扫除障碍，城市由传统的内向封闭走向现代开放社会，可以说现代交通前所未有地冲击了城市和社会的传统景观。

交通技术是改变社会的物质基础，铁路在世界很多地区的城市化中扮演了重要角色。借助机械的力量，曾经需要漫长时间跨越的广袤地理空间被极大地压缩，人类对于时间和空间的感知被彻底改变，“车同轨，城相连，天下共享”逐渐成为人类共同的理想。

参考文献：

[1] 张晓虹．古都与城市 [M]. 南京：江苏人民出版社，2011.

[2] 傅祥林．交流与交通 [M]. 南京：江苏人民出版社，2011.

[3] 谢和耐．蒙元入侵前夜的中国日常生活（插图本）[M]. 刘东，译．北京：北京大学出版社，2008.

[4] 希弗尔布施．铁道之旅：19 世纪空间与时间的工业化 [M]. 金毅，译．上海：上海人民出版社，2018.

[5] 德让．巴黎：现代城市的发明 [M]. 赵进生，译．南京：译林出版社，2017.

[6] 芒福德．城市发展史——起源、演变和前景 [M]. 宋俊岭，倪文彦，译．北京：中国建筑工业出版社，2004.

[7] 王星．摩天楼：通天塔和城市梦想 [J]. 三联生活周刊，2010（18）：103-113.

[8] 刘英．流动性与现代性——美国小说中的火车与时空重构 [J]. 南开学报（哲学社会科学版），2018（3）：137-144.

[9] 单读．火车站正在经历这个时代最大的失落 [EB/OL].（2018-2-11）[2022-10-14]. https://www.sohu.com/a/222161084_563941.

[10] 杭州市投资促进局．从古城门到石碑：带你细数杭州十大古城门的历史变迁 [EB/OL].（2020-10-14）[2022-10-14]. https://mp.weixin.qq.com/s?__biz=MzI4Mjc3OTg2Ng==&mid=2247499468&idx=1&sn=224e6f8f7fb46d7c7a719b79c1949567&chksm=eb967779dce1fe6fa1662399b41acecd0f32d0eb24c71f7053d35b605a5c0315762a52dcdf5a&scene=27.

[11] 于晨．站城融合新需求下的客站综合体设计——以杭州西站为例 [J]. 世界建筑 ,2021(11):27-32.

1 伦敦国王十字地区的潘克拉斯火车站重新成为城市的地标

2 巴黎奥赛火车站已变身奥赛博物馆，成为城市艺术的地标

3 巴黎奥赛火车站的大钟，似乎可以透过时间的窗口读到城市的历史

车站的历史：中国车站发展 70 年

一本书与一代人，奠定发展根基

1

中国铁路客运站的发展历史，可以从《铁路旅客站建筑设计》谈起。

这本书的编写启动于 1962 年，当时中华人民共和国已成立十多年，但只有 1959 年建成的北京站一座大型铁路客运站。原计划建设的沈阳站、重庆站、哈尔滨站、天津站都因国民经济陷入困难而暂缓。由于缺乏铁路客站建设经验，缺失车站设计的系统理论、标准规范与设计方法，客运站设计无据可依。既有的一些定额、车站分类和术语也不统一，迫切需要一本“行业标准与规范”。为此，铁道部立项了“铁路旅车站建筑设计”研究，项目编号 209。

项目确定由建工部建筑科学研究院（建研院，现中国建筑科学研究院）与铁道部铁路专业设计院（现中铁设计）为主编单位，南京工学院（现东南大学）、天津大学、重庆建筑工程学院（重建工，现重庆大学）和唐山铁道学院（现西南交通大学）四所高校为编写单位，协同铁道部下属设计院和各地方铁路局等二十余家参编单位共同完成。编写团队中的许多人都属于行业内的专家，或在铁路专项设计和研究中有所建树，或具有丰富的铁路运营管理经验，如南京工学院的系主任张致中、天津大学设计天津站和哈尔滨站的张文忠、唐山铁道学院设计沈阳站的姚富洲、重建工设计重庆站的卢小荻等。其中张文忠、姚富洲和卢小荻都毕业于清华大学。作为主编单位，铁路专业设计院派出了徐克纯和孙彩文，建研院派出了临时接替同事进组的程泰宁，以及随后加入的顾启源。

这本书最初由我的同事李慧君负责。不久，她调到西安工作，领导安排我接手。当时研究工作刚开始，一周后要与各参编单位讨论全书编写大纲。我那时很年轻，大学毕业没多久，之前从未接触过铁路客站项目，任务很艰巨。

——引自程泰宁院士采访

（注：后文中出现的楷体文字均整理自程泰宁院士的自述）

程泰宁在编写工作中承担着重要角色。困难没有难倒程泰宁。相反，工作的挑战让他心力更足。整整一周，他夜以继日突击补课，把之前的资料和数据全过了一遍，很快列出了编写大纲，然后与主编单位其他负责人完成了沟通。尽管在面对张致中和几位有经验的学长时难免有点“心虚”，但别人都以为他本来就是这个课题组的。在后续工作中，程泰宁迅速进入角色。作为主编单位的三位负责人之一（另外两位是顾启源和徐克纯），他承担了两章内容的编写和全书绘图的质量把关，还负责协调二十多家参编单位协同工作。这期间共开过三次协调会，每次都有一二百人，会议的会务工作也是他组织的。

这个项目前后做了三年。许多今天仍在使用的术语和规范，都是在这本书中被首次明确和统一释义的。书中采用以旅客最高聚集人数为客站规模的划分标准，分级更加科学。在2018版《铁路旅客车站设计规范》中，车站规模的确定方法基本沿用了当初的标准。

为了让这本书符合国情，编写组进行了大量调查研究。根据分工，程泰宁等人调查了国内不同规模的铁路客站，包括北方的二连浩特、集宁，南方的佛山、三水、英德和顺德等地火车站，进行分析研究，再以最具共同性和代表性的设计元素作为标准制定的基础，归纳总结标准设计类型，使其更具普适性。

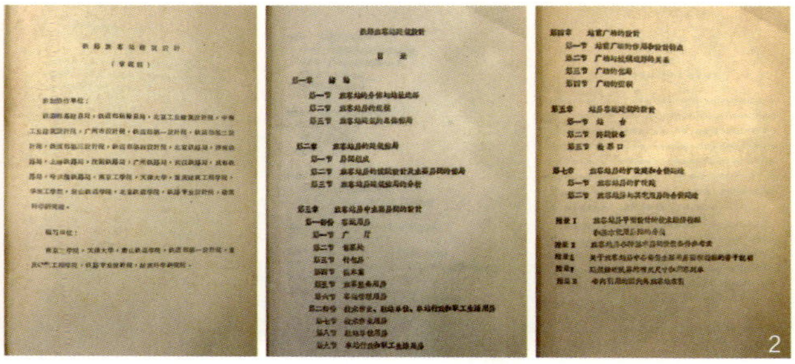

1《铁路旅客站建筑设计》1977年7月第一版封面

2《铁路旅客站建筑设计》内部稿的封面与目录

为了提高学术研究质量，编写组搜集和查阅了所有能找到的外文杂志和书籍。当时国内车站类型只有线上式、线下式、线侧式三种分类。在查阅国外资料后，编写组对其进行了扩充，为未来可能出现的新的站型进行定义，将线侧式分为侧上式、侧下式、侧平式，将线端式分为端上式、端下式、端平式。有趣的是，尽管编写组当时都觉得这些名称不好听，却没想到一直沿用至今。

为了指导设计，编写组的姚富洲、卢小荻和张文忠等人，根据这本书的设计原则，对此前他们设计的沈阳站、重庆站、哈尔滨站和天津站重新进行优化，作为案例一并纳入书稿。程泰宁与徐克纯合作完成的华南地区 1000 人铁路旅客站等多个设计方案也被纳入其中。

基于对国内外铁路客站的调研和分析，编写组填补了相关理论与设计方法的空白，为客站设计提供了方法指导，因扩充国际视野而使书稿内容具有了学术前瞻性。

例如，该书在“旅客站的站址选择和总体布局”中提出，站址选择的第一条原则是应满足旅客的乘车方便，不应片面强调一律将客站外迁，其位置要与城市交通及其他交通运输事业密切配合。关于总体布局，明确了“旅客站是由站房、站前广场以及站场客运建筑三个部分组成的”，第一次阐述了站房、广场、站场三位一体的理念。而站前广场作为旅客站房与城市联系的“纽带”，尤为重要，专门在紧接的后一章设立“站前广场的设计”进行论述。广场的位置不只局限在站前，而是环绕着站房四周出现。比如荷兰鹿特丹站，除了站前设置的广场，站房两侧还有两个广场，通过增加车站与城市的接触面，旅客流线大大缩短。再如日本大分站，出于对通勤人群的考虑，它的广场设置在站房与站场之间。美国辛辛那提站，几条车道直接从广场连通地下，与地面的人流完全分开。国外的实例说明，站前广场应该是立体的：不仅是站前的，还是四面的；不仅是地面的，还有地下的。站与城的交通关系，不是一种平面化、单面化的连接，而应该是多面化、一体化的连接。

那时，程泰宁对铁路客站设计开始有了比较系统的认识。他知道，包括广场、站房、站场的铁路客站，应该是一个有机的整体，涉及流线组织、站房建筑形象、城市设计和商业运营等诸多方面，需要作为综合交通枢纽来系统考虑。如果割裂开来，就会带来相应问题。

1964 年，研究成果汇成“审鉴稿”。这期间，程泰宁和顾启源等人带着书稿出差，在坐夜船从大连到天津的途中遭遇险情，警报声断断续续持续到黎明。生死面前，人人神色惊慌，程泰宁也很紧张。他当时想

北 京 站

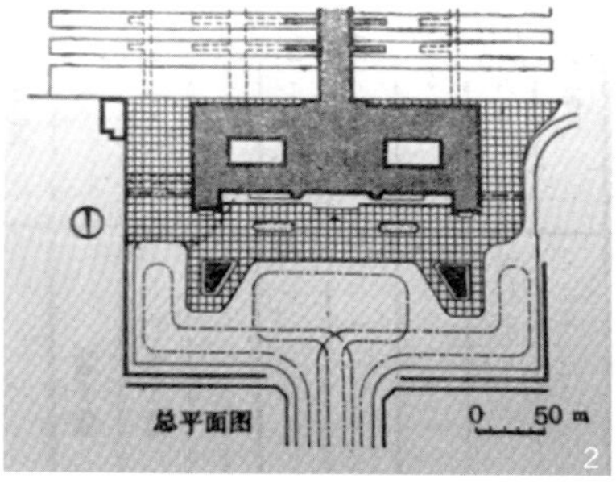

的是，这些书稿如果毁掉了，这么多人这几年的工作就都付之东流了。好在是有惊无险。

然而，由于审鉴稿中包含大量国外铁路客站设计案例和资料，稿件被搁置一边，直到 1974 年才由铁道部第三设计院（铁三院，现中国铁路设计集团有限公司）负责修改整理出版。《铁路旅客站建筑设计》从启动编撰到付梓出版历经十余年。遗憾的是，几位主要编写者都没能在书中留下姓名。程泰宁清楚记得，在翻阅外文资料时，由于他英文不好，翻译工作主要由另外两位主编单位的负责人顾启源和徐克纯承担。

> 徐克纯毕业于上海圣约翰大学，外语很好，工作特别认真。在当时，外文资料本身就很难找，为了尽可能多地了解国际上的客站项目，收集整理相关的外文书就花费了很大的力气，有些外文书已经很旧了，图和文字都变得模糊了，他就拿着放大镜一点一点地辨认、记录，之后再重新整理文字内容，并将图纸一笔一笔临摹画出来，真是费尽心血。

铁三院原打算将程泰宁调入参与这本书的出书整理，因特殊原因他未能参与，在成书中也没有留下姓名。不过，大家都知道他做的工作，后来铁道部的学术研究和项目评审会都邀请他参加，为他日后承接杭州铁路新客站和相关科研工作埋下了伏笔。

为了书籍顺利出版，审鉴稿中的国外案例在出版时基本被删光，书变成了薄薄的一本。而审鉴稿只能作为内部资料，为胶版印刷，如今或许尘封在铁三院资料室的某个角落里。而关于它的故事，也即将被时代湮没。

但无论如何，这本指导铁路客站设计的鼻祖级教科书，以及为之付出的那一代建筑师和铁路人，都是不该被遗忘的。

1 北京站（1959 年 9 月建成）站场方向站房透视图

2 北京站总平面图

几代站，在交叠更替中发展

中华人民共和国成立前，国内铁路客站多为国外建筑师设计，只有少数由留学归国的“第一代建筑师”完成，如杨廷宝设计的京奉铁路辽宁总站与南京下关车站等。1949 年后，铁路客站在交叠更替中演进，大致经历了四个发展阶段。

站房建筑作为独立主体

中华人民共和国成立初期建设的铁路客站站房，大多独立存在。站房、站场、广场三者相对独立，设计界面泾渭分明。建筑师主要关注站房内部的功能和流线处理，其中以北京站最具代表性。

北京站的站房设计由建筑工程部北京工业建筑设计院（现中国建筑设计研究院）和南京工学院合作完成。南京工学院建筑、土木两系的 56 位师生组成设计小组，由建筑系主任杨廷宝主持，方案设计主要由钟训正完成，施工图绘制由北京工业建筑设计院副总建筑师陈登鳌领衔担纲。按照正常进度，北京站设计需要一年，施工至少需要两年。而北京站从 1958 年 11 月初启动，1959 年 3 月完成设计，同年 9 月即建成使用，堪称奇迹。

作为 1949 年后第一座铁路大站，同时也是在中华人民共和国成立十周年时建成的“十大建筑”之一，北京站的站房建筑规模宏伟，站内各种流线立体错开，旅客在进入站房内部后流线顺畅，进站快捷，从主入口到检票口最短距离只有 88 米，采用自然通风，采光良好。但囿于时代，当时对车站和城市交通连接考虑较少，广场面积预留不够充足。公交车站离站房主入口较远，旅客下车需步行几百米才能到达，人车混流难以避免，埋下了安全隐患。

三位一体的铁路客站建筑

此后二十年，国内大型铁路客站陆续将站房与站场、广场统一考虑。其中以北京西站、上海新客站和杭州铁路新客站（现称杭州站，俗称杭州城站）较为典型。

1996 年建成通车的北京西站，在设计上有很多创新。例如，在地下综合交通厅中，首次将地铁站大厅用自动扶梯与车站大厅相连，将乘坐地铁到达的旅客的进站时间缩短了 10 分钟。此外，还首次设计了高架落客平台，乘坐小型汽车抵达的旅客可通过车道直接上到二层入口。

1，2《铁路旅客站建筑设计》1977年7月第一版内页：重庆（沙坪坝）站设计方案外观及候车大厅透视

同期完成的上海新客站，建筑师是上海市工业建筑设计院（现华东建筑设计研究院）的魏志达。他设计的方案采用了高架候车、南北进站的方式，为中国特大型铁路客运站创立了一种新类型。高架候车室充分利用站场上方空间，车站有了从南、北双向进站的可能性，站房与站场的关系有了一定程度的改善。

需要说明的是，尽管此时的铁路客站已有意识地将站房与站场、广场纳入统一考虑，但受制于理念、体制以及社会经济条件，仍留有不少遗憾。例如，北京西站的公交车站、购票、商业等车站设施均在一层，大部分旅客仍需从一层进站，高架落客平台的利用效率未能达到预期。上海新客站的广场未能作为铁路旅客站的一部分纳入考虑，带来了广场交通紊乱等问题。

杭州城站的设计落成则堪称这一时期车站设计的转折点。1999年建成的杭州城站，通过广场的立体交通组织实现了站房、站场、广场的三位一体，使其成为联系城市的纽带，同时解决了广场面积不足的问题，也使站房进深过浅的矛盾得到缓解。设计中力求各类车辆，包括公交车辆的停车站（场）尽可能靠近进出口（公交车的停车站点与停车场分开），以缩短旅客步行距离。此外，在设计过程中还与杭州市规划设计研究院合作，共同编制了城站地区的详细规划以及城市设计，从而调整了与客站联系的城市道路系统，改善了原来存在的车流交通紊乱的弊病。通过城市设计，设置了高架人行通道系统，将城站与周边城市综合开发联系起来，以期综合解决铁路客站与城市交通的联系问题。

客站与城市建立联系

随着高铁快速发展和城市化进程不断加快，客站与城市规划逐步协同发展。城市交通向站前广场集聚，客站为地铁预留接口，铁路客站与城市的距离拉近了。这期间设计建成的客站包括北京南站、杭州东站、武汉站和上海虹桥站等。

作为新时期大型枢纽站房建设的先行者，北京南站在建设初期的两处选址地点都距市区很远。铁道部提出“客站要靠近城市、服务市民”的要求，经过论证后最终选址在南二环与三环之间，建成后确实为旅客的快捷出行提供了先决条件。

杭州东站率先开始从战略层面重视车站与城市的关系，提出铁路交通枢纽要作为城市综合体与城市共生、协同发展，全面整合和完善城市交通功能。依托城市轨道交通的便捷性，对地下空间进行一体化开发，通过土地集约化利用释放了地上空间。铁路两侧通过 2 条地下车行隧道和 1 条人行隧道进行连通，一定程度上消解了铁路对于城市的“割裂”。

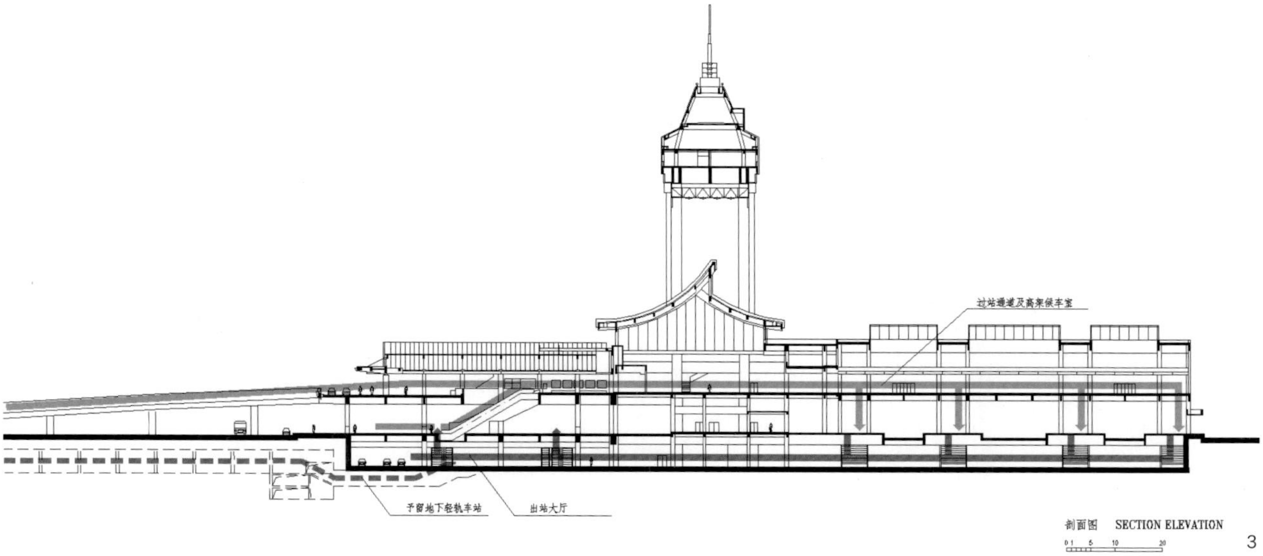

3

1 杭州城站外观

2 杭州城站手绘图

3 杭州城站剖面图

同一时期开通的武汉站在设计理念上有了突破和创新。过去站场普遍使用高堆土的路基形式，武汉站则将整个铁路站场完全架空，首次使用了桥建合一的结构形式。与以往站场、站房、广场依次铺开的平面布局方式相比，武汉站采用叠合式的立体布局，提升了土地利用效率。架空空间连接了城市东西广场，成为与城市交通紧密结合的换乘节点。武汉站叠合式立体布局的成功创新，为之后的铁路客站提供了参考范例。

同属于这一时期的上海虹桥站较为特殊，可称之为“跨越时代”之作。它的设计思想更有前瞻性，为站城融合发展提供了最初的探索。

作为中国第一个集铁路、城市交通、航空于一体的世界级综合交通枢纽，上海虹桥站将高铁站与多种交通方式融合，实现了土地资源、综合配套、城市环境资源的集约化。虹桥站的创新设计回归了建筑最基本的功能需求，强调“水平无缝衔接、垂直上下叠合”的流线安排，为各种换乘方式提供最大程度的便捷。其建设与周边综合开发紧密联动，2009 年底枢纽竣工后，逐步建成了国家会展中心、虹桥商务区核心区，辐射范围越来越广，高铁赋能下产业的集聚提高了城市运行效率。作为联结长三角的门户型枢纽，虹桥枢纽使地区经济联系更加紧密，为长三角的经济发展提供了有力支撑。

1

1 杭州西站“云门”草图

遗憾的是，由于投资和管理体制的限制，铁路与地方的合作在当时尚停留在摸索阶段。例如北京南站，其选址是为了出行的便利快捷，但由于周边交通流线混杂，高架层环路系统除了承担进站功能外，还承担了大量城市高架桥功能，城市交通拥堵传递到车站，进出站效率被动降低，未能实现铁路进出站与城市交通配套的同步配合。类似的情况还有杭州东站，通过后期使用发现，由于进站高架与城市高架路网没有建立联系，机动车进站只能通过地面路网，高峰时期经常拥堵。而上海虹桥站的站房设计尚有提升空间，如站房建筑与周边开发的连通性可进一步加强，站内交通与城市交通可优化梳理。杭州城站的城市设计构想也并未完全实现，与城市交通联系的标高为 8.5 米的人行高架桥成了“断臂维纳斯”。

站城融合

高铁时代的铁路客站，站与城基本做到了交通层面的协同建设，实现了从站城分离到站城融合的跨越。但面对飞速发展的城市化建设进程以及旅客出行的指数增长，如何实现新时代的站城融合发展，成为中国铁路客站设计面临的新课题。

鲁南高铁是“八纵八横”铁路网的重要组成部分，2019 年临沂北站的开通改变了鲁东南地区无高铁的历史。临沂北站在设计上跳出了以往站房建筑与城市配套“各自为政”的布局，站房与周边四处城市配套用房采用了相同的设计语言并通过天桥连接，形态上层次分明又整体连贯。济青高铁线上的青岛红岛站在此基础上更进一步，站房与城市配套在形象上更加融合，城市配套用房的四组“小浪花”簇拥着站房的“大浪花”，形成一个整体的站房综合体形象。站房设计利用地下城市通廊、高架落客平台、铁路上盖商业的立体空间系统，将站房南北空间衔接起来，“缝合”因铁路而割裂的城市空间。红岛站迟迟未完全建成，是因站房南侧与既有青兰高速公路距离过近，需要将涉及红岛站的路段进行外移。高速公路外移后，站房南侧具备了建设南广场的条件，但由于地铁先于红岛站通车运营，当时未能预留足够荷载。红岛站原设计中可以正南向看海的南广场只能取消，留下遗憾。

杭州西站枢纽综合体于 2017 年启动建设，2022 年开通运营。杭州城站中许多没有实现的设想在杭州西站中得以实现。在西站设计时，空中步行景观连廊预留了与周边综合开发连接的接口。当贴临西站的超高层建成后，将通过步行体系与客站核心区空间建立联系，从而进一步将站与城在多个维度进行连接，标志着站城融合的长足进步。事实上，这迈进的一步具有一定的特殊性。地上 130 万平方米的综合开发能够落地，除了各参建单位上下同心、协力推进之外，还得益于路地双方的决心、体制机制的创新和城市的赋能。此外，西站面对的不确定性也很多。例如，当 130 万平方米的综合开发建成后，势必会给西站周边区域带来一定的交通压力，实际交通运行状况有待未来观察。

经过几代车站的发展，中国铁路创造了从追赶到领先的奇迹。70 年发展历史证明，相比其他类型的公共建筑，铁路客站与人类生活的关系更密切，应该考虑的因素更多，需要运用整体性思维和模糊性思维方式。想的问题越多，考虑的因素越多，设计才可能做得越好。同时，站城之间也需要留有一些模糊的空间以待与更多功能衔接，需要对未来作前瞻性留白。只有适度留白，站城融合才会在未来有更广阔的发展空间。综合开发并没有固定模式，因为站城融合是一种理念，而不是一种模式。建筑师只有在对生活充分了解并对时代变化有所把握的情况下，才会自然而然地创造出新的建筑作品。

两座客站的建设轶事，在限制中创新与引领

中国铁路客站的建设成就，离不开一代代奋战者的默默奉献。在浩浩荡荡的建设大军中，有一位参与并记载了这个历史进程的建筑师，他就是程泰宁。

作为《铁路旅客站建筑设计》最初三个负责人之一，他在20世纪60年代即形成了对于铁路客站的设计思考，这是他在三十年后能完成杭州城站设计创新的先机。

很少有人知道，这个项目的设计机会得来颇为不易。1990年，程泰宁受邀参加杭州城站建设启动会。按照惯例，城站应由铁道部第四设计院（铁四院，现中铁第四勘察设计院）设计，但程泰宁根据之前他对铁路客站的研究心得，提出能否通过竞赛挑选方案。铁道部同意了。共有3个方案进行比选，最终程泰宁的方案在15个评委中拿到11票，却因不是全票未获通过。程泰宁只好提出由他主导与另外两家投标单位，即铁四院和浙江省建筑设计研究院组成联合设计组优化方案，获得了铁道部的同意。在克服身体不适和工作环境的艰苦后，优化方案顺利完成了，而且组内工作气氛融洽。一来因为大家都是同行容易交流，二来许多建筑师都知道程泰宁之前的研究——他们都看过《铁路旅客站建筑设计》。

杭州城站属于原地重建，场地条件之恶劣，用“先天不足”形容毫不过分。首先，环城东路紧贴建筑红线由北向南斜穿广场与江城路连接，落客和过境车辆以及自行车都要穿过站前广场。其次，站房建筑进深只有24米，而一般大型车站基本站台到用地红线的距离都在60~80米。此外，站房建筑还要将一座酒店综合楼纳入怀中，正可谓“螺蛳壳里做道场”。这样的建设规划条件，被程泰宁笑称为迄今见过同类项目中最差的一个。

许多人不懂为什么城站的上盖建筑要做得这么薄，以及为什么做了一个“门”？这是因为站房进深只有24米的条件下，如果不做成“门”，上面酒店的柱网要落到一层，进站广厅会有很多柱子，没办法使用。另外，当时国内车站都是从地道上到地面出站，这是典型模式，我们也想做，但场地条件不允许。

为了解决车站交通的问题，我们做了详细规划和城市设计。城站西侧有一座邮政大楼，我们硬着头皮去和邮政局商量，想让北边的车从环城东路进入车站后，从邮政大楼后面开一条路再兜回去，做尽端式。南

边的车流也是尽端式，避免城市道路斜穿广场造成交通紊乱的状况。对此规划局最初很有意见，说交通设计从来不用尽端式的组织策略，但他们又提不出更好的意见，只能同意。城站建成后，《杭州日报》有一篇报道《城站广场有点冷》，“冷”指的是没人气，一方面是当时商业还不完善，更主要是说旅客集散速度快，车到站之后，不到十分钟两三千名旅客就都疏散掉了。所以城站不像一般的火车站那么喧哗，反而很安静。报道还提及“城站的交通组织合理，车辆、人员疏散有序，整个设施的高标准甚至已经接近飞机场了。作为交通广场，‘畅通’必须是第一位的，在这一点上，城站广场是第一流的”。

20 世纪 90 年代的许多城市都没有地铁，杭州城站是同时期国内唯一设置了地铁预留口的客站，具有相当的前瞻性。要知道这不仅增加了当时的建设成本，也会延长施工工期。在程泰宁的努力和坚持下，该预留方案终于得到同意。时隔 21 年后，地铁 1 号线与城站实现了无缝对接。程泰宁也被媒体称为“有先见之明的建筑师”。

在当年的城市设计中，程泰宁曾想把城站周围 50 多万平方米的商业建筑和车站联系起来，并预设了与高架广场连接的人行通道系统，地下也预留了连接口，可惜没能实现。这就是“断臂维纳斯”的由来。由此可见，城站的实践，是将交通枢纽与城市功能彼此拉近的一次勇敢尝试，同时也反映出那个时代与体制，包括观念方面的局限性。

除了建筑师的工作，程泰宁在城站的建设中还承担了不同部门之间的沟通工作。例如，在建设中他要帮助建设总指挥向省里请款，也要在施工后期，协调广场和站房之间的伸缩缝该由谁施工，成为名副其实的“三国四方”总统领。

所谓“三国四方”，是指铁道部、省里和市里，再加上铁路局。由于项目需要“三国”共同出资，且各方主体诉求有所不同，问题和矛盾在所难免。

用地红线是铁路和城市的分界线，红线里面是铁路部门出资，外面是地方政府出资，铁路和地方“分而治之”。我们的方案在站房外加了 11 部自动扶梯，大大增加了市里的出资。而高架广场又突破了规划红线，规划局也强烈反对。开会时，我们坐一边，规划局的人员坐另一边，市长坐中间。那天规划局局长来晚了，坐到了我们这边。不知是不是因为他这一坐，市里面后来勉强同意了。

铁路和地方的“分而治之”，导致建设完工后出现了“第一、第二、第三世界”。站前广场是“第一世界”，因为市里投资比较大，广场的设施和装修都接近机场的水平。站房是“第二世界”，因为铁道部和省里的投资只有2亿元，候车室的门窗都是木制的，比较简陋。站场是“第三世界”，许多配备不完整。人行通道原本的设计宽度是12米，而铁道部坚持说按规定是9米，使实际建成的人行通道与原方案中的设计产生偏差。此外还出现基本站台标高提资错误，地道里出现高差，最终只能临时增加坡道进行补救。

尽管留有诸多遗憾，但无人可以否认，杭州城站的设计创新与理念创新，是“跨越时代、直通未来”的。

2017年，程泰宁领衔的筑境设计团队与中国城市规划设计研究院、中国中铁二院合作，在杭州西站枢纽地区城市设计和概念方案国际竞赛中获得第一名。2018年，又在中国国家铁路集团有限公司（以下简称“国铁集团”）竞标中与中铁第四勘察设计院合作获得西站的联合设计权。

早期的城市设计方案开发强度比较低，我在设计时结合生态绿廊和山水文脉，采取了弹性开发的小单元组织模式，期望打造“行至水阔处，坐看云起时”的意境。后期对开发强度做了比较大的调整，形成了现在的方案。我不是不能理解城市建设和区域定位的需要，也不是说现在的方案不好，但我还是更喜欢之前那个比较“轻松”的方案。这大概就是建筑师的“人格分裂”吧，我们很难按自己的意愿修改题目要求。

与同类客站相比，西站的建设和设计周期都很紧张，客观上造成了设计中有些问题需要在施工中优化调整。对此，设计团队与建设方、施工方都给予了理解和配合，在确保工程质量的基础上，提升了建筑的完成度。事实上，能做到这点很不容易，因为这种做法“有违常理”。但程泰宁觉得，对于工期紧张的大型重要工程，优化设计是必要的，勇于担责也很必要。

关于“云门”也有不少轶事。由于地块性质不同，“云门”出让给新加坡一家集团公司作为主体建设运营。他们聘请了美国的设计事务所在原方案上承担初步设计和施工图设计。在过程中，程泰宁收到了来自各方的不同意见，有的他接受了，有的他坚持不改。过程有过纠结，不过，他的坚持最后基本都实现了。此外，在城市设计中，“云门”是作为“城市客厅”存在的，这与建设主体对商业功能的诉求是不一致的，他们对平面布局也做了相应调整，最后采用的是综合客站服务设施和供旅客活动的公共空间与商业开发功能相融合的做法，这种经验为后续的设计项目和科研课题埋下了伏笔。

回首铁路客站的发展与变迁，折射了时代和社会的背影，饱含着建设者的初心与深情。历史已经告诉未来，无论时代如何演变，社会如何发展，让旅客出行安全、快捷、方便的基本原则不会变，铁路客站和城市建设越来融合的趋势不会变，中国铁路事业发展的光明前景也不会变。

参考文献：

[1] 铁道部第三设计院标准处，南京工学院建筑系，天津大学土建系，等．铁路旅客站建筑设计 [M]．北京：中国建筑工业出版社，1977．

[2] 刘亦师．第一“国门”：北京站营建史考论 [J]．建筑史学刊，2022，3（4）：116-128．

[3] 徐克纯．“铁路旅客站设计”研究已获初步成果 [J]．标准设计简报，1961（7）：16-20．

[4] 南京工学院建筑系、土木系．我们在北京车站设计工作中全面大丰收 [J]．人民教育，1960（2）：53-57．

[5] 建筑工程部北京工业建筑设计院，南京工学院车站大楼设计组．北京新建车站大楼的建筑设计 [J]．建筑学报，1959（c1）：52-60+90．

[6] 陈登鳌．大型铁路旅客站建筑设计的几个问题——兼谈北京车站的创作体会 [J]．建筑学报，1964（6）：1-7．

[7] 程泰宁．重要的是观念——杭州铁路新客站创作后记 [J]．建筑学报，2002（6）：10-15．

[8] 卢小荻．实践与认识——中国大中型铁路旅客站建筑创作的反思 [J]．建筑学报，1989（6）：37-45．

[9] 马国馨．铁路客站新模式的探讨——北京西站构想 [J]．城市规划，1991（2）：34-37．

[10] 关平．北京西站设计的观察与评论 [J]．南方建筑，1998（4）：7-9．

[11] 章菊新．上海火车站的改造历程 [J]．建筑技艺，2015（6）：94-98．

[12] 唐恒．从北京南站到杭州东站——铁路枢纽零换乘设计的探索与反思 [J]．智能城市，2018，4（13）：47-48．

[13] 方健．京沪高速铁路上海虹桥站新建站房设计 [J]．时代建筑，2014（6）：158-161．

[14] 盛晖．突破与创新——武汉火车站设计 [J]．建筑学报，2011（1）：74-83．

[15] 杭州中联筑境建筑设计有限公司．临沂北站 [J]．当代建筑，2020（10）：86-93．

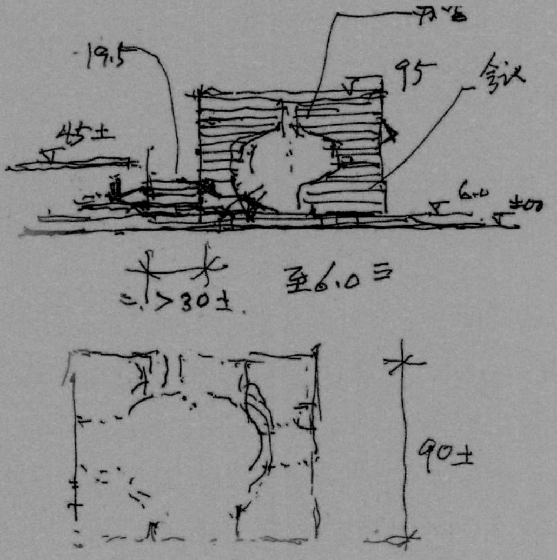

2 站·城对话：一座车站与一座城

杭州火车站：从城站到西站

城市的主要功能是化力为形，化能量为文化，化死的东西为活的艺术形象，化生物的繁衍为社会创造力。

——刘易斯·芒福德，《城市发展史：起源、演变和前景》

天堂营造：杭州古城的历史与风景

“城市是文明的主要标志之一”，当广袤的原野上竖立起高耸的城墙，有城乡分化特征的古城逐渐出现。由城墙封围形成的新型城市容器，创造出理想的空间秩序和崭新的城市文明。

杭州的城市文明最早可以追溯到新石器时代晚期，距今约4000~5300年。在浙西山地丘陵和杭嘉湖平原的接壤地带，一座被今人称为良渚的古城拔地而起，从部落式的自给自足式村庄文化飞跃到以寺庙、宫殿为统治中心的集中的城市文化 。遗址考古研究发现，良渚古城拥有中国最早的三重城市格局：最外面是面积约800万平方米的外郭，有系统完整的堤坝工程和灌溉渠道；中间由石基土筑城墙构筑了一个近300万平方米的内城，东西长1500~1700米，南北长1800~1900米，略呈圆角长方形的城墙上开设了6座水门，控制着古城内外的交通要道；城市核心区由近30万平方米的宫殿区堆土高地和王陵组成，以其高大的体量和形象冠压全城。巍峨高耸的城墙围出了安全、稳定、永恒之感，与遗址上迄今发现的中国最早的大型水利工程，以及那些“极富特征性的、凝聚复杂劳动和观念形态”的高规格玉石礼器一样，代表了人类文明第一次大发展的高度，是早期国家开始萌芽的证据。

作为远古时代江南地区权力和信仰中心的良渚古城消失在历史的长

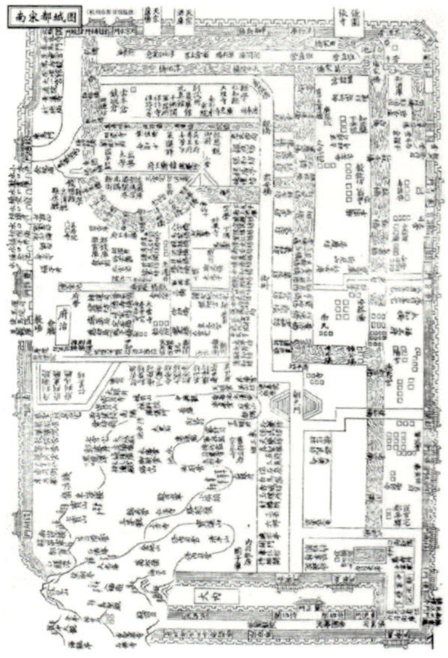

1 南宋都城图

2 杭州城市地图（1949 年）：水网与道路网推动着城市发展

3 明清杭州府城图

4 1949 年杭州西湖地图

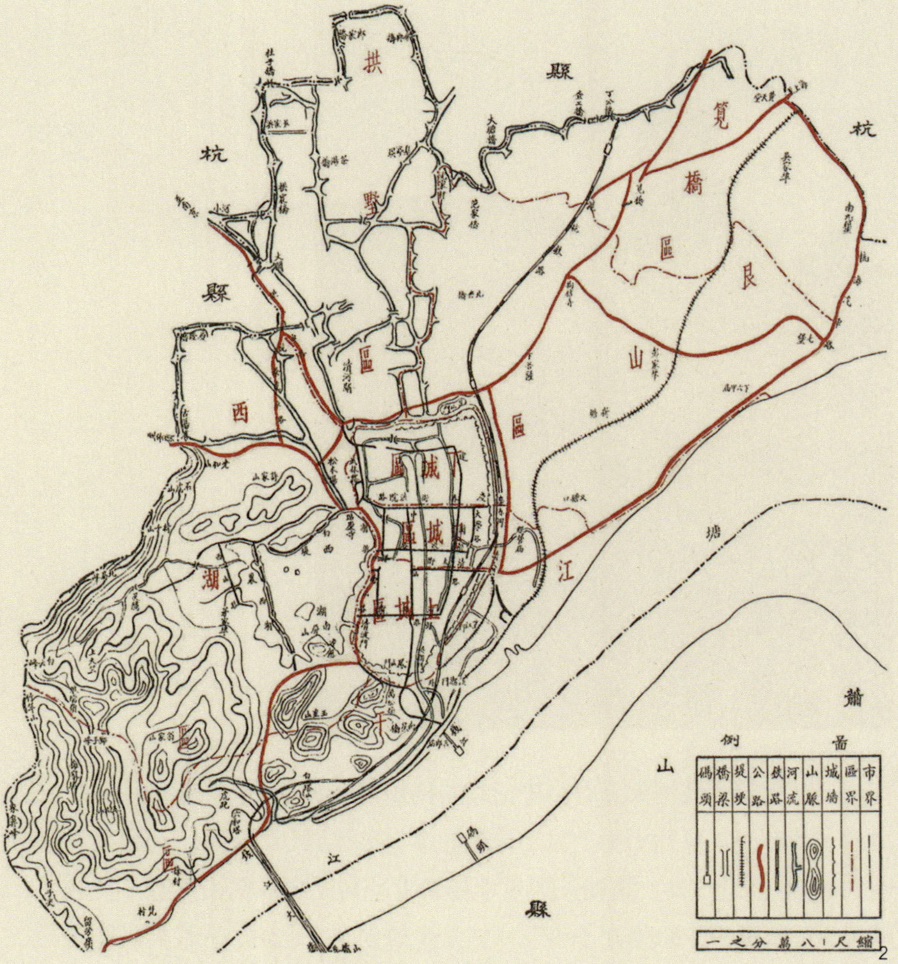

2

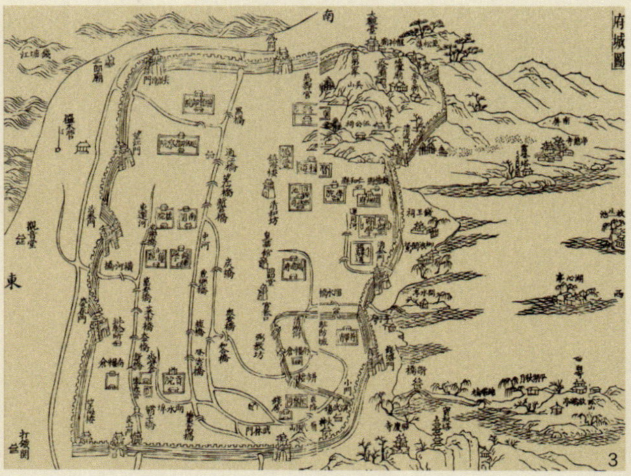

3

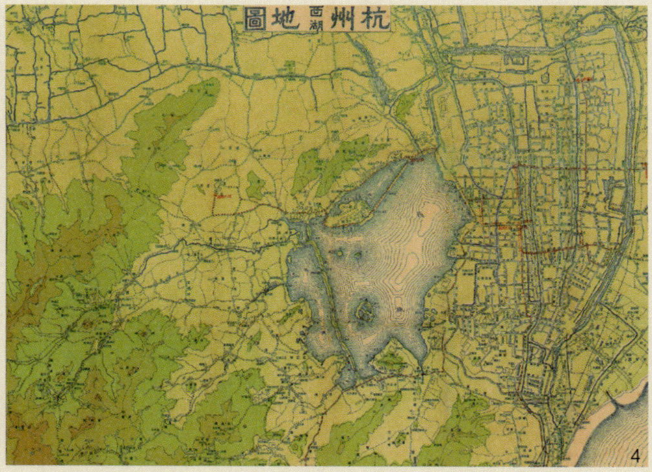

4

1 六和塔边铁路（1935 年）
2 杭江铁路通车典礼（1934 年元旦）
3 江墅铁路之火车头（20 世纪 20 年代）

河中。从良渚古城湮灭到有历史记载的杭州第一次建城，中间横亘着一段漫长的时间。杭州历史上见于记载的第一次建城是 591 年，在距离良渚古城 30 公里开外，隋朝开国重臣杨素发动居民依凤凰山建造了杭州城垣，“周回三十六里九十步”。它发生蜕变的节点始于五代吴越国定都杭州后，是杭州城第一次扩建。当宋室南渡后选择临安作为都城，杭州城再度迎来城市发展的黄金岁月。在不到 200 年的时间里，杭州从 12 世纪初只有不到 20 万人，到 1275 年前后百万人口有余，人口的持续流入使得杭州城再度向西南扩展，把更大的地区包围进来，它当时不但是全国的第一大都市，也是世界上规模最大和最为富庶的大都会之一。

在古代，大规模有效的交通运输方式是水路。舟船在宽阔的水域可以借助风帆动力，较之依靠人力畜力的陆路运输更为省力、经济，所以航运成为水网遍布的江南地区重点发展的交通运输方式。水网运输打破了杭城山水地理环境的阻隔，源源不断地向城内输送各色日用品乃至奢华器物。杭城北面，江南运河与浙东运河组成了一张由水道连接起来的“高速”交通网，连接着江南地区的大小城镇，从江浙一带大米主产区开来的米船，每日运送数千吨大米到杭州；杭城东面和南面，钱塘江通达杭州湾，大型海船每年在季风时节往来于中国和南洋群岛、印度、非洲东岸以及中东之间，带来世界各国的奢品精品；杭城西面有西湖，筑堤、修路、架桥、清淤，著名的西湖十景由此形成，展现于眼前的是湖光山色与人工营造完美结合的画卷。而在城市内部，密如蛛网的河流不仅可以方便商品运送到城内各处，同时也是城市内部纵横交错的街巷所依。多条运河和石板街道组成了横贯东西南北的水陆交通网。

宋元以后，手工业、商业大规模兴起，中国城市发展中的经济因素开始起到更大作用，交通也以一种前所未有的影响对城市发挥着作用。当时的临安是国内最繁盛的商业都市，是对外贸易的主要口岸之一，又是远近闻名的旅游胜地，其贸易的规模远超同时代的欧洲商业中心。

总体而言，农业社会的城市规模受到种种限制。最早限制城市向外发展的是城墙，对于发展中的城市而言，城墙需要不断外扩才能把更大的区域包围进来；其次是自然山水地理条件的限制，杭城周遭的湖泊、江河和山岭阻挡了城市的进一步扩张；而交通和通信也会对城市规模产生限制，古代城市很难突破步行可达、听力所及的范围，比如“中世纪的伦敦城就以能听见圣玛丽教堂的钟声为界”，而杭州的城市面积即便在巅峰期也局限在逼仄的空间范围内（南北长约7公里，东西平均约2公里，面积约14平方公里），13座城门为这座城市定了型。直至19世纪现代交通工具和通信系统发明之前，这些始终都是影响城市扩张的限制因素。

2

3

拆城筑路：近代杭州城市的空间转型

近代中国的城市化过程，在空间上表现为以衙门官署为中心筑有城墙的传统型，向以商业区、金融区、工业区为中心，城区结构和功能出现明显分工，并打破和拆去封闭的旧城墙的现代型的转变。

——张瑾，《发现生活：20 世纪二三十年代重庆城市社会变迁》

近代以后，快速交通工具和瞬息即达的通信工具改变了城市发展的格局和规模。以规模化生产、流通和大众消费为导向的工业化城市吸引大量工厂和人口聚集。城市开始突破城墙的限制向郊外扩张，“拆城筑路”打开了城市格局，形成一个由市中心和郊外组成的新城市形态。随着车站、铁路运输网络、城市道路等新基础设施建设持续向城市外围拓展，近代城市规模急速扩张，一种城市和轨道交通车站共同发展的模式开始形成。

如果说以防御为首要目的的城墙和城门是古典城市的地标和象征，服务于封闭自守的农业社会传统经济，那么 20 世纪初的拆城筑路则是近现代城市的标志性事件，破墙而入的火车和火车站成为中国传统城市的新门户和地标性建筑，在 20 世纪中国城市空间的转型过程中留下深刻的

1

2

3

现代印记。20世纪初，中国铁路建设迎来小高潮，推动了城市的工业化进程。火车的大运量、高速度、全天候和机械可控性打破了自然力的边界，代表了工业时代的澎湃动能、规模经济和机械效率，以一种前所未有的冲击力改变了中国经济、社会、城市景观和大众心理。中国数千年历史的城市概念在几十年间完全改观，城墙和城门被视作城市扩张的瓶颈、现代化转型的阻碍，拆城筑路首先在沿海一带的口岸城市展开。

以杭州城为例：

光绪年间，“沪杭铁路设车站于清泰门内，铁路自城外贯城而入，拆去清泰门城墙数十丈，是为杭州拆城之始”。

民国之初杭州城墙和城门被大规模拆除。1913年拆除旗营城墙，改建为商业新区，称“新市场”。接着拆除清波、涌金、钱塘三门和城墙，纳西湖与城市为一体，以原城墙砖石修筑湖滨路、延龄路（南山路）。随后又拆除凤山、武林、望江、艮山、侯潮五门。沿西湖开辟兴建一至六公园，三处游船埠头。

1959年，为修筑环城东路，拆除了杭城最后一段城墙，仅余凤山水门一座。

拆城筑路，不仅仅是拆除一圈城墙，城市空间的转变，是城市现代性生成的本质。破墙而入的杭州火车站，是城市发展的关键转折，开启了杭州城市化、工业化、现代化的征程。就像17世纪的巴黎拆除所有

1 江墅铁路之客车（20世纪20年代）
2 杭江铁路之起点站钱塘江边站（20世纪30年代）
3 杭州城站（20世纪30年代）
4 浙赣铁路杭州站站台（20世纪30年代）
5 杭江铁路尖山江桥（1931年）

1 原杭州城站（1934—1997 年）
2 杭州新城站（1999 年至今）
3 杭州城站立面（手绘图）
4 杭州南站（2013 年）
5 杭州东站（1992 年）

1

2

城墙，用宽敞的步行林荫道、广场、公共花园重新定义了巴黎，催生了一种新的都市空间和生活模式。存续千年的杭州古城墙和城门被陆续拆除，城砖被用来铺筑马路，发展公共交通。城市从封闭走向开放，城市空间向西向北向东拓展，城墙所在的城市边缘地带成为城市的中心。拆除杭州西侧城墙，使得西湖入城成为可能，湖滨地区凭借西湖旅游资源成为杭城一大中心，是一处人人都可以怡然自得地行走、骑行、享乐的城市公共空间。城市与湖光山色水乳交融在一起，奠定了杭州山水城市的新格局与现代旅游城市的基础，开启了杭城的“西湖时代”。而整体贴近杭州东南城墙、破东墙而入的杭州火车站（城站）区域则是近代杭城的另一大中心。借助铁路这一新式陆路交通工具，城站成为当时杭城的客运、货运枢纽，车站周边道路密度明显增加，围绕车站形成的商业娱乐设施和商品交易市场欣欣向荣。邮政局、银行、办公楼、旅馆、舞台、城站广场、铁路公园等新型建筑或场所以城站为核心集聚在一起，生动诠释了“陆路商务日新月异”的景象，也是杭州步入现代城市的象征和标志。

现代性对时间和空间重新定义，消解了制约古代城市发展的限制因素。近代以铁路为代表的陆路交通建设，是杭州城市经济转型发展和繁荣、社会整体进步的巨大力量之一，城市基础设施建设加速进行，建造起许多桥梁、马路和隧道。四通八达的公共交通网络，使城市内外交通变得更加便捷、高效。工厂沿着铁路线拔地而起，人口加速从乡村向城市流动聚集，成就了杭州这座历史文化名城的现代化转型。

3

4

5

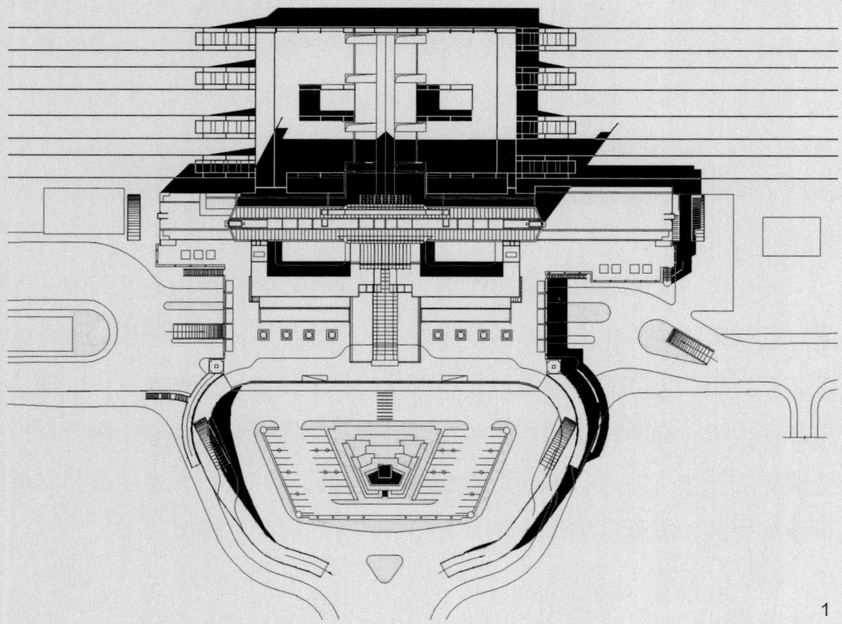

1

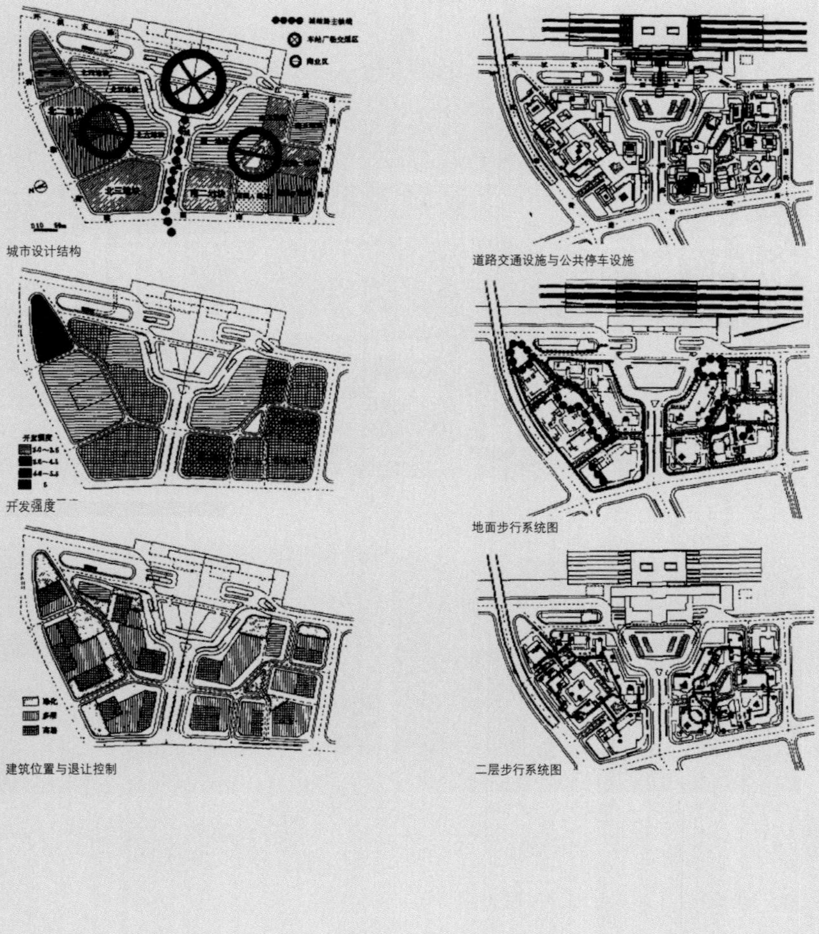

城市设计结构

道路交通设施与公共停车设施

开发强度

地面步行系统图

建筑位置与退让控制

二层步行系统图

2

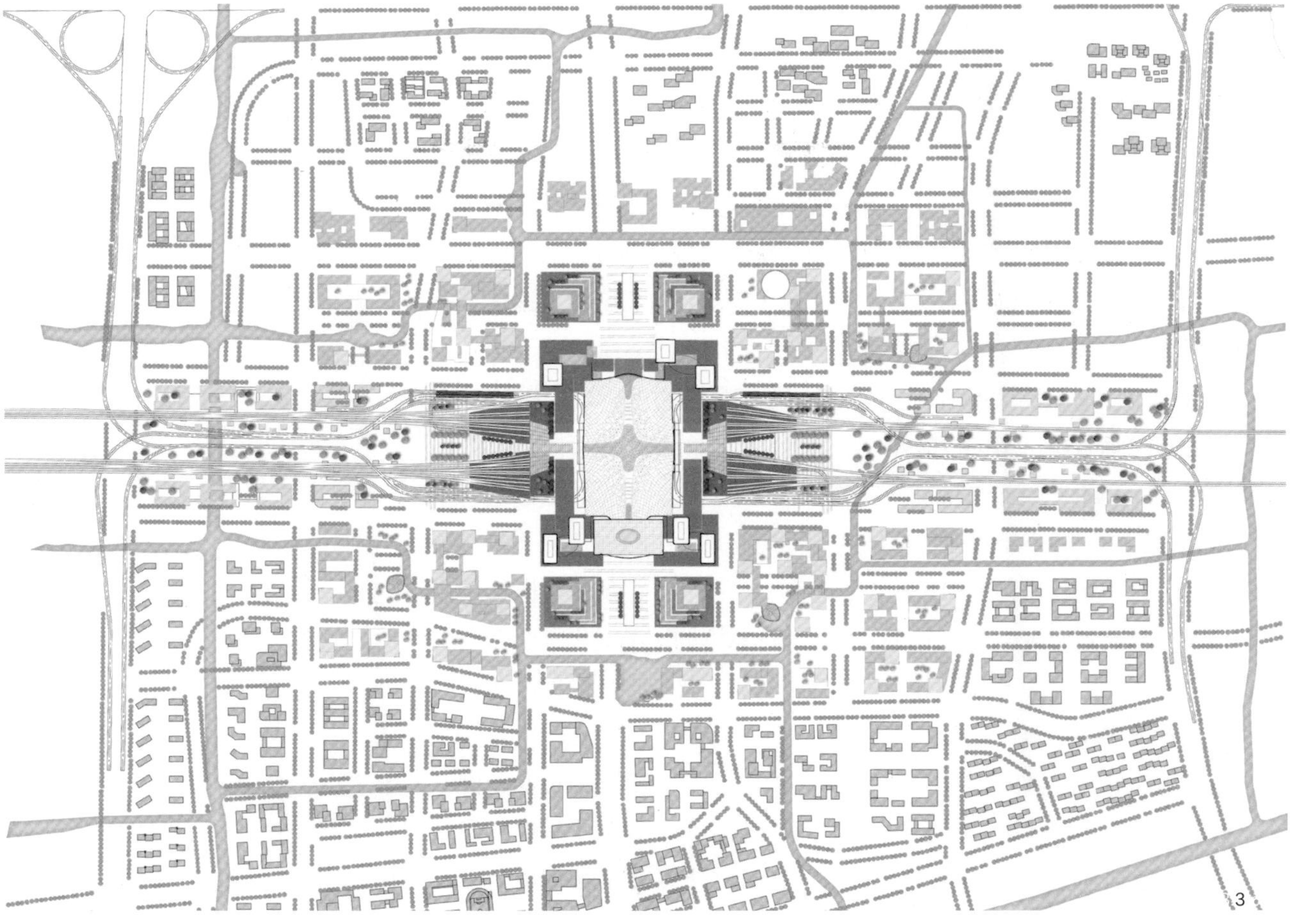

1 杭州城站总平面图（1998 年）

2 杭州城站区域城市设计（1998 年）

3 杭州西站及周边总体平面图（2019 年）

人们对于城市的记忆往往与进入城市的标志性场所及对其的第一印象联系在一起，杭州火车站也是这样一种存在。从清泰门外的过路小站到破墙而入的中心城站，从最初巴洛克风格的两层站房到斗栱飞檐、古色古香的中国风，再到 20 世纪 90 年代门字形开口的巨型交通枢纽，从站站停的绿皮火车到风驰电掣的高铁动车，杭州火车站的每一次改变，都融合了时代和技术的进步，不仅见证了城市的百年变迁，而且支撑、促进了杭州城市化、工业化的发展进程。

高铁时代：轨道上的现代化国际大都市崛起

从杭州 1981 年规划图可以看出，彼时的杭州依然是山水地理造就的传统城市格局，400 万人口依水而居、开门见山，顺应湖山与运河编织成自然和人文地理秩序。当时城市空间的规划遵循的是一核独大的中心一郊区模式，城市化运动主要发生在通铁路的区域，而今天杭州西站所在的余杭地区在那时候大部分还是传统的平原耕作区，一派江南水乡的田园风光。

进入 21 世纪，杭州借助新经济快速崛起。随着电力网、电气化铁路、汽车和公路网络等城市基础设施建设和延伸，杭州的城市化版图如滚雪球般不断扩大：20 世纪，杭城的面积约 430 平方公里，是全国最小的省会城市之一；在几轮撤市设区的行政区划变更之后，如今城市面积扩增至 16 850 平方公里，常住人口超过 1 200 万（2021 年）。城市空间、功能结构和经济区划都发生了巨大变化，从一核独大的历史文化旅游名城扩展为“一核九星”的现代化国际大都会，一座链接全球、辐射区域的国家中心城市脱颖而出。

在杭州城市由小变大的过程中，郊区松散、低密度蔓延的发展模式，吞噬了都市地区边缘的农业用地和自然开敞空间，拉大了通勤距离和时间，加大了城市对于小汽车交通方式的依赖，加剧了能源消耗与空气污染。针对郊区化所导致的一系列问题，杭州借鉴国际先进经验，借鉴新城市主义的城市规划及设计理论，以“公共交通为导向的开发”，

1

即 TOD（Transit-oriented Development）模式带动城市发展。其核心是以公共交通站点为中心，以适宜的步行距离为半径集聚各种城市功能，通过高质量的建筑和城市设计进行高密度的城市开发，促进土地高效复合利用。相较于早前新区园区开发的功能分区单一、尺度巨大等问题，新城市主义倡导朝向城市边缘的开发以新城方式组织，每个区段的功能多元化，促使各个区段独自生长成为有机的城市细胞，并与现有城市形式形成一个整体，使城市逐渐发展成为一个容纳千万人口的大都市圈。

杭州城市的快速扩张采用轨道交通和高铁综合枢纽建设的高耦合关系模式。随着高速铁路、城际铁路、轨道交通网络的快速发展，杭州推出了“一环一轴六向”的铁路枢纽布局，通过一系列高铁车站（枢纽）建设引导和优化城市空间结构和功能布局，实现杭州城市框架的快速生长。杭州城站、杭州东站、杭州西站、杭州南站、杭州机场站（规划）、杭州钱塘站（规划）6 个车站枢纽的改扩建和新建，以城市形态、城市功能和交通网络交互，最大限度发挥交通枢纽对城市主要经济活动（产业区、商务区）发展的支撑和带动作用，推动高能级交通枢纽向经济枢纽转型，带动整个城市规模和能级的跨越式发展，成就杭城“一核九星”特大城市空间格局。而且这些“核一星”的发展时期各不相同，功能上

1 杭州东站方案图

2 建设中的杭州西站

1

也各有特征，使“大杭州都市圈”拥有持续多元发展的不竭动能。

杭州西站是继杭州东站、萧山机场之外的杭州第三大门户交通枢纽，是“轨道上的长三角”广域交通网络的枢纽节点。西站建设有利于增强杭州与长三角其他中心城市之间的高铁线路密度，提升已趋于饱和的城际运力，助力1小时城市群通勤圈建设。根据《杭州市综合交通专项规划（2021—2035年）》，从杭州西站出发，通过新建沪乍杭铁路，预计最快40分钟左右到达上海东站（在建），1小时左右到达浦东机场；通过新建杭宁二通道可直达南京，苏杭之间也将建设城际铁路实现高效率的直达。此外，杭州西站构建了杭州到省内各地市1小时高铁交通圈，推动二、三、四线城市与一线城市之间资源共享、错位发展及区域产业链上下游的合作。西站通过湖杭、杭临绩等线路与杭温、商合杭、宁杭、杭绍台等线路相连，400公里以内可以覆盖超过120个区县级行政区，形成成员众多的半小时至2小时经济圈。不仅如此，西站线路可达范围内有丰富的名城（杭州）、名江（富春江、兴安江）、名湖（千岛湖）、名山（黄山）等旅游资源，将使长三角地区间形成生态旅游长效合作机制，有利于打造一条世界级的黄金旅游线，为杭州西部县市带来发展机遇。另外，西站的杭临绩铁路是武（汉）杭（州）高铁的重要组成，建成后有望2.5小时直达武汉，并可进一步到达中西部的重庆、成都，从

而为杭州打开面向长江中上游广域国土空间的高铁通道。

从大杭州都市圈轨道交通环状走廊布局来看，杭州西站是城市西进战略的一部分，是区域发展的催化剂，带来产业功能、区域格局的重构，使曾经边缘的西部地带成为杭州城市的新增长极。它位于城西科创大走廊的重要节点，以轨道枢纽为核心汇聚各类创新资源要素，包括许多具有技术研发能力的大企业和研究机构。西站枢纽交通模式高度复合，多条轨道交通、高速公路、城市主干道、市域铁路、地铁、机场线等多模式交通形成合力，使新城与中心城区、其他副中心之间通过大容量快速交通射线保持紧密的社会经济联系。

杭州西站作为亚运会重大节点工程和城市全新地标，于 2019 年开工建设，2022 年 9 月建成投入使用。西站建设的这 3 年，也是中国抗击疫情的 3 年。开工不久便遇到新冠肺炎疫情暴发，通过合理部署，杭州西站项目实行疫情防控工作常态化，成为浙江省最早复工复产的工程项目之一。复工后，为了确保项目在杭州亚运会前顺利完工，千余名工人 24 小时轮番作业，挖机、钻机、吊机等近 200 台设备火力全开，把被疫情耽误的“春光”抢了回来。2022 年春节，建设进入关键阶段，为了防控疫情，工地实行全封闭管理，2 000 多名工人和管理人员毅然坚守岗位、

1 杭州西站鸟瞰效果图

2 从西湖看杭州城

1 杭州西站大事记

在工地过年。重重困难压力之下，杭州西站创造了 84 天完成 3 153 根桩基施工，8 个月冲出地面、1 年多主体封顶、不到 3 年的时间实现全面竣工的建设奇迹。

2019 年，杭州西站开工建设前，考古工作者对仓前街道李家塘村进行了考古勘探，发现 1 处约 14 800 平方米的历史遗址，遗迹时间从战国延续到明清，共出土器物标本约 800 件。2023 年 2 月起，出土于李家塘遗址的文物回到杭州西站陈列展示，“西站两千年——李家塘遗址文物展”在西站线下夹层的文物考古展厅内拉开序幕。杭州西站致力于打造一个有文化、有温度，拥有城市氛围的车站。如今在杭州西站的规划展示馆内开设的文物考古展厅，是提升杭州西站文化附加价值的一次探索，也是将古代文化与现代化高铁进行有机结合的积极尝试。

杭州西站向国内外旅客展示着“大杭州”的城市实力和文化形象。西站设计充分借鉴了城站的建设经验，并且融合了许多国际上实践效果较好的火车站设计理念。除了交通枢纽层面的精心组织设计，利用多维交通系统缝合被铁路站场割裂的城市空间，西站的主要设计亮点还有基于站城融合理念下的功能空间设计。通过云谷、云门、雨棚上盖等空间营造具有文化精神的场所，同时置入多元化的城市功能，让车站兼顾交通与城市的双重属性，使站与城在功能、交通、空间等方面实现充分融合，以满足大量商务通勤客流对于商务、商业、文化、公共服务等城市

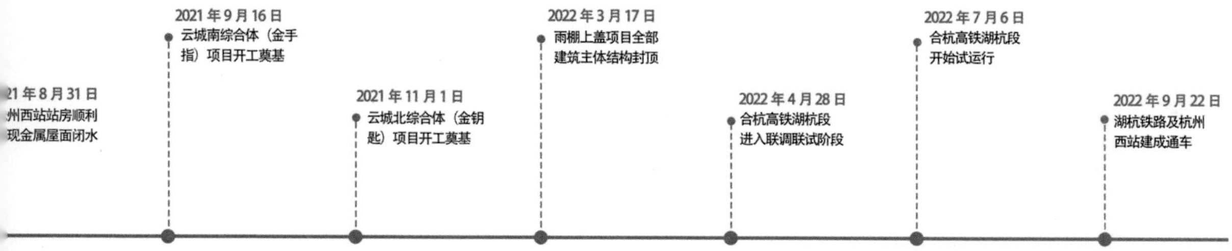

1

功能更为多样化、高品质的需求。

从长三角一体化的枢纽节点，到杭州西进战略的先驱力，再到城西科创大走廊的核心，杭州西站云城的功能定位融合了城市不同维度的发展需求。站城融合的开发模式带动城市边缘地区的空间转型和产业升级，一座蓬勃成长、富有活力的创新城区拔地而起。作为数字经济时代大杭州的未来之门，西站入口云门造型带有良渚古玉意象，代表了城市门户所承载的历史和精神维度——杭州在极速城市化的扩张中依然延续了山水田园城市的脉络、品质慢生活的味道，而这也恰好是杭州这座新兴的国际化大都市的缩影。

补充阅读：城站百年（一次迁址，两次重建）

① 1906 年，杭州到宁波的铁路开工建设，杭州段江墅铁路从闸口起，经南星桥、清泰门、艮山门的城墙外地段到拱宸桥，全长 16.135 公里，清泰门站便是杭州站的前身。

② 1910 年，清泰门站迁移至城内，改称“杭州站”，因是城内站，俗称“城站”。一幢巴洛克建筑风格的两层站房，建筑面积 1210.77 平方米，1937 年被日军炸毁。

③ 1942 年，原址重建的城站建成开放，建筑式样采用砖木混凝土结构，大屋顶、绿色琉璃瓦、清水墙，斗栱飞檐，古朴典雅的风格与杭城交相辉映，成为杭城标志性建筑。1997 年拆除。

④ 1999 年，原址重建的城站再度建成开放。高进低出的立体交通，巨型网架结构空间，门字形造型、人字形屋顶、粉墙黛瓦立面、窗洞和柱子，都从江南建筑元素衍生而来。

伦敦国王十字车站：火车带动的城市之变

火车和火车站的魔法时刻：大伦敦的生长

火车和火车站具有神奇的魔力，国王十字车站的 $9\frac{3}{4}$ 站台就是这样的存在。在J.K. 罗琳的《哈利·波特》中，每年的9月1日，魔法学校的学生都会从这里穿墙登上开往霍格沃茨魔法学院的红色蒸汽火车，进入神奇的魔法世界。而在现实世界中，英国人发明的蒸汽火车同样带领人们进入一个“魔幻”的世界。冒着黑烟的蒸汽火车头，拽着一节节车厢，沿着无尽延伸的铁轨呼啸前行，引领维多利亚时代的英国飞速驶入工业文明的新世界。曾经一直处于西方文明最边缘的英国，在19世纪开启了引领世界潮流的历史。

利用化石能源的蒸汽动力火车是工业革命一项如虎添翼的重要发明。从1825年乔治·斯蒂芬森设计、修建第一条铁路，到1899年英国全国铁路网络完全建成——总长约3.4万公里，覆盖大多数城镇和村庄，并有2 600个火车站。火车跨越整个英国，以前所未有的方式加速了英国的工业化、城市化进程。火车的停靠、抵达刺激了工业城镇、郊区城镇、住宅社区的兴起，工业和人口向铁路沿线新的工业中心、较大的交通枢纽城镇和交通终端的港口城市集中。

火车以前所未有的速度和规模，参与了英国社会和人口结构的变革，推动传统乡村社会向现代城市国家转型。城市集聚效应显现，资本、资源、

1 远眺伦敦国王十字车站

劳动力、商品等生产生活要素向大中城市集中，受城市提供的就业机会和物质生活吸引，乡村人口大规模向城市流动。伦敦作为英国首都，是人口流入量最大的城市之一。当时的伦敦主要运行 7 条铁路，每日运送 20 万人进入伦敦。1801—1911 年，大伦敦地区人口从 94 万人增至 716 万人，特别是内伦敦地区以 319 平方公里土地，承载了 500 万人，远超巴黎和维也纳。到了 19 世纪末，伦敦几乎是全世界人口最多的城市。

铁轨也重构了城市空间，爆发性的人口增长迫使这座古老的城市进行新的规划，交通运输尤其是轨道交通站点改变了城市结构和面貌。19 世纪的伦敦，以蒸汽火车为代表的公共交通工具提升了城市基础设施，让伦敦的城市规模不再受步行距离的限制，传统的“有限城市”开始从中心城区沿着铁轨和道路向郊区向四面八方延伸扩展——伦敦城（2.9 平方公里）变身大伦敦（内伦敦 319 平方公里 + 外伦敦 1 253 平方公里），一个放射性的、现代意义上的大都会迅速崛起。而在伦敦的老城中心，在资本和技术的推动下，蒸汽火车开进地下。1863 年，世界上第一条载客地下铁路“大都会线”正式开通运营；到了 1880 年，扩展后的大都会线每年运载 4 000 万人次。而在此之前，伦敦市民出行还主要依靠公

共马车，火车、地铁（1863 年）以及随后出现的有轨电车（1884 年）等新型公共交通方式，解决了超大城市内部的出行难题。

以伦敦国王十字区为例，工业革命前，这里是伦敦城北部的一片郊野乡村。正是工业和火车带来的交通运输革命和工业化，使片区脱胎换骨。

1820 年，随着摄政运河修建，片区与英格兰北部主要工业城市相连。

1837 年，尤斯顿火车站建成通车，这是英国第一条城际客运线。

1852 年，国王十字火车站建成通车，这是大北方铁路的伦敦中转站和东海岸主干线的终点站。

1863 年，国王十字区通过隧道与地铁大都会线连接，列车在尤斯顿路下由帕丁顿开往法灵顿街站（现在的法灵顿站西北）。

1868 年，圣潘克拉斯火车站建成通车，这是米德兰铁路公司通往伦敦的大门，主要连接英国中部地区。

电影中作为魔法世界入口的国王十字火车站曾是英国最大的火车站，西边毗邻圣潘克拉斯火车站，再往西隔着城市主干道还有尤斯顿火车站。分属不同铁路公司的 3 座火车站齐聚一地，地下还有世界上第一条地下铁路线，无疑是 19 世纪英国“铁路大繁荣”的时代缩影。被称为“国王十字”的片区里，火车铁道、运河水道、城市主干道、地铁隧道纵横交织，曾经的乡野阡陌变身货场、工厂和铁路编组站，成为伦敦的工业

1 伦敦国王十字车站更新区域鸟瞰效果图
2 英国铁路网络示意图
3 伦敦国王十字车站站前广场

心脏地带和繁忙的仓储、物流批发中心。煤炭、谷物、马铃薯和其他大宗商品货物，源源不断地从英格兰北部运输至此仓储、中转。这里还是伦敦北部的煤炭交易市场和伦敦管道煤气的供给中心。

铁路和工厂成为新的城市有机体的核心。直至今日，伦敦依然是全球铁路网最密集的城市之一，有十多个火车站分布在城市的不同区域。现实的一面是繁荣与发展，另一面却是愈演愈烈的大城市病：拥堵、噪声、雾霾、垃圾山和巨大的贫富差距等，构成了工业化大都市发展繁荣之下的阴影。

工业革命带来的交通运输革命，让英国成为一个由密集城镇组成的现代国家，在全球第一个实现了城市化进程。曾经边缘的伦敦成为堪与巴黎比肩的国际大都会。1851 年，伦敦举办了第一届世界博览会，水晶宫凭借其令人难以置信的新锐和创意，征服了逾 600 万参观者。这一年，英国凭借工业革命的成就，占据了欧洲工业总产量的 2/3，世界商业贸易的 20%，拥有全球 1/4 的领土和人口，首都伦敦的国际影响力达到巅峰。

补充阅读：

通用国际标准铁轨宽度为 1435 毫米。公元前 55 年，古罗马军队曾坐着战车入侵大不列颠岛（车轮宽度为 1.435 米），在英国的道路上到处都留下了深深的车辙，两轮之间距离 4 英尺 8.5 英寸，正是罗马战车的宽度。而罗马战车轮距宽度是牵引一辆战车的两匹马屁股的宽度。早期铁路设计时，沿用马车的轮距标准。

1 水晶宫的巨型钢铁穹顶（绘画）

2 火车站的钢铁结构巨型穹顶（绘画）

3 在穹顶覆盖下的火车站站台

钢铁框架的城市巨构：从水晶宫到火车站

1851年、1862年，伦敦举办了第一、第二届世界博览会（以下简称“世博会”）。

第一届世博会至今，已过去了173年。作为早期工业革命成果集中展示的舞台，每一届世博会都浓缩着一个历史时代的人类成就和愿望，其举办地往往就是当时的全球工业中心。1851年在伦敦举办的第一届世博会创造了历史，是当时最大规模的全球盛会：在巨大的水晶宫中，有来自世界各地约13000件展品。英国工业革命中诞生的机械产品与来自亚洲、非洲的手工产品并排展出，英国女王与欧美各国的政要、商人、游客及来自亚非的部落首领共聚一堂。历时5个月的展会期间，有数百万人乘坐蒸汽火车从各地来到英国首都，在我们时代的奇迹面前着迷地徘徊，俨然是第一次工业革命成果的总检阅。水晶宫、瓦特蒸汽机、斯蒂芬森蒸汽火车头、纺纱机、电报机……展示着人类历史上第一次突破生物学限制，驾驭化石能源、机械动力，惊人地提升生产力，彰显出征服自然的文明进步。

第一届世博会上最令人称奇的并非展品，而是为展品提供展示的场馆“水晶宫”。它作为现代建筑史里程碑式的建筑而被人铭记。水晶宫占地7.18万平方米，长564米，宽124米，中央大厅宽22米，穹顶甬道高33米，左右两翼高20米，设三层展廊。袒露的铁制框架被30万块玻璃覆盖，在天空下晶莹璀璨。现代建筑材料、标准化的预制构件生

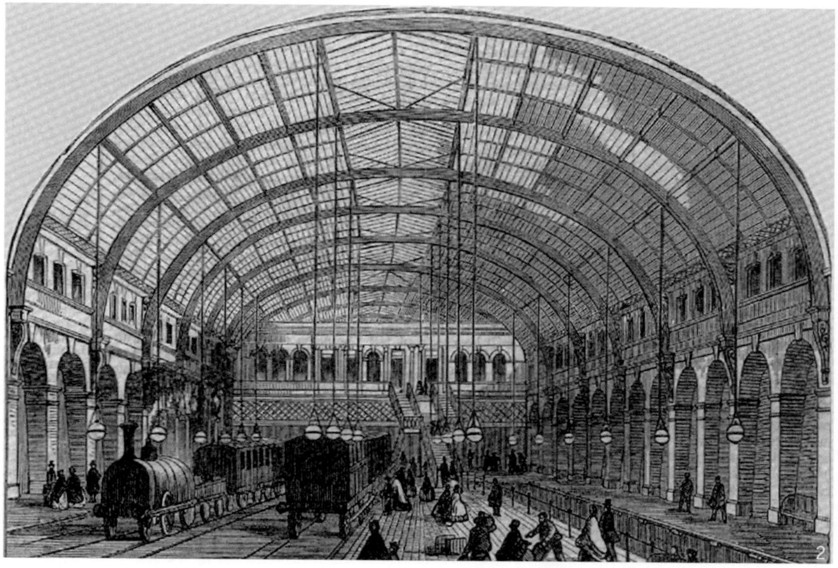

产和建造、功能主义的工业感造型，回应了展会的时代主题，预示了即将到来的钢铁建筑时代，也奠定了世博会成为最新建筑材料、技术、理念展示地的基础。

这座比凡尔赛宫还大得多的巨型建筑，实际建造工期却只有 17 周，而且造价极为低廉。整幢建筑的设计、制作、运输到现场装配，乃至拆除和异地重建的过程，都显示了资本主义初期工业生产和组织的强大威力。水晶宫的主要部件——3300 根铸铁柱子、2224 根铸铁锻铁桁架梁、

30 万块玻璃、梁柱连接件等，由伯明翰的几家工厂生产，再通过伯明翰到伦敦的铁路（1837 年开通），由火车运送到工地现场装配，附着在以 7 米网格为基础的预制结构基础上。世博会后，水晶宫被拆除并在伦敦南部异地重建，作为博物馆又存在了 80 多年，直到 1936 年毁于一场大火。

水晶宫是钢铁结构在英国早期运用的标志性范例。水晶宫的建造见证了经济性钢铁冶炼方法的发展，创造了钢框架形成的条件。铁作为主要构架材料的历史可以追溯到 18 世纪。19 世纪的铁路建设热潮，为钢铁在建筑建造上的发展奠定了基础，作为铁轨材料的铸铁与熟铁逐渐进入大宗建材的范畴。向空中延伸的铁轨——铸铁立柱、锻铁大跨径横梁、铁桁架，以及后来产生的钢框架显著改变形式和空间的本性，促进高层和大跨度建筑的发展。而建筑的工业化生产——模数化结构、标准部件由工厂制作并在现场快速装配，也即将成为效率至上的工业时代的一种普遍的建造方式。水晶宫和 1889 年法国巴黎世博会上的埃菲尔铁塔一样，都是铁路的副产品，既是低成本新材料建设的临时展馆，又是技术奇观。当人们站在水晶宫中，或是登上埃菲尔铁塔，未来新世界向人们展现出神奇的面目，对钢铁结构在西方世界的普及应用产生了巨大的推动作用。

水晶宫的规模是圣保罗教堂的两倍，但在 1868 年，新开通的圣潘克拉斯火车站又令其相形见绌。圣潘克拉斯火车站的设计灵感就来自水晶宫，17 000 平方米的车站大厅中看不见一根立柱。巨大的屋架单一跨度有 74 米，撑起一个 30 米高的锻铁拱，25 根金属拱支撑着玻璃和木制屋顶，是当时最高最大的屋架。支撑这一巨大屋架的秘密就藏在站台下方，688 根 4.5 米高的铸铁柱在底层支撑着往来的列车和站台。这是伦敦的第 9 座火车站，是当时世界上最大的室内公共空间，宛如铁路时代的大教堂。

在 19 世纪以前，伦敦主要的公共建筑是教堂。世博会的举办让伦敦的发展迈上了一个新台阶，会展功能有利于提升城市的公共空间。世博会前，伦敦中心偏西部的南肯辛顿区还是一片空旷的土地。世博会后，女王将世博会盈利的一大部分投向这里，建立了维多利亚—阿尔伯特博物馆（1852 年）、科学博物馆（1857 年）、自然历史博物馆（1881 年），还有皇家艺术学院、帝国理工大学……这片因大型事件而生的区块，摈弃了原来工业城市中心区的模式，逐步成长为伦敦闻名于世的文化艺术和博物馆区。

1 伦敦国王十字车站（20 世纪 60 年代）

2 伦敦国王十字车站原屋顶

3 伦敦国王十字车站新增的巨型屋顶网架

2

3

GREAT NORTHERN HOTEL
KEEP CLEAR
KING'S CROSS ST PANCRAS UNDERGROUND STATION

1

城市复兴与轨相连：国王十字区的没落与重生

如果说 19 世纪的伦敦引领了世界都市的工业化、城市化风潮，那么 21 世纪的伦敦则是世界级的创意之都。在知识经济的时代重新定义城市，伦敦再度引来全世界的关注。

进入 21 世纪，伦敦先后出台四部规划，明确了伦敦成为欧洲主导城市和世界城市的发展定位。为增强核心区域的国际竞争力，让人口和就业回归主城区，伦敦进入城市更新的高潮。创新创意产业成为再城市化的一个重要原动力，触发带动整个经济的系统性创新。伦敦驶上新的增长轨道，不仅拥有世界上最成熟的创意产业集聚区，而且将其放置在

2

1 伦敦国王十字车站与圣潘克拉斯车站呼应

2 火车站内雕塑（旅人）

更大的城市区域环境中，与休闲娱乐、教育研究、商业开发、居住与旅游目的地等城市功能链接起来、互动发展，让旧城更新与城市复兴携手并进。

以国王十字区为例，20 世纪 50 年代的伦敦烟雾事件导致数万人丧生，迫使政府下决心改变以煤炭为主的城市能源结构和工业发展的城市根基，一般制造业从城市中心区迁出，国王十字区的工厂大量关停。而汽车普及，运输崛起，也使得铁路的枢纽作用下降。国王十字区的圣潘克拉斯车站被动闲置，片区从繁忙的工业物流区变成了几近废弃的工业棕地 ，人口流失、景象萧条。中心城区的衰退成为困扰伦敦城市发展的制约因素。

经历了繁荣与衰退，历史的螺旋再一次选择回归火车站。如果说 19 世纪的铁路建设浪潮带来了国王十字区的繁荣，那么 21 世纪国王十字区复兴的转机，则来自城市交通枢纽的更新建设。1996 年，海峡隧道法案通过，确定将新建欧洲之星——连接英国、法国、比利时的高速铁路英方终点站设于此。2007 年，由福斯特事务所负责设计改造的圣潘克拉斯国际火车站投入使用，这座 19 世纪的维多利亚建筑变身可容纳 13 个站台的现代交通枢纽，是英国连接欧洲大陆的高速铁路“欧洲之星”的始发站点，“欧洲之星”也是英国首条高速铁路。2012 年，由 JMP 负责设计的国王十字火车站改造完成，新建西大厅实现了地铁出入口与车站大厅的直接相连，其半圆拱形大厅面宽横跨 150 米，高约 20 米，面积达 7 500 平方米，是欧洲单体跨度最大的车站。

国王十字车站的升级改造包含了新建、修复、保留三部分。站台内部保留下工业时代的宝贵遗产，那些曾经被视为“现代”的金属框架结构、大跨度结构已成经典。新一代的“现代”网架结构宛如一个人工生态系统中的生命体，以轻盈灵动的姿态将外部世界的新秩序与多样性引入古老的车站，实现了车站建筑与城市街区的再生成长。设计师在计算机辅助设计的帮助下，用钢铁、玻璃搭建了一个充满金属感、透明感、未来感的魔盒，复杂的金属网架结构就像四处攀爬的植物茎蔓伸展开来，包裹住车站新入口、地铁入口与车站酒店入口，给人以新奇的视觉感受和有趣的空间体验。创意设计重新召唤出附着于火车站的神奇魔力，车站再度成为一个引人入胜的城市地标。这里逐渐发展为伦敦市中心最大的交通枢纽：2 个火车站分别连接国内城市和国际快线，6 条地铁线及 17 条公交线无缝衔接全伦敦，每日吞吐运送成百上千的往来列车和 30 多万人次的旅客。

1 鸟瞰伦敦国王十字车站与圣潘克拉斯车站

以 2 座火车站的升级改造为契机，英国 150 年来最大的都市更新计划——国王十字中央区更新计划应运而生，成为伦敦主城复兴的标志性项目之一。整个街区开发项目占地 27 公顷，耗资 22 亿英镑，包括交通枢纽的升级、物质空间的修补、多元功能的植入。不同于后文中的京都火车站那样的高强度的复合型综合开发布局，国王十字车站地区更偏向于周边开发型布局，以站房为核心，在周边布局酒店、办公、零售、休闲娱乐等城市服务设施，形成一个功能和空间融合的站城地区， 自然地融入并成长于它的环境中，成为所在地区变革的引领者。

文化的多元性和开放度是世界城市伦敦的最大魅力之一。更新后的国王十字区是属于当地居民、学生、来自全世界的游客和商务人群的“最伦敦”的多元场所。交通枢纽站内点带来的大客流被视作片区最大的财富，让片区不只是大客流的中转站，而是人们欣然前往、愿意停留、休闲消费的活力场所和工作生活目的地，这是国王十字区开发的核心目标。片区以摄政运河为分界线，包容多样、平衡与可持续的土地利用：运河南部靠近火车站的地块以高密度的商务办公群落为主，基于伦敦的全球城市地位，办公空间是所有空间中可获取利润最大的空间类型，但高密度开发被限制在合理比例，集中在火车站附近，并在办公楼接地层混合设置了大量的商业和服务设施；运河以北区域主要围绕低密度的工业、历史建筑保护，采用修复和织补的方法更新区域内的物质空间，植入商业娱乐、文化教育、商务办公等功能；高端住宅区集中在北部片区，同时提供一定数量的学生公寓和保障性住房，以保持社群的多样性，在地区发展中建立一个混合、稳定和可持续的社区。

基于对站城关系的重新梳理，国王十字中心更新计划实现了多维度的城市更新和产业跃升，老城区重回增长繁荣的轨道。今天的国王十字中心区依托便利的交通、多样化的社交空间、高品质的生活配套、高密度的职住平衡、艺术化的氛围、靠近金融城资本的优势，吸引了世界级的创新企业扎堆进驻，丰富的产业生态涵盖了科技、媒体、教育、时尚、金融、娱乐等多个领域，各行各业的全球精英云集于此。而强调公平与

1

1 伦敦国王十字车站站台

2 伦敦国王十字车站内景

可持续原则的更新则为片区带来活力和多样性，普通人也可以广泛参与片区丰富多彩的商业、艺术和文化活动，年轻活跃的氛围充盈至片区的各个角落、各个时段，无界的杂交与融合使其蕴藉了极大的潜力和内生动能。作为世界城市的伦敦，其经济和城市发展的极致多元在片区更新中得到很好体现。从货的枢纽到人的枢纽，国王十字区的成功转型，被视为伦敦主城复兴的缩影，是世界城市伦敦在后工业时代促进人口回归、经济创新发展、社会和谐进步、生态友好的典型性样本。

京都火车站：古都新生

铁道成就的现代国家

日本是铁道上的国家。铁道不仅是日常出行的工具，更是一个文化符号，是人们铭刻在心的风景。日本文化中的铁道意象不再局限于从点到点的机械运动，它更像是旅行的载体，充满无法言说的浪漫。

开往雪国的列车，车站上的制服少年，车窗外的夏日浓荫，还有那些发生在铁道和车站的邂逅、离别……铁道和车站蕴含着生活的戏剧性、空间的流动性和距离感，不断成为日本文学、影视、动漫作品中故事发生的场景。

铁道旅行也总能勾起人们对于时空穿行的遐想就像《千与千寻》中那列没有返程的水上列车——波光粼粼的海面上，一辆红色列车划过夏日的水面，承载着未知和希望驶向远方。千寻与无脸男静静地坐在车上，身边是一个个面目模糊、身形疲惫的过客。窗外风景不断变换，乘客一个个下车，就像是一场注定孤独的人生旅程。导演宫崎骏在异次元的铁道世界中，投射了种种怀旧、孤独、温情的感念。铁道成为希望的承载、出发的标志，充满了真实与梦幻交织的魅力。

日本铁道的源起，可以追溯到明治维新的 19 世纪中后期：

1872 年，日本第一条铁路京浜线（东京—横滨）开通，采用英国进口的蒸汽火车和客车车厢；

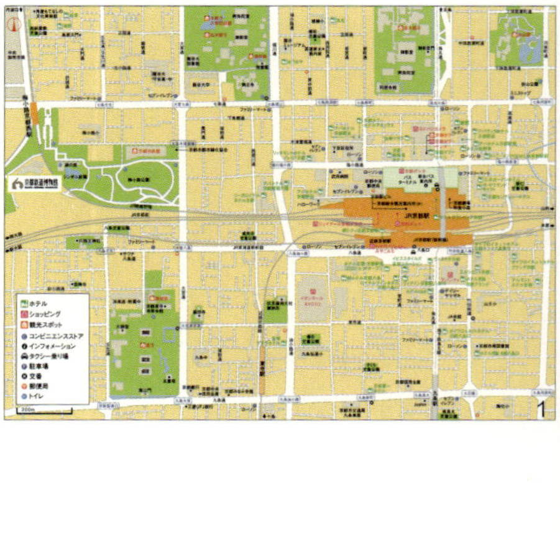

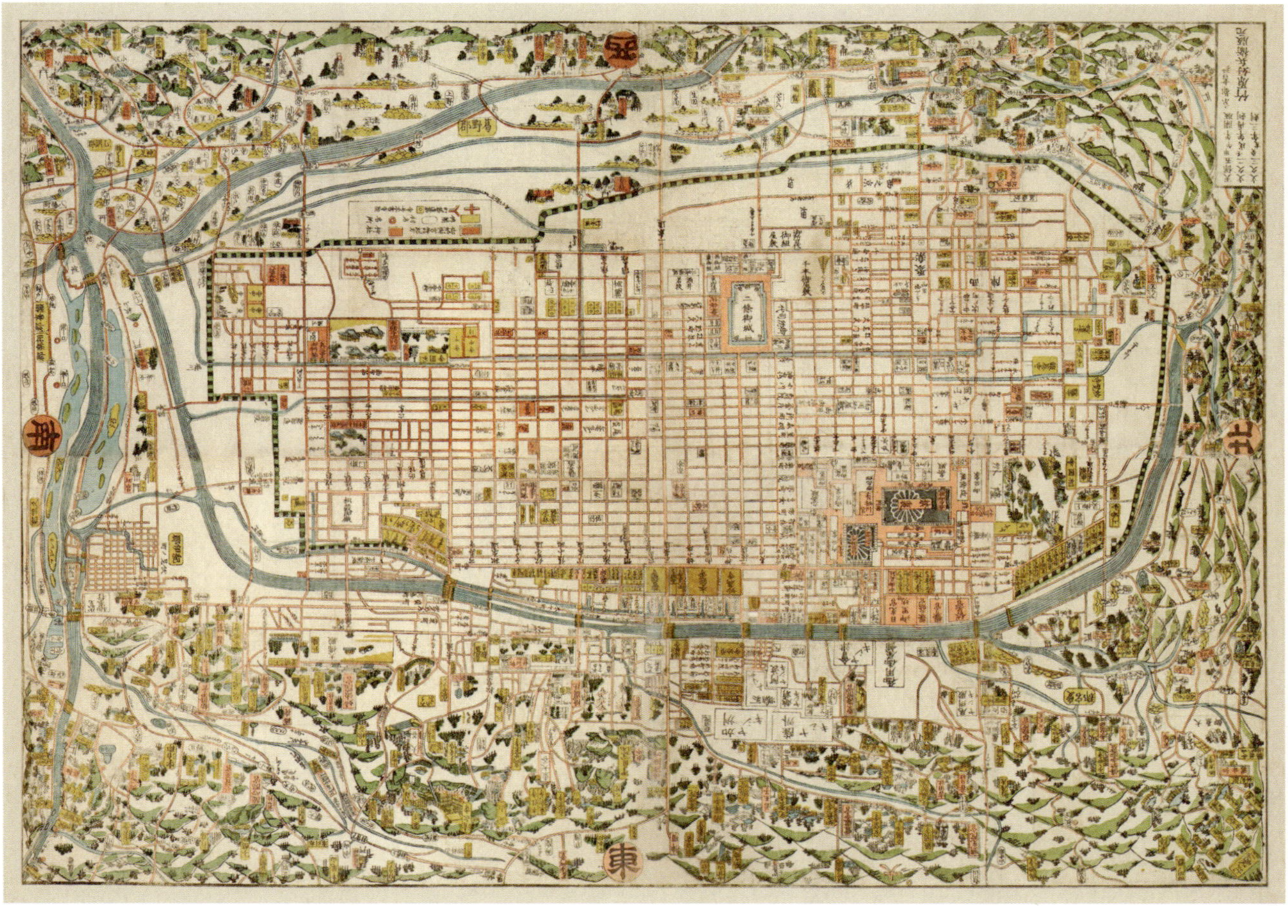

2

1880 年，日本第二条铁路大津至京都贯通，这是日本人独立设计和施工的第一条铁路；

1895 年，日本最早的电气化铁路（电车）在京都开通；

1904 年，由蒸汽火车电气化改造而来的电车开始运营；

1912 年后，日本蒸汽火车全部国产化，完成了“车辆技术的自立”，铁路网开始向全国扩散。

从 1872 年起，铁路成为日本陆上交通的王者。作为 19 世纪英国工业革命的产物，“快如飞鸟”的蒸汽火车以无比的巨力，引领日本沿着欧美国家的发展轨道，驶入崭新的工业时代，成为亚洲第一个现代国家。日本的文明开化运动随着铁轨一起延伸，运营线路遍布日本的每一个角落，让“现代文明”“远途旅行”走入普通日本人的生活。人们乘坐蒸汽火车穿梭于城市之间，沐浴着大城市的新气象，从发型、服饰、行为风度，到饮食习惯（搭火车吃便当）、娱乐方式（探索自由与未知的旅行），深刻影响了社会风气的变化与生活习俗的嬗变。尤其是那些沿着铁道线

1 日本京都观光地图，其中标记为橘色的建筑即为京都火车站

2 日本幕末时期的京都木版地图，绘制于 1863 年

规划建设的新式学校，不仅为中学生每日上学提供便利，也为各地教师进入大城市考察、学习、交流打开方便之门。铁路与时髦的银座一同被视为文明开化的象征，重塑了日本人的生活生产方式。坐火车旅行对于当时的人们来说，完全是一种全景式的新感觉。

日本铁道引以为傲的标志是新干线。20 世纪五六十年代，航空与汽车工业蓬勃发展，高速公路的崛起替代了铁路运输的霸主地位。在欧美发达国家，慢速的铁路被视为“夕阳产业”。日本另辟蹊径，重拾被欧美发达国家边缘化的铁道技术，充分利用第三次工业革命造就的高新技术浪潮，自主研制开发了高速铁道系统，集成了动力分散的运行方式、立体交叉的轨道、列车自动控制系统等尖端技术。新干线不仅更快更轻，也降低了火车的污染、噪声和震动，提高了火车旅行的速达性和舒适性。

世界上首条高速铁路——东海道新干线（东京—新大阪区间），于 1964 年 10 月 1 日东京奥运会举办前夕通车运营，并在运营的第三年达到了令人艳羡的时速 210 公里 / 小时，将东京至大阪的车程缩短至 3 小时 10 分钟。在这之前，日本铁道的最高时速在 100 公里 / 小时以下，两地坐火车单程需要 6 小时以上。这是全世界第一个投入商业运营的高速铁路系统，把东京（首都圈）、名古屋（中京）、大阪（京阪神）三大城市群结成一个 4 小时经济圈，大幅减少了日本三大都市圈的时空距离，促进了新干线沿线新产业带的形成。高速铁道上的城市群都市圈，让经济活动变得更为高效便利，成为刺激日本经济高速增长的一个重要因素。

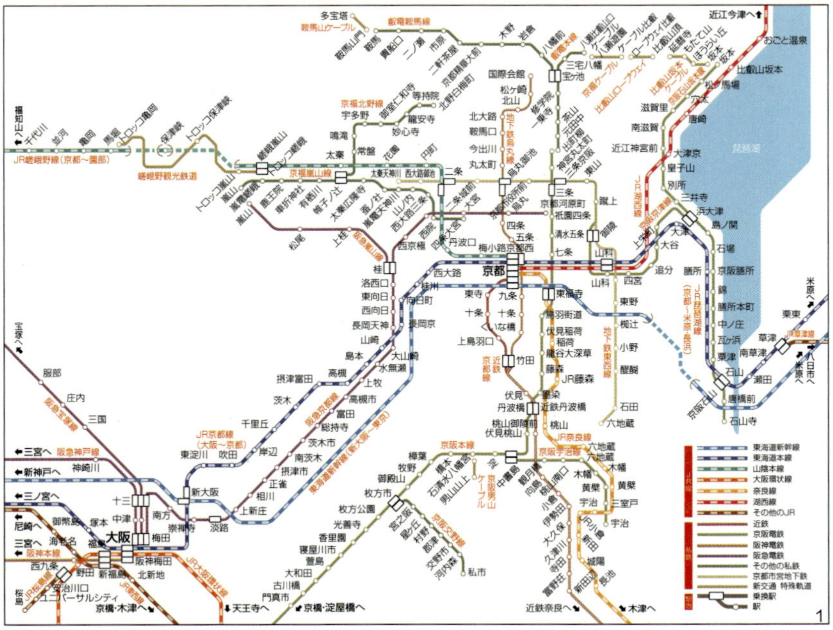

1 京都地区铁路分布示意图

2 京都地理位置、城市肌理、整体的交通网络分布

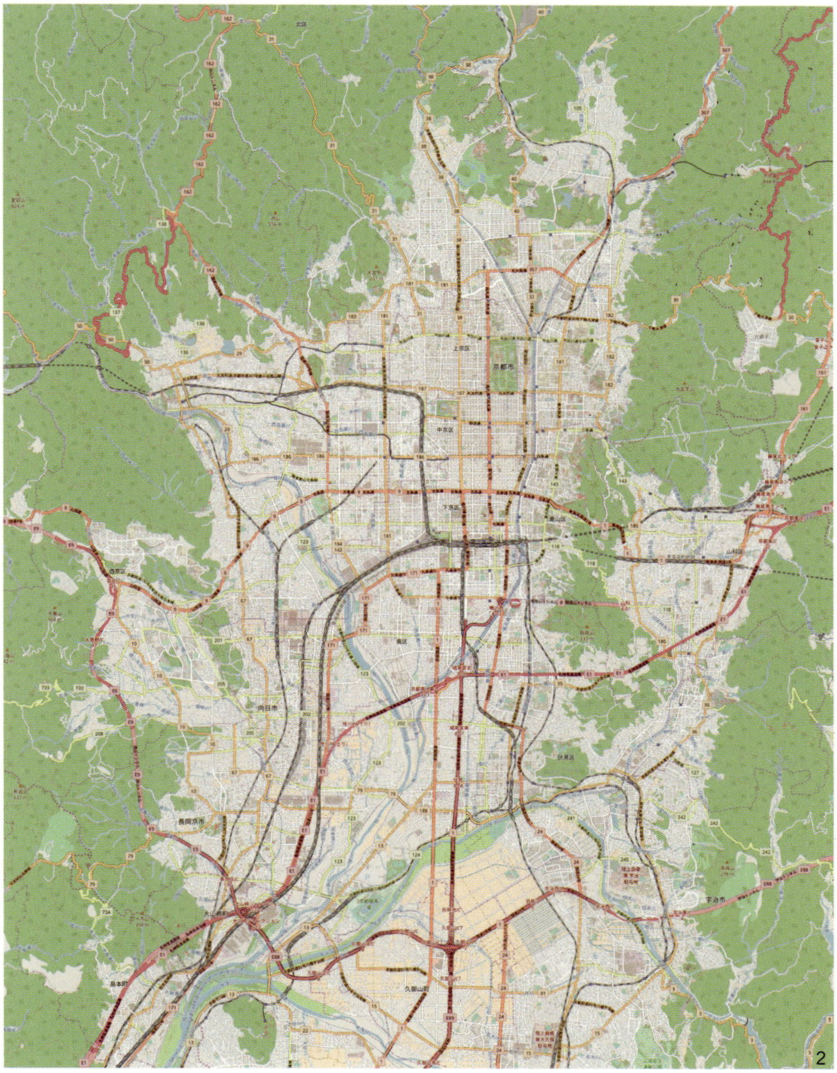

这列以“光号”命名的新干线，开启了日本铁路跨越式发展的大幕，但新干线只是日本铁道王国的冰山一角。作为多山临海的岛国，日本城市空间有限、人口密度超高，密集的轨道交通网络，以及以公共交通为中心的交通体系得以在大都市圈中发展起来，形成高密度、紧凑型的都市化空间：覆盖全国、连接城市之间的铁路干线是“大动脉”，“血管末梢”则是发达的当地轨道交通网络和公交接驳，包括紧密连接城市内部，尤其是城市中心地区的地铁，呈放射状连接周边的郊区和城市中心区外围枢纽站的私营铁路。

日本轨道交通网络建设一直都是城市化发展的重大要因，与城市扩张和城市更新同步推进。相比以小汽车引导的低密度无限扩张，与轨道交通建设同步的沿线开发，或者以轨交枢纽站为中心的高度复合集聚式开发，土地利用效率更高，开发建设与维护成本更低，塑造了可持续的城市发展模式。一直以来，日本以轨道交通站点为核心进行高强度的城市开发，实现了土地的高效集约利用。今天日本的三大都市圈已经形成以火车站为中心的集中开发区，其轨道交通年客运总量约为 200 亿人次，占日本全国客运总量的 90%（其线路里程只占 20%）。与其他交通工具——汽车、巴士的客运量相比较，在三大都市圈中，轨道交通客运量占比高达 51%，日均客运量达 5 609 万人次。可见三大都市圈中，城市活动对于轨道交通的依存度很高。轨道交通利用率之高，机动车利用率之低，是世界其他城市所不能比拟的。城市居民的生活基本建立在轨道交通和步行、骑行等绿色交通手段上，不依赖汽车成为一种富有魅力的生活方式，与城市可持续发展共生融合。

回看这一段历史，工业化改变了时空的距离，快速交通工具改变了城市发展的轨迹，城市的数量和规模如滚雪球般增长扩展，崛起的特大城市凭借其人口规模和多样性，扩大了生产和消费，培育了许多城市功能，把整个人类文明提升到了一个更高的水平。从农业社会的河流水道和马车，到第一次工业革命利用化石能源的火车，第二次工业革命的电力网和电气化铁路、汽车和汽车道路，再到 20 世纪中叶以后的高速铁道和飞机等出行方式的普及，各种形式的交通工具把远方的资源和人口源源不断地运进大都市，对人口的集中和膨胀起到了推波助澜的作用。在资本和技术的推动下，城市化四处蔓延，大都市状态普遍化，每个大都市如同蜘蛛，位于交通网络的中心，交通运输成为维护城市安全、稳定、高效运行的生命线。而轨道交通具有大运量、速达性、高便捷和复合利用的特征，能够有效提升资源配置效率、优化城市空间布局、加速区域要素流动，加上石油危机和大气污染问题，绿色环保、节省能源的轨道交通网络在大都市圈中成为主角，以轨道交通为中心的公共交通体系不但是都市生活必不可少的出行工具，更成为支撑庞大经济体系运转的命脉和提升城市经济密度的路径。

1 京都火车站与周边城市风貌鸟瞰

千年古都的复兴与交通

京都作为千年古都的光辉，些许遮蔽了我们对于现代京都的认知。

在绝大多数人眼中，古老的京都是日本的历史之门。但京都并非活化石，就像那座那座堪称前卫的京都火车站，它代表了京都孜孜以求的国际化现代化的另一面。从花见小道一带的木结构排屋民居（全部进行了防火防震改造），到京都车站的钢结构后现代建筑，从古老的街道到鳞次栉比的高楼大厦、商业中心，从踩着木屐、裹着和服的艺伎和妇人，到步履匆匆的西装白领、制服少年、cosplay 玩家……这座千年古都处处演绎着传统与现代、古老与年轻的合奏，给人一种穿越时空的奇妙感受。

在堪称前卫的京都火车站大厅里，“百年京都策”展览，展示了这座千年古都的现代化、城市化、工业化的百年历程。1868 年，明治维新政府正式将首都从京都迁往江户（东京），京都人口锐减 1/3（从 35 万人降至 22 万人），工商经济大为衰退。翌年，京都有识之士围绕产业、教育和城市基础设施，推出了京都复兴的指导性纲领，为原本固守传统的古都带来彻底变革的希望。

古都复兴的重要抓手之一是城市基础设施建设，通过修建车站铺设铁路，拓宽市区道路运营有轨电车，开通运河修建电站，举办殖产兴业的活动等，支撑起京都人的近代生活、文化和产业，并为日后大京都的形成奠定基础。1877 年第一代京都火车站在下京区建成，赤砖西洋风建筑，典型的明治建筑风格，是日本全盘西化浪潮的产物；1880 年，日本第二条铁路大津至京都开通运行，这是日本人第一次独立设计和施工的铁路；1885 年琵琶湖疏水工程启动，水道运输、水力发电不仅带动了京都的产业发展和商业振兴，也催生了日本最早的城市有轨电车；1895 年，京都举办了日本第四届内国劝业博览会并兴建平安神宫，当年入场人数高达 113 万。

随着现代性的全面降临和渗透，现代世界中聚集巨大能量的城市化、工业化、现代化也照进了千年古都的现实世界。这座山城不断日新月异，五年、十年就是完全不同的新面貌，京都的格局开始成型。而在此之前的一千年中，京都虽是一国之都，但是受山川地理限定，城市疆界变化不大，所能承载的人口和经济活动十分有限。古都位于京都盆地北半部，三面环山，从公元 794 年成为日本首都直至 1868 年迁都，持续了一千多年。初始的建城营造仿唐代长安、洛阳模式，南北长约 5.2 公里，东西长约 4.7 公里，以桂川和鸭川为界，以贯通南北的朱雀路为轴，分为左京、

1 京都城市远眺群山环绕

右京两区，坊市制棋盘型街道是规划严谨的东亚传统型都市形制。但是地势低且潮湿的右京不宜建城被迫放弃，都城仅剩左京，后来跨鸭川向东拓展，并分为南北两部分——宫廷贵族聚集的上京和工商手工业兴盛的下京，人口也从最初的 15 万人左右，缓慢增长至明治维新前的 35 万人左右。

近代以后，以火车、电车为代表的新型交通工具打破了自然地理屏障，极大拓展了城市发展空间，拉大了城市架构，并为人员和资源要素的流动集聚提供了强大的机械动能，在某种意义上成为城市的生命线。随着铁路、公路、运河等城市基础设施的不断延伸，京都的城市版图一再扩展，将外围被称为“洛外”的田园地带、市町村域并入市区版图，甚至吸纳了京都盆地以外、山岭那边的山科、伏见的部分区域，以确保京都作为工业城市的发展空间。1932 年，京都城市范围扩展了 4.8 倍，人口突破 100 万人，并在随后的时间里数次扩张，成功跻身于现代都市的行列。

近代京都成为一座典型的内陆型工业城市。穿山越岭的铁路、公路、运河打破了京都盆地的封闭态势，拉近了时空距离，把这座内陆城市与港口城市大阪、神户，以及周边很多地区紧密地联系在一起，推动了近代产业集群的建设。大京都的南区、右京区、伏见区成为主要工业区，是阪神工业地带的重要一环。构成京都工业脊梁的知名大公司包括京瓷、欧姆龙、村田制作所、岛津制作所、堀场制作所等，它们多将运营总部、研发中心设在京都，生产据点设在日本国内或是海外，它们的陶瓷材料、传感器、测量仪、精密器械等精工产品畅销全球。而在传统产业方面，旧时手工作坊式的、专供皇家贵族的西阵织、清水烧陶器、友禅染等也转变为大市场、大流通的现代格局。京都成为庶民生活审美的勃兴之地，在以“京”为名的日式生活艺术领域，形成一种难以挑战和撼动的高超品位。2013 年，京都的工业制造在城市总产值中占比 20.5%，仅次于第一支柱服务业的 23.6%。

第二次世界大战后，京都城市发展面临转型，从工业城市转向“国际文化旅游城市”，并制定了“京都国际文化观光都市建设法”。新的城市规划将京都车站以北中心区域划分为保全地区，这里总体规模小、用地紧凑、街道密集而狭窄，保持了千年古都的历史格局和适宜步行的空间尺度，为保护历史风貌，甚至拆除了部分高楼，以公交巴士为主的公共交通体系融入并维持既有城市肌理和形态。

第二次世界大战后的京都成为日本旅游现代化的先行者。在充分保全自然和历史景观的基础上，以京都为起点的全域旅游路线开发和基础设施建设，重新挖掘和丰富了古都旅游的魅力。从近代与博览会联动的揽客活动，到为外国游客而开业的西式旅馆、日式旅馆的现代化改造，还有直通比睿山和爱宕山山顶的钢索铁路和缆车索道、游览保津川和木津川的观光船、洛北的滑雪场、太秦的影视城……京都旅游在传统的春赏樱、秋狩红叶、夏日鸭川贵船纳凉等活动之外增添了愈来愈多的选择。

1964 年，日本第一条高速铁路“东海道新干线”通车，从东京到京都最快仅需要 3 小时 10 分钟，这条连接东京—中京—西京的高铁，极大促进了京都观光产业的发展，国内外游客纷至沓来。旅游业逐渐成为城市经济发展的第一支柱并持续至今。2013 年，京都的服务业（旅游和商业）在城市经济中占比最高，约为城市总产值的 23.6%，城市人口的 10% 以上从事旅游相关行业。

进入 21 世纪，2005 年京都颁布了新的城市规划，把大京都划分为自然和历史景观保全地区、市中心协调再生地区、京都 21 世纪活力创新地区，保全、再生、创新成为古都重新出发、与时俱进的关键词。建城 1200 多年的京都总面积超过 827 平方公里，有 11 个区，人口突破 140 万人，而每年通过京都火车站进入京都的访客高达 4 千万至 5 千万人次。京都火车站成为京都全域旅游的起点，是国内外游客络绎不绝的旅游目的地之一。游客如织的日常与市民生活并行不悖，自然风光与先端制造、研发园区和谐共生，古都可持续发展的探索始终在路上。

1 京都火车站空中大厅

2 从京都火车站站前广场看京都塔

1

火车站变迁：从城市门户到城市心脏

车站，作为工业化时代一种新型的城市公共空间，是城市主动脉连通的心脏所在。各式往来车辆川流不息，宛如心脏发出的强劲心跳，为城市带来源源不断的生机和活力。在轨道交通网络化的今天，火车站不仅作为交通节点，为旅客提供基本的交通服务，它还是城市重要的公共空间，能够为旅客和市民提供休闲娱乐、餐饮购物，甚至会议会展、办公等城市服务功能，具有改变城市结构和人们生活方式的能量。

2

早期铁路以运输大量物资为目的，车站周围多是工业用地和货运列车编组场，火车直抵城市中心，数量众多的大规模货运列车编组场占据了城市中心宝贵的土地资源。20 世纪 60 年代之后，受到汽车普及引发的物流体系变化，以及市区饱和化引发的城市扩张的影响，火车从货运为主转向客运为主，车站逐渐成为人的枢纽，是城市多种交通形式便利换乘的枢纽节点。

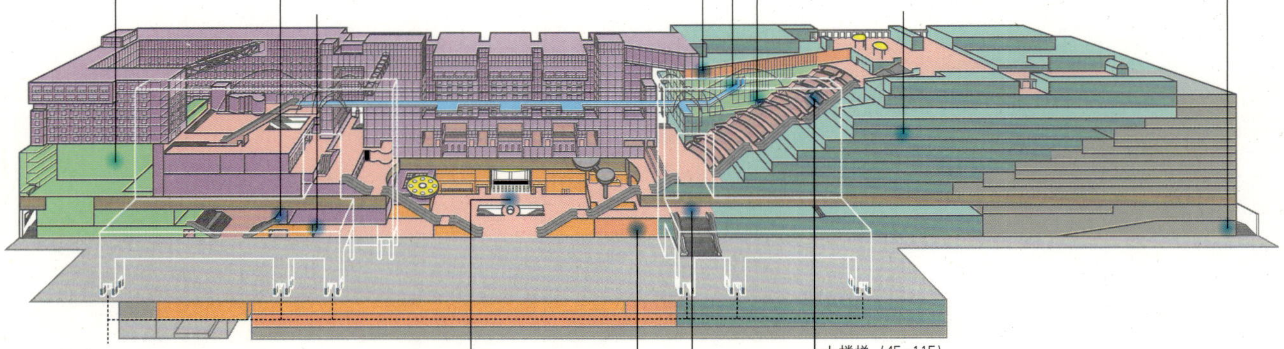

1

日本站点及其周边地区的蜕变是一个层层推进的过程。19 世纪后半段是日本近代化的开端，极具象征意义的火车站建筑引领了中心城区的建设开发。进入 20 世纪，20 年代出现了真正的枢纽车站百货商店，以日用杂货和食品销售为主；50 年代，车站大楼引入了商业设施和商务办公空间；60 年代，随着车站地下街的扩张与发展，占据站前广场的露天商业被转移至地下街，车站和城区正式进入立体化开发时代；70 年代，站前“市区再开发事业”相继在许多城市展开；90 年代，进入站城一体开发的新时代。车站从单纯的流动性场所转变为享受购物美食、社交休闲乐趣的城市公共空间，一个不亚于城市商业中心的购物场所和城市生活的舞台。

日本以轨道交通为导向的站城一体化开发，在世界上实践最早、应用最广、发展最为成熟，其三大都市圈轨道交通的线网密度、站点密度、换乘便利性和复合性直至今天依然举世无双。以枢纽站为中心的集聚式开发，利用密度较低的站场上方，通过车站与配套设施的一体化建设，将交通、商业、商务、文化等城市功能整合一体。以站点为核心，最大程度促进各类资源要素在轨道交通周边集聚并融合互动，提升土地价值和城市空间效率，带动区域发展，改善区域生活方式，以实现轨道交通的价值最大化。凭借站城一体化开发模式，日本在三大都市圈形成了以车站为中心的集约型城市构造——多种交通模式、多元城市功能、多元空间利用的高度复合，引领资源要素的高密度集聚和城市区域空间的全面进阶。

1 京都火车站功能结构关系图
2 京都火车站穹顶钢架
3 京都火车站大楼立面

2

3

以始建于1877年的京都火车站为例。一百多年来，京都车站见证了千年古都的现代化、城市化、工业化历程，以及第二次世界大战后向国际文化旅游都市的华丽转身。追随古都的发展变迁，京都车站的核心定位也在不断变化，从一座火车站和城市门户，到城市综合交通枢纽集成各种交通方式和线路的接驳转换，再到站城一体的立体巨构聚合城市的商业文化功能，京都车站不断地迭代更新，与这座现代古都和谐共生、共同成长。

京都车站所在位置，既是进入日本心灵之乡、历史之门的门户所在，又是重塑城市空间和形象，缝合京都新城、旧城区域的关键所在。车站位于京都市中心的下京区，横跨城市南北主轴乌丸通，与东西向城市主干道盐小路通和八条通相接，主入口正对京都第一高度的“京都塔”，南北广场分别面对旧城、新城：车站以北面向京都老城区，这里总体规模小、用地紧凑、街道密集而狭窄，保持了千年古都的历史格局和适宜步行的空间尺度；车站以南面向新城区，沿着道路和轨道交通网络的放射性扩展，聚集开发了住宅区和工业地带。京都车站占据了城市核心位置，利用交通联系缝合被铁路站场割裂的城市空间，通过站城融合成为京都南北两地的聚合空间，助力南北新旧城区的一体化发展。

京都车站首先是古都现代化的重要枢纽，是1800万人口的西日本京阪神大都市圈内的重要节点之一。它就像连接神经的中枢、汇聚血脉的心脏，看似庞杂混乱实则井然有序、高效连接，满足了枢纽车站庞大躯体协调、灵活运转的各项需求，体现了城市的活力。不同城市交通基础设施分层配置、上下内外组合，不同交通设施之间、不同线路之间顺畅接续、直通换乘：站房内的高架层站台属于电铁，以跨线桥、自由通路（2层）、地下自由通路（B2层）和扶梯连接各个站台；外围的站前广场是市域公共汽车站，与站内轨道交通无缝衔接；站房地下层属于地铁，可以直通站前广场的地下街和城市商业街区，地下开放的一体化步行系统，减少了对其他交通的干扰。另外还有一个“空中地面层”设置，在距地面高15米处采用4米高的空间桁架结构形成一个整体的空中基盘，为将来轨道交通多层线路的立体交叉，或是南北新旧城区间的联系预留空间。

1, 2 京都火车站的网架结构

京都火车站整合了多个维度的交通方式，高速铁路、城际铁路、市域地铁、巴士、城市干道等多模式交通形成合力。这里有数家铁路公司的近 20 条线路，包括高速铁路东海道新干线，将京都与东京、名古屋、大阪、广岛等大城市串联起来。区域性的轨道交通系统由 JR 西日本和私营铁路组成，构建起京阪神都市圈城际间联系的主轴，并连接郊区和周边的市镇府县，快慢线并行的中短途线路，是跨城跨域通勤族的首选，从京都火车站至大阪，最快仅需 29 分钟，到关西国际机场仅需 1 小时 15 分钟；市域性的公交网络由 1 条市营地铁线和 27 条公交巴士线组成，在站前广场搭乘巴士，可在 15~20 分钟内抵达中心区，或前往古都的各个景点和城市的各个角落。另外，在车站建筑东西置入大体量的立体停车库（面积 18 500 平方米，占 9 层楼面，可停 1250 辆汽车）和驻轮场（自行车、摩托车），满足旅客多样化的出行需求。

2

1 京都火车站中庭广场与远处的京都塔

2 京都火车站外观

京都车站凌驾于京都玄关口，织成巨大高效的立体公共交通网络，每年吞吐量高达5千万人次，极大拓展了古都居民日常工作生活的领域，提升了沿线地区的经济活动密度，也让来自世界各地的游客从到达伊始，就可以不依赖私人汽车，轻松探访古都全域的旅游线路和各个景点。它对于车站周边居民也十分友好，站内“南北自由通路”的纵贯线设计，为车站南北两地的轻松穿越提供便利，创造出步行友好的站城连续性，也有助于南北新旧城区的一体化发展进程。

京都火车站不仅仅是一个交通枢纽，更是一个功能复合的站城综合体，它是一座城市的服务中心。在这里，多元功能高度复合、交织互动。1997年改造完成的第四代京都火车站，实现了从枢纽车站到站城一体的华丽转身。它是交通枢纽与城市公共空间双向整合的站城综合体，是城市交通枢纽引导下的、反映京都文化生活水准的商业综合设施，是文化交流和民间庆典的表演剧场，是充满温度的市民广场，是大量旅客和市民欣然前往、逗留、消费、休闲的生活目的地。大小广场、游步道、空中廊道、层间电梯等，如立体延伸的城市街道，串联起高端的五星酒店（京都格兰比亚大酒店，539间客房）和伊势丹百货，让人流连忘返的精品店、专卖店和米其林餐厅，亲民的拉面小路、站前地下商业街，还有京都剧场（3个观众厅，其中最大的为941座）、一座博物馆等文化设施，地方政府办事处、铁道案内所、观光案内所等社会服务机构。各种交通设施与商业、生活服务设施立体叠加，打造出家和办公室以外的第三空间。市民可以利用通勤通学的间隙一站式解决购物办事、休闲社交的日常生活需求。

作为日本站城一体化开发的先行者之一，第四代京都火车站就像千年古都中生长出来的一座未来站城，一架高效运转、极致复杂的空间系统，植入了一系列在今天看来依然“先进”的城市策略：开放、共享、集约、透明、易达、极致融合、立体城市……它以车站为中心，导入高度复合的城市功能和文化设施，各类资源要素串联集聚，多重城市功能空间交织叠加，引导人们的生活、工作和休闲活动向车站靠近，创造出别开生面的魅力和繁华，同时也塑造了古都标志性的新形象，完美展现了古都迈向 21 世纪的澎湃雄心和姿态。

2

京都门户：历史之门、都市之丘、城市聚落

如今的京都站，是自 1877 年以来的第四代，也是“平安京迁都 1200 年纪念事业”的一环。1991 年采取国际竞标的形式，以更新公共交通系统、更好地服务旅客、焕发城市活力为设计目标，四位日本建筑师（安藤忠雄、黑川纪章、池原义郎、原广司）以及三位海外建筑师被邀请参赛，最终采用原广司方案，历经 6 年，于 1997 年竣工。

京都是千年古都，整座城市弥漫着浓浓的传统风致。京都站是进出古都的门户，很多人的京都之旅从这里开始。与大多数体量轻巧的京都古典式建筑不同，京都火车站建筑东西向长 470 米，宽 80 米，高 60 米（地上 16 层、地下 3 层），占地面积约 3.8 万平方米，建筑面积约 23.8 万平方米。如此庞然巨构横亘在几乎没有高层建筑的京都城，可以与历史上最为壮丽辉煌的城门相媲美。

这是一座被设计师原广司赋予魔力的火车站，聚落、站城综合体、高密度、多层结构、未来感，是其中的关键词。可以说日本站城综合体的概念就始于 20 世纪 90 年代建成的京都火车站，而站城一体的胚胎构造则早就存在于人类聚落中。自古以来，聚落就是人类活动的中心，是人们居住、生产、生活、休闲和进行各种社会活动的场所。火车站不再是孤立和单一功能的交通枢纽，而是与城市的其他功能组织缠绕在一起的城市聚落。这座超级枢纽的大跨度空间被碎化成无数个功能各异、体量参差的盒子，数量众多的空间单元穿插组合，效法自然生长的形式复制、变异、增殖、扩张，以聚落的形式有机分割、消解庞大巨构的空间

2

和体量，营造出宛如城市广场、街道条坊的节奏感、丰富性和复杂性。就连建筑的外立面处理也是堆叠的，材料和细部不断变化形成丰富的组合，化解巨大建筑带来的压迫感，并与古城的细腻尺度相和谐。

就像人类聚落的外部形态、组合类型无不深深打上了当地地理环境的烙印，京都火车站设计的思考原点，也融入了京都三面环山的地理形态，反映了一种峡谷的自然地貌。中央大厅采用了从峡谷型地貌衍生出来的“谷间设计”——山谷型空间构造、空中廊道、溪谷型阶梯台地等，都是原广司对聚落空间经验的现代化表达：车站中央大厅袭峡谷之形，仿佛一个时间隧道，连接过去和未来，着力表达“城市之门”的意象。

1 京都站站台
2 京都站中庭空间

顶部覆以曲面的金属网架和玻璃，形成一个巨大的、通高 11 层的共享空间，从地面向天空无限延伸。中央大厅上部，距地面高度 45 米处，一座天桥悬空而建，长约 147 米的廊道挂在钢结构幕墙上连接东西。沿着空中小径漫步，透过圆洞可见京都塔和环抱京都的巍巍群山，或是居高临下欣赏古都夜景……中央大厅东西两翼如山丘升起延展：东侧呈台地状，通过自动扶梯相连，尽端是旅馆区围合的东广场（7 层）；西侧是一座全宽 25 米，171 级台阶的弧形大阶梯，形成连续上升的坡面，高低两端分别连接屋顶花园（11 层）和广场（4 层），横向则与百货商场各层有开口相通。从大阶梯两边的自动扶梯向上，可轻松抵达连接东西广场的“空中小径”和屋顶广场，那里有城市观景台；再从自动扶梯向下，可分别抵达车站、酒店、剧场、百货商场、美术馆等生活、文化设施入口。大阶梯也是休憩之地和车站避难通道，是开敞式的露天舞台、大型活动的聚会中心、市民日常活动的广场。

京都火车站大楼半开敞的大厅通过“地形”变化，促成各功能区的融合，创造了诸多漫游通路和可停留的大小广场。人的活动非常丰富，各种场景交织在一起，就像一座主题公园，兼收了美国购物中心式的中庭、欧洲传统城市的广场空间、日式园林的回游式步道，还有屋顶花园和城市眺望台……多重空间和场景次第展开，移步换景带来视野的切换，显现隐匿的场所，构成不同的图景。而站城建筑的复杂性表达、多样性呈现，增强了建筑的可读性，展现了城市交通聚落的特殊魅力。这里不仅仅是人们工作、购物、休闲、娱乐的地方，更是文化容器，年轻人喜爱的城市潮流文化的孕育所、发生地，古老城市在这座“熔炉”中焕发新生。

如果说“谷间设计”是设计师对于京都地理环境的一种回应，那么方体元素的运用则是设计师对于古都棋盘式规整格局的一种映射。设计师挖掘出都市和建筑中隐藏的生成秩序和运行逻辑，并在这些秩序的基础上进行再编织和再整合。设计采用方体为平面设计基本单元，将剧院、酒店、百货、美术馆、政府办公等城市功能，分别安置在这座巨大的箱形矩阵中。因应不同功能和内容，每一组方体类型的材料、细部和形态不断变化。

与历史元素“方”体相映成趣的，还有“圆”。这种源自京都琳派装饰意匠、具有独特辨识度的造型元素如同画龙点睛的装置艺术，在云飞状的大厅网架顶棚、悬浮的空中舞台、悬挂的空中走廊、溪谷般的宽阶梯上，演绎着既优雅又出人意表的大胆造型，极其丰满的弧线宛如京都东山的圆丘，那是典雅、自由且悠然自得的传统形式，点缀在时尚前

1 京都火车站空中钢结构连廊

沿、充满未来感的车站大厅中，是连接历史和未来之门意匠的视觉表达。坐落在城市主轴线上的京都站犹如京都这一都市母体的一个切片。在这个切片的现代化外表之中，处处隐藏着呼唤传统的建筑基因——设计师并非单独使用这些几何原型，而是将它们作为形式元素融合在更为复杂的建筑整体中。

20 年来，新的京都车站建于京都玄关口，是西日本京阪神大都市圈内的重要交通枢纽，每年吞吐量高达 5 千万人次，是日本最具活力的交通枢纽之一。但是站在超大站厅里，人们看不到任何列车，车站面积也仅占总面积的 1/20。从交通枢纽演进而来的站城综合体扩展了自身结构，成为内向聚合诸多城市功能要素的巨大容器。古都狭窄的地理因素造就站城有限空间的高密度处理，生成致密而紧凑的复杂结构，以容纳密集混杂的人流，强化多元要素之间的交互作用和碰撞。城市中很少有其他公共空间，如此日复一日、高强度满负荷运转，提供如此密集的流动性、多样性和广泛的交往。千年古都借助这一深入城市内部的新聚落，再度提升、丰富、超越了自我，城市活力在川流不息的交通交互中绽放。

三城车站，各自精彩

由于国情、路情不同，中国的“站城融合”发展走了一条不同的路。尤其是近期，相较于一些欧洲国家和日本高频次、中短距的特点，中国铁路在旅客发送量、出行频次、平均乘距等方面与之有明显差异；中国客流在一定时期内仍将存在“旅客数量多、候车时间长、旅行经验少、客流波动大”的特点。这些将在很长一段时期内继续成为规划设计中必须考虑的重要因素。因此，不能简单套用国际经验，必须结合自身情况，对国外经验要经过分析有选择地吸收。

对比三城车站，不难发现，火车站的开发与国家发展阶段、地方经济、地域文化等因素都具有较强的关联性。总体来说，欧洲发达国家的火车站一般开发量小，和周边环境及空间的融合程度较高，并且对文化元素的运用较好；日本这样的东亚发达国家，具有大城市火车站超高开发量、站与城高度融合的特点；中国由于铁路交通发展相对滞后，目前大量火车站在站城融合和地域文化展现上有所不足，开发量上基本介于欧洲和日本之间。可以预见的是，欧洲和日本高铁站的建设在未来几年大概率仍然会延续各自特点，而中国的高铁站则会往站城融合、高品质车站空间、富有地方特色的方向快速发展。

在英国伦敦，国王十字车站周边工厂、物流设施、铁道货运列车编组场的废弃或迁址造成大规模的闲置用地，成为促使政府与民间携手、共同推进再开发的驱动力。2012 年伦敦奥运会前，政府投入巨资升级改造了国王十字车站，进而带动车站周边国王十字区的有机更新和一体开发。与传统 CBD（Central Business District）相比，国王十字街区开发在商业、办公功能基础上，积极推进工业遗产的保护再生，构建生态友好、职住平衡的活力社区，营造了复合程度更高、充满生机活力的城区。其站城一体、产城融合的再生开发模式，以街区的尺度重置城市功能，不仅使该地区成为伦敦中心城区新经济的增长极，也为伦敦中心区的居住人口回归作出贡献。

国王十字区的站城开发是150年来伦敦中心城区最大规模的城市更新。作为伦敦主城区复兴的标志性项目之一，其最大特色在于极致的国际化和多元化。因为毗邻“欧洲之星”伦敦终点站的区位优势，吸引了重视广域交通便利性的世界级IT企业、品牌公司扎堆进驻，各行各业的全球精英云集于此，而丰富多彩的商业、艺术和文化活动，吸引了游客纷至沓来，年轻活跃的氛围全时段充盈至片区的各个角落，成为伦敦世界大都会的缩影。

在内部空间设计上，国王十字车站的空间营造别具特色。其中，西侧新建的半圆拱形大厅，跨度达150米，16条高20米的树枝状钢柱呈漏斗状散发开来，构成的白色网格顶篷覆盖整个半圆形西大厅，是欧洲最大的单跨车站结构之一。广场同时也为车站创造了一个新的入口。西广场的场地与原车站的墙面相接，从前面仍可以看到原车站所有的砖块以及砌体结构。这种象征历史文化的姜黄色砖墙与象征现代化工艺的漏斗状钢柱在车站相互交织、融为一体，给旅客留下了深刻的印象。

在站与城的关系上，国王十字车站周边开发强度较低，车站和周边区域主要通过站房出入口联系，在空间上的融合相对较弱。但车站通过强大的交通能力实现了与城市其他板块的紧密联系。同时，通过商业开发，置入购物、网红打卡、休闲等功能，使车站和周边区域的功能自然衔接。因此可以说国王十字车站在交通和功能上和城市的联系比较紧密，而在空间上仍保留着车站自身的独立性。

理解国王十字车站的“前世今生”对杭州西站的建设与运作有一定的启发意义。国王十字车站的空间营造、历史感的传达、丰富的功能配置，以及令人印象深刻的精神场所塑造，都是值得杭州西站去借鉴的。而在车站周边综合开发等方面，由于国情差异较大，需要采用适合中国的方式方法去建设。

在日本，火车站及其周边地区同样是城市有机更新改造最为活跃的地区。区别于欧洲那种由火车站向外延伸的周边开发型综合开发布局模式，拥有超高密度庞大人口的日本大都市，站城一体开发多以火车站为中心，强调高强度、空间紧凑的竖向开发。

20世纪末建成的第四代京都火车站，就是站城立体开发模式的先行者。它在一个箱形巨构中将大流量的综合轨道交通枢纽，与高密度、多用途的城市空间和社区营造错综交织、立体复合，车站同时也是社区生活中心，提供高品质的城市空间和公共服务。车站中央标志性的巨型大厅宛若宇宙空间站，营造出有到达感的空间意象，成为“通向日本历史之门”的聚集场所，展示了千年古都令人印象深刻的城市名片，使其成为一个备受世界瞩目的站城典范。

在内部空间设计上，京都火车站的空间设计一直为人所称道。进站大厅两侧超高扶梯直通各层，震撼的视觉效果给旅客留下深刻的印象；此外巨大的钢结构幕墙结合玻璃的设计在阳光下极具艺术感；长达近300米的连廊“挂”在60米高的钢结构幕墙上，连接大楼东西两侧。这种技术与艺术相结合的内部空间设计，使京都站在众多火车站中显得格外独特，让人纷纷驻足留影。

在站与城的关系上，京都火车站周边有着大规模的综合开发，与城市呈现出相互融合的状态。在交通方面，车站通过连廊、地下空间以及站房地面出入口等方式与周边城市开发形成紧密的联系；空间方面，车站通过铁路综合开发将铁路两侧城市空间进行缝合，使站区成为了一个整体；功能方面，车站布局了餐饮、休闲娱乐、游憩等具有城市属性的功能，甚至有剧院、婚宴场所、观景台等。

京都火车站对杭州西站的建设同样有所启发。其高铁站综合开发的强度、布局模式、功能配置、与城市的融合方式、内部空间设计、环境营造等方面，都可作为中国高铁站建设的借鉴方案。

然而，中国与日本及欧美国家在国情上存在一定差异。国外“站城一体”开发模式下铁路与城市开发的产权同属于一个主体；在中国，站房与城市配套及开发分属于铁路部门与地方政府两个主体，二者在行政级别、管理权限、运营模式上存在不同。在站城融合理念的推动下，两个主体不断靠拢，空间距离上不断拉近，站城功能不断融合，站房与城市配套及开发可作为站城综合体进行统一建设，但权属划分与管理运营上仍然存在清晰的界面，路地双方始终作为两个不同的主体。目前中国国情下的体制特点使得中国在未来一段时间内都将以“站城融合”作为主要发展理念，而不是“站城一体”。杭州西站的规划设计以站城融合为理念，打破了城市建设和铁路站场建设的隔阂，成为国内站城融合的典范。依托于西站综合交通枢纽，云城不仅集聚商务办公和商业酒店功能，还整合了城市公共空间、创新载体、社会服务等综合城市功能，不仅满足城西科创走廊高技术人才、商务通勤旅客对于多样化、高品质的城市生活需求，也成为引领低密度新城区发展的开拓者和先驱力，是杭州高密度科创经济走廊的核心。

在内部空间设计上，杭州西站同样十分出彩，如横跨东西的云谷、直通各层的云梯，具有设计感的检票闸机口、天花、落地灯以及展现文化元素的铺装，都给旅客留下了深刻的印象。

在站与城的关系上，杭州西站通过雨棚上盖、空中连廊、地下通道

1 杭州西站

以及常规的地面出入口，和周边城市区域在空间和交通上紧密联系，同时拥有商业、酒店、商务办公、会议会展、教育培训等城市功能的站前广场、站房及其上盖综合开发，与周边城市区域在功能上也实现了充分融合。因此可以说，杭州西站和周边城市区域基本达到了站城融合的状态。

城市化成为大势所趋。在地球变暖的大环境中，以具有大运量、速达性、高便捷和复合利用特征的轨道交通为中心的城市开发模式，是实现大城市可持续发展的一项重要手段。不论是老城区的有机更新，还是新城区建设，站城融合让交通与资源集聚相辅相成，以前功能单一的车站被放置到一个更大的区域环境中：它是多种交通模式高度复合、便捷换乘的高能级交通枢纽，是依托轨交站点及周边、沿线集聚高附加值产业的高密度经济走廊，是多元功能高度复合、空间利用高度复合的城市区域核心。站城融合发展使得紧凑的城市空间成为可能，从而实现可持续的城市发展远景。

1

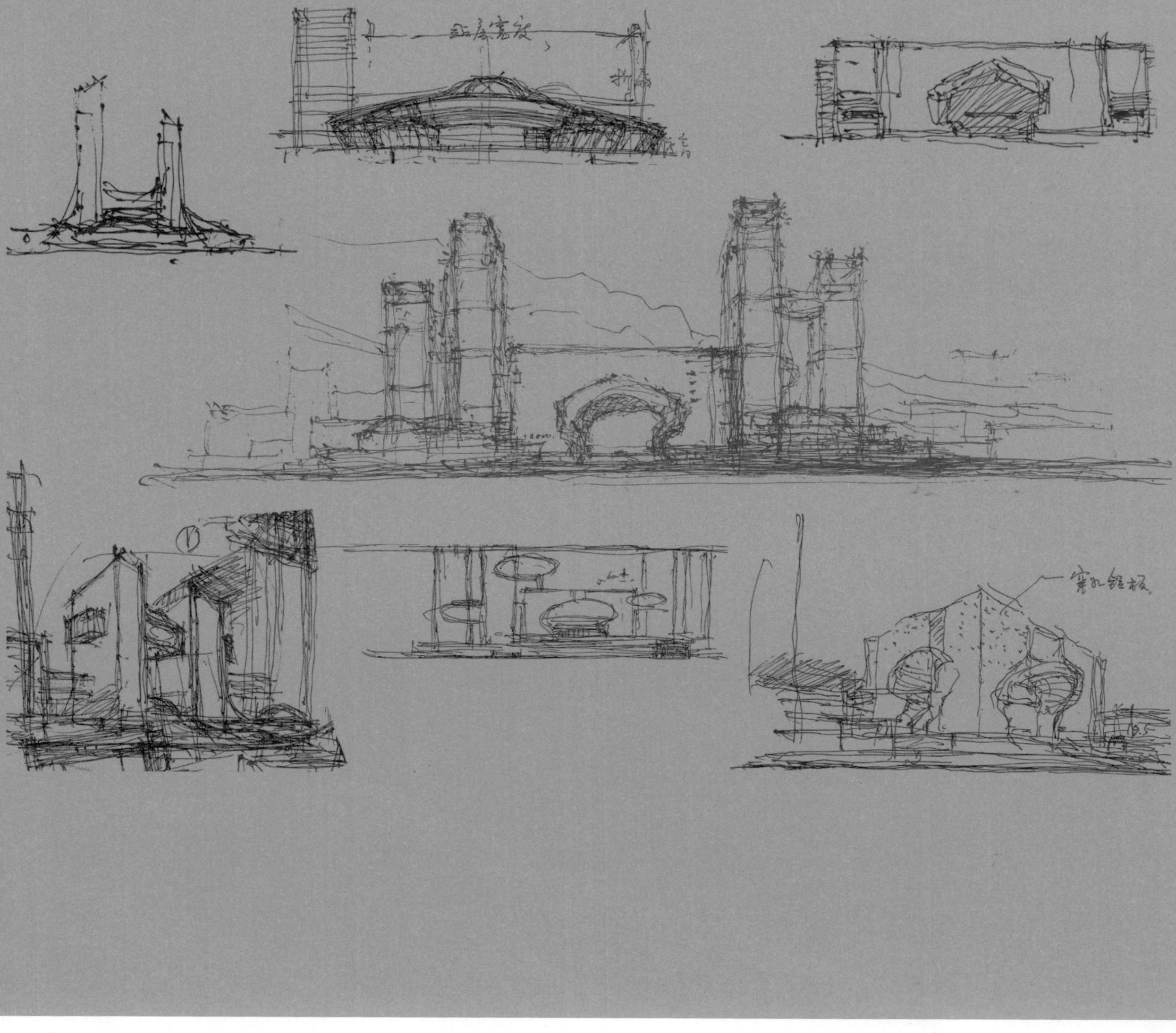

3 西站建构：站城融合

杭州西站整体规模

总用地面积：32 公顷

总建筑面积：513 420 平方米

建筑高度：49.975 米

建筑层数：站房综合体地上 5 层、地下 4 层

站场规模：11 台 20 线（湖杭场 6 台 11 线，杭临绩场 5 台 9 线）

进出站流线：上进下出模式（进站以高架候车室候车为主，辅以线下快速进站厅）

高峰发送量：近期 8 762 人 / 小时 远期 12 480 人 / 小时

接驳地铁线路：3 号线，19 号线，12 号线（规划），20 号线（规划）

站房配套：扶梯 180 台，直梯 53 台

云谷：长 500 米，宽 28 米，内有 8 台扶梯直达高架候车层，最大提升高度 24.1 米，梯长约 50 米

云厅：南北长约 300 米，东西最宽处约 230 米，总建筑面积 5.8 万平方米

屋面：采光天窗 1.25 万平方米；单晶硅光伏组 a 件 1.5 万平方米，年均发电量 231 万千瓦时，预计每年可节约标准煤 830 余吨，减少二氧化碳排放 2 300 余吨

雨棚上盖：总建筑面积约 5 万平方米，3 栋为办公及配套商业，一栋为酒店及会议功能

云门：建筑高度约 80 米，共 14 层，占地面积约 10 800 平方米，连廊部分高约 17.65 米，整体跨度约 97 米

南北综合体：总建筑面积约 182 万平方米，8 栋超高层塔楼，金钥匙高度 399.8 米（杭州最高楼），金手指高度 319.9 米

站城共生：城市节点生成

“站城融合发展”是一种理念，而不是一种模式。由于外部条件的不同，“融合”方式会有很大差异。规划设计需要考虑所在城市的社会经济发展阶段，根据城市规模与能级、客流特点、车站区位等具体情况，因地制宜、因站而异地做好规划设计。

交通是经济的脉络、文明的纽带，交通技术的进步创新是重塑城市格局的关键力量。

清末民初，破城而入的江墅铁路为杭城都市的现代发展带来契机。原本的城外小站移入城内，成为杭州的门户，俗称“城站”。以“城站”为中心，修建了新式道路，建造了楼外楼、影戏院、城站旅馆等新式商业娱乐设施，开辟了城站公园、儿童运动场等新型城市公共空间，使市民的日常休闲活动更加具有现代文明的特点。城站地区不仅成为民国时期杭州的新中心，也是杭州步入现代化的象征与标志，杭城迎来了的“城站时代”。

因站而城兴，杭州站城百年的发展历程，可以借用塞德里克·普莱斯的一则幽默漫画，用一个鸡蛋代表城市化的三种状态：农业社会被城墙包围的城市是煮鸡蛋，城墙就是蛋壳，城市范围受到步行距离和山川河流的自然限制，城市人口在数十万徘徊；近现代工业社会的城市形态像煎鸡蛋，由“城站”所在的中心城区与蔓延的郊区组成，新式交通工具和城市道路网界定了扩张型的城市范围，及至 20 世纪 80 年代城市人口增长至 400 万左右；21 世纪后工业时代的城市形态好比炒鸡蛋，以高速铁路、轨道交通节点为依托，发展出多个核心，形成多中心离散分布的特大型都市形态——城市人口在 2020 年增至 1500 万左右，杭城迎来了“站城时代”，城市尺度被不断发展的交通方式改变和重塑。

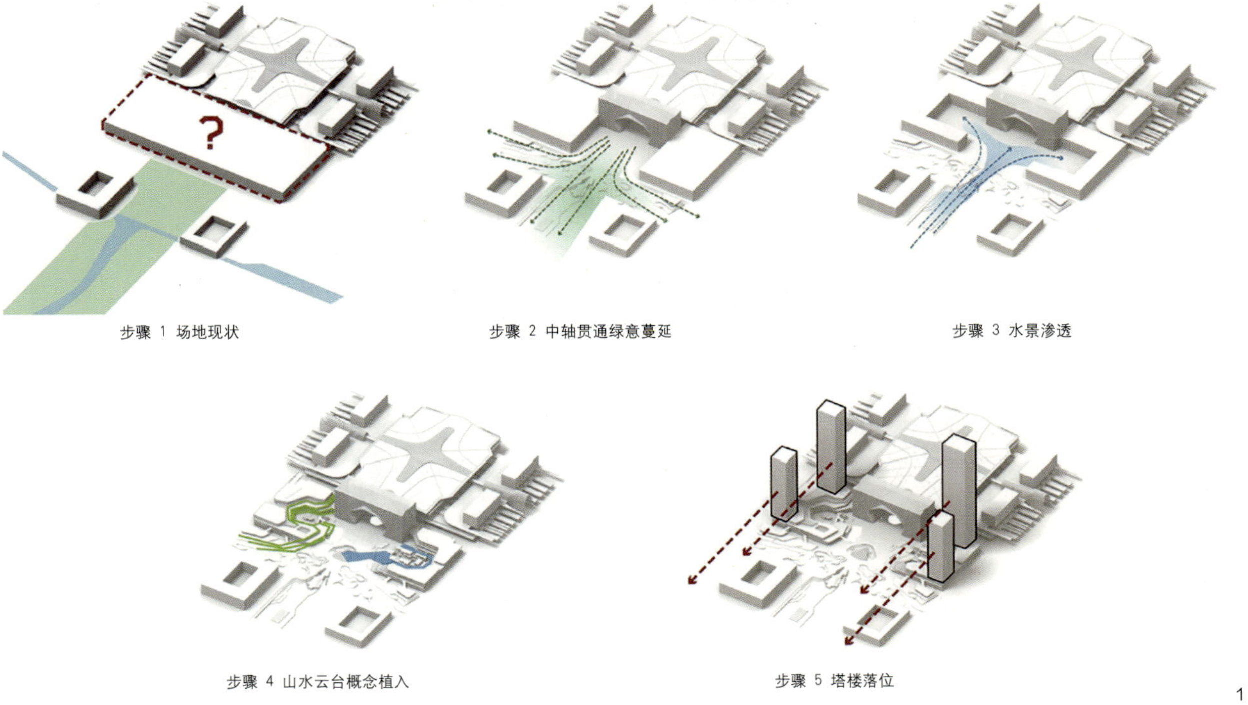

1

1 杭州西站南广场生成分析

相比单一中心结构的“城站”时代，多核心型结构的站城建设极大提升了城市蔓延的临界值，动态发展的城市化进程彻底改变了杭州的城市版图。在发展定位、规划设计、政策引导的多元推动下，以公共交通枢纽为中心的高度复合、集聚型开发以及沿线开发，形成了集商务办公、休闲娱乐、会议展览、居住生活为一体的新城。新城之新，在于创新——交通引导、设计赋能、新经济发力、站城融合等，一个个以车站为中心的紧凑城市的集合体形成合力，支撑起杭州市域空间东扩、西进、跨江发展的新格局，城市的尺度、肌理、形态、面貌发生了剧烈改变。

2022 年开通运行的杭州西站及其周边区域就是站城融合新需求下应运而生的站城关系新篇章。以西站为中心，城市多元交通网络在此汇聚、叠合，形成地上地下整体化综合利用的立体交通枢纽，提供了对外便捷、对内便利的优质出行体验；站点周边，云城拔节生长，形成中心紧凑密实、外围疏密有致的空间形态，具备功能融合、空间复合的产城格局，是宜居宜业的繁荣之城；与车站交织的公共空间则是“汇聚共享的城市客厅”，是可以密集遇见各种人、物、事，包容各种消遣和留白，有着独特铁道视景且充满活力的魅力街区；这里还是城市形象的表现之处，以“云”“门”为题的意象性、地标性建构，前者隐喻车站流动如

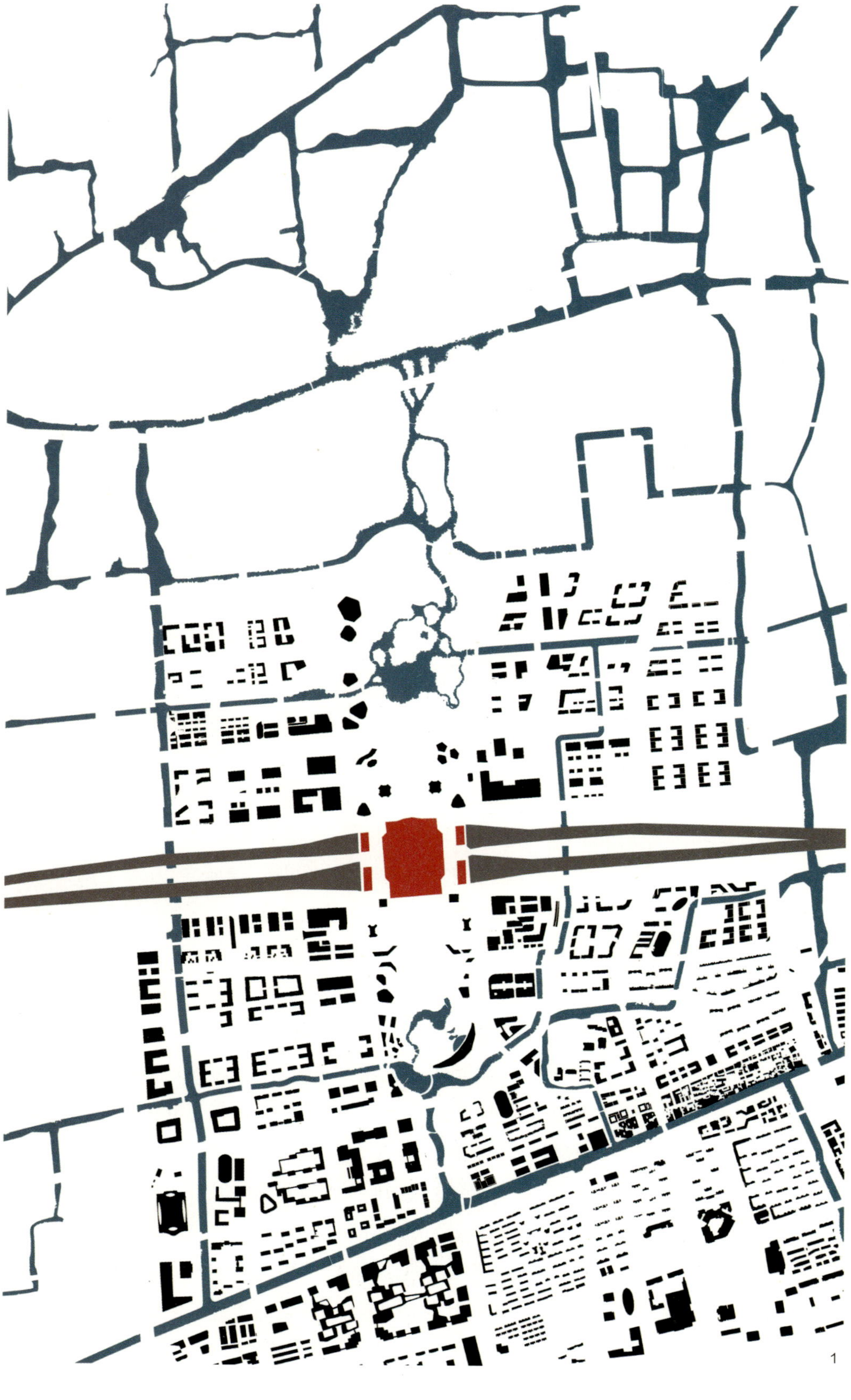

1

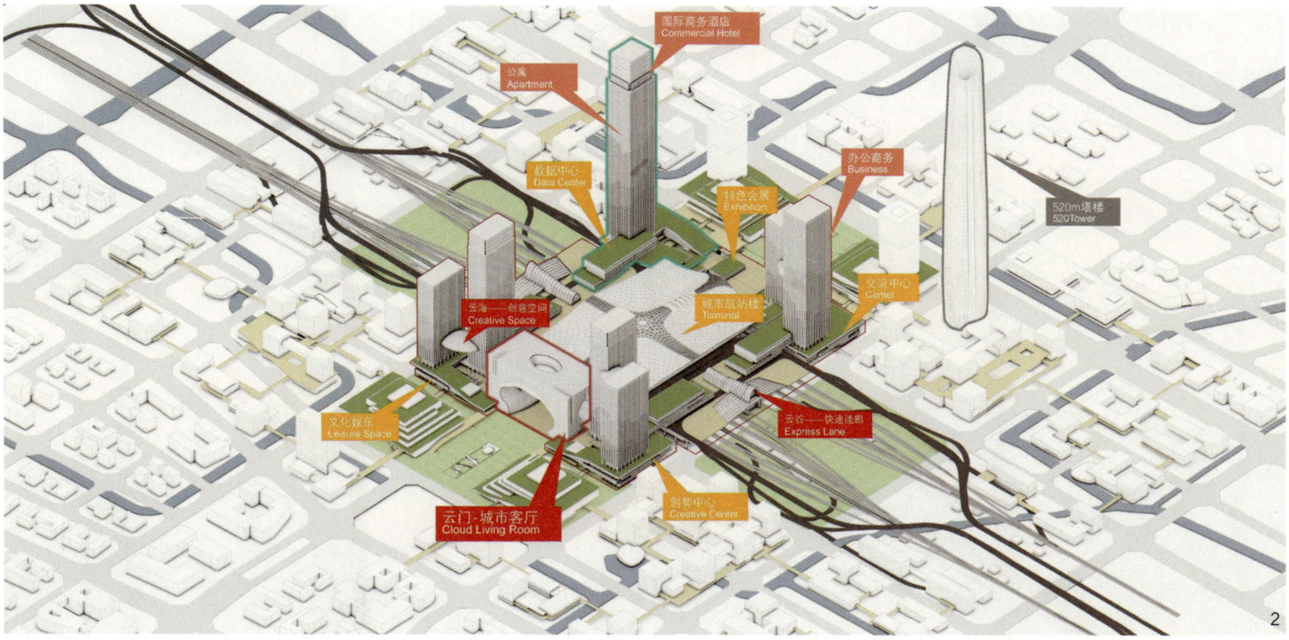

1 杭州西站区域水网及建筑肌理

2 杭州西站创新复合业态

3 杭州西站基地开工前状态

4 杭州市地铁网络示意图

云的现代性本质，后者能指车站城市玄关的区位优势，它的一端连接场地久远的根脉，另一端则通向云端科技之未来……

城市是人类文明的中心，以交通枢纽为核心的站城区是城市中人口活动最频繁、最密集的区域，多元人群高度集聚产生丰富的交往行为和使用需求。从交通到产业到人居到生态，杭州西站云城拔节生长、站城产城深度融合，为 21 世纪的杭州城市化道路探索出一条“人本城市”的实现路径，为其吸引全球资源、增强国际竞争力提供了可持续的发展动力。

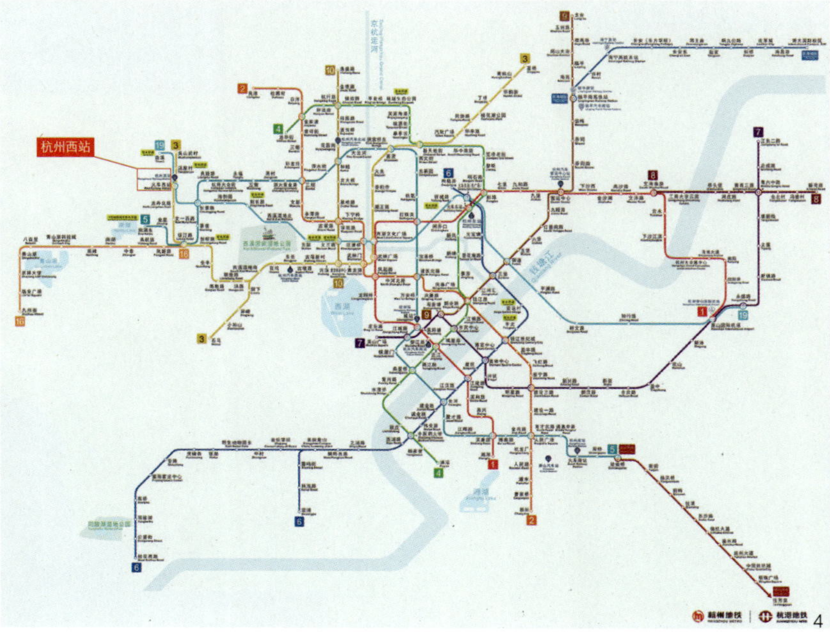

施工中的杭州西站

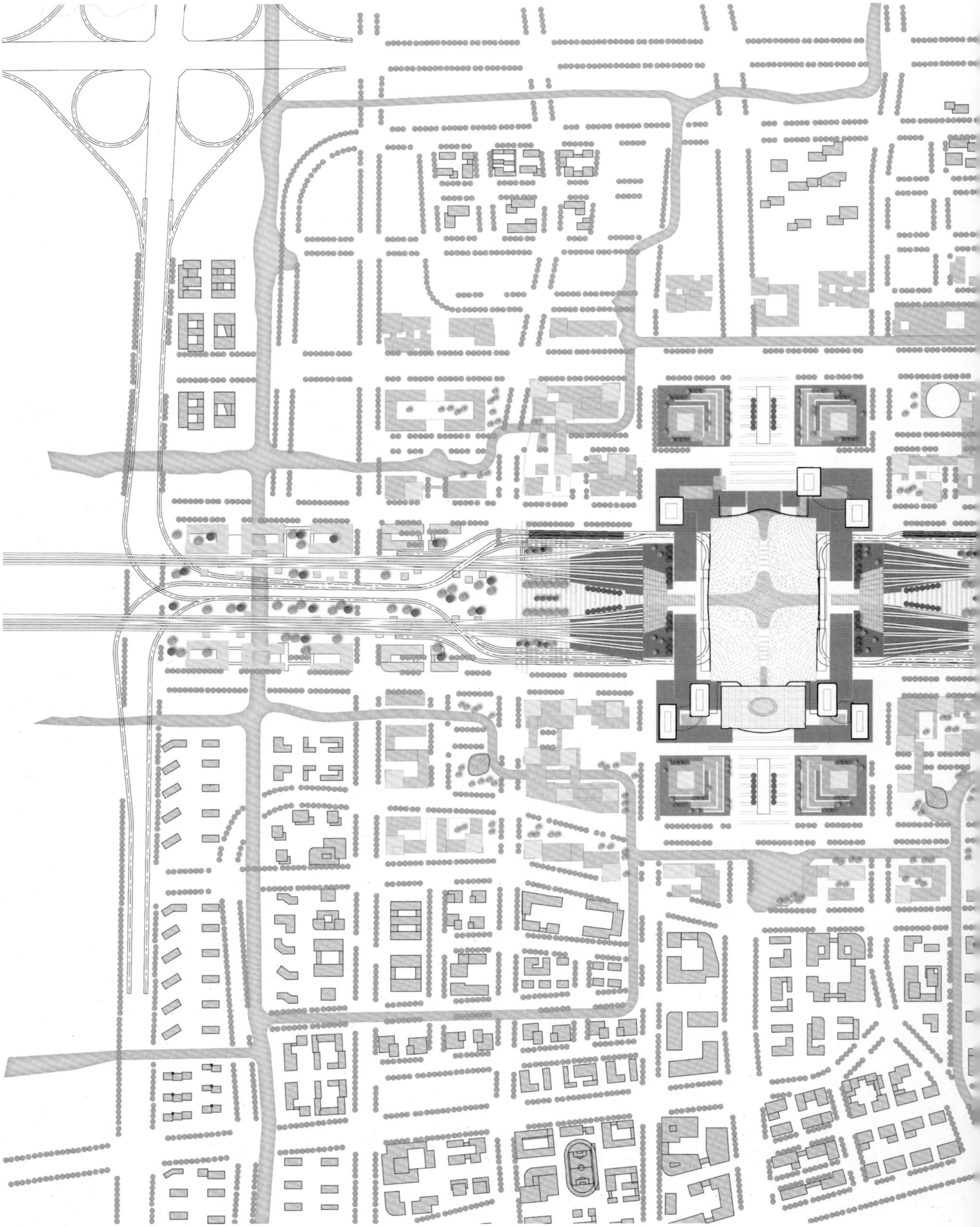

杭州西站及周边设计总平面图

交通的汇聚与叠合

交通组织是站城融合发展的核心问题。高铁车站是城市内外交通转换的关键地区，做好高铁与城市交通网络的有效衔接是站城融合的关键。它是一个包含多重子系统的复杂系统，对于大型站而言，如何处理好进出站交通与城市过境交通的分离，是当前很多大站设计需要解决的一个重要问题。当前，中国城际铁路、市郊铁路已开始进入快速发展的时期，铁路与城市交通之间的衔接将会更加密切而复杂，铁路与城市交通的一体化设计应引起更多的关注。

城市交通导向的节点

城市交通路径（城市道路、轨道交通、水运河道等）建构城市的骨架，划分城市的区域，并连接城市不同的功能空间。聚集、转接、交流是城市节点的本质特征。他们依托城市交通系统路径而形成的城市节点，具有汇聚、转接、交流的功能特征，来自城市中不同方向的人流、车流、物流、信息流等向此汇聚，并由此实现与城市各向交通路径的衔接和转换。

城市节点形成于城市交通路径上，并依托城市交通路径。在原始技术时代的交通系统中，河道水网是主要交通路径，城门（含水门）坐落在城市对外水陆交通要道的节点上，承载八方货物、人员、信息进出，掌控着城市的生命线。工业革命带来的机械动力、化学能量，让火车汽车轮船成为大运量快速移动的交通运输工具，火车站成为城市新的门户节点，创造了新的城市环境，让流动成为现代社会崭新的生活方式……随着交通技术的持续革新，内外交通类型的多元化，城市交通交会叠合在一起成为综合交通枢纽。综合枢纽作为城市交通系统中的重要节点，以高速交通为核心，铁路、轨交、公交、小汽车、慢行系统复合，汇聚不同交通系统和各个方向的人流、车流、物流等。通过转换方式开始新一轮的流动，带来整体交通网络的可达性，在为人们提供多种出行选择的同时，也塑造了新时代的生活与工作模式。

随着中国近年来高速铁路、城际铁路、市域铁路、轨道交通网络的快速发展，多网融合的趋势不断加强。交通枢纽在人们日常生活中的参与度逐渐提高，为人们在城市间的通勤、商务和休闲旅游提供了重要支撑。在位于城西科创大走廊的杭州西站中，高频率、中短途、高时间价值的城际商务客流、跨城通勤客流、休闲旅游客流将是主流，他们对整

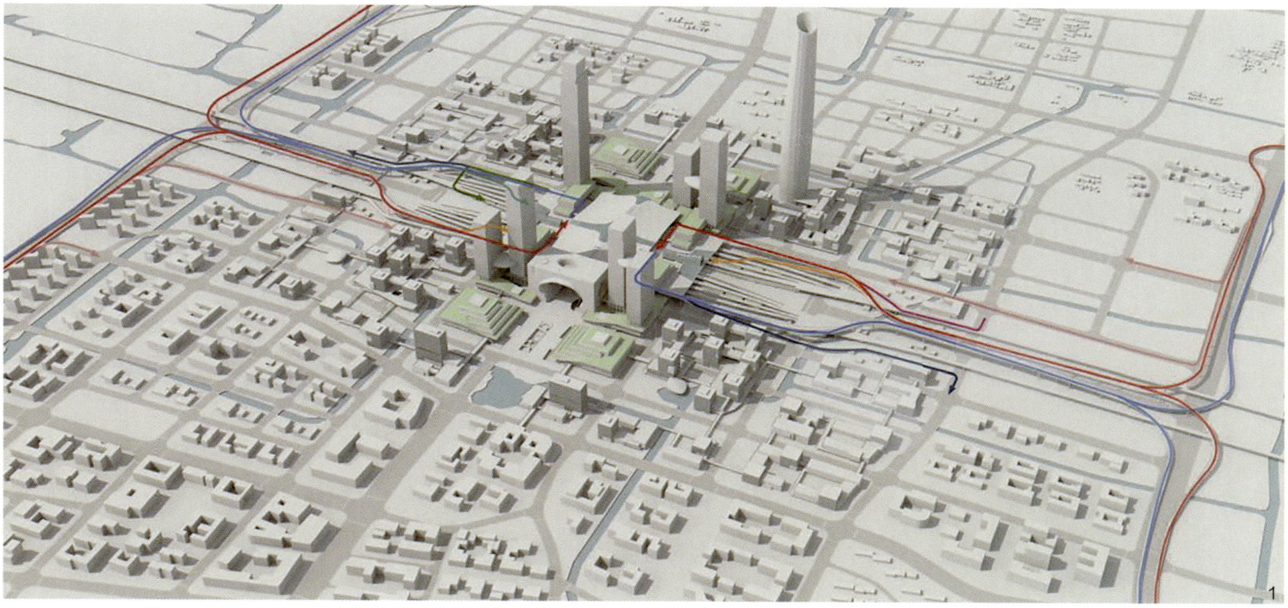

1 杭州西站交通分析图

体交通网络的可达性、出行时间的精准性、站城交通换乘效率和环境舒适性都提出了更高要求，站城地区出现“出门即进站、到站即目的地”的需求变化。

传统交通枢纽大多采用平面布置，占地大、步行距离长、换乘效率低，周围环境杂乱无序，人车交通缺乏立体组织。杭州西站交通枢纽跳出传统的车站格局，转而构建了“地下、地表、空中”兼顾、“一体化、多功能、综合型”的立体空间开发利用体系，平面化的交通布局向垂直立体的分层交通系统演进。枢纽将地铁（含机场快线）、长途客运、公交、小汽车等多重交通要素重组，整合在高架铁路线的上下，形成多元交通节点的系统连接、垂直换乘模式，交通衔接紧密，换乘水平距离大大缩小，尤其是地铁大容量公共交通的换乘距离最短，接近零距离，较大程度集约了土地。枢纽节点一体化、立体化的换乘设施和高可达性，不仅缩短乘客换乘滞留时间，提升枢纽站时间和空间的使用效率，更是通过融会贯通城市内外、城际之间乃至长三角区域的交通联系，推动都市圈一体化的空间发展战略。

设计创新：垂直立体的分层交通系统

站城融合背景下，需将铁路交通跟城市其他交通方式紧密衔接，为旅客快速便捷地在铁路和公交、轨道交通、社会车辆、出租车等不同城市交通方式之间换乘创造条件。通过不同方式、不同能级的多层次交通体系，将车站与整个城市体系紧密地融合在一起，构成支撑车站和城市高效运转的骨架。

杭州西站总用地面积 32 公顷，站房综合体总建筑面积约 50 万平方米， 其中包含站房面积约 10 万平方米、客运服务设施 10 万平方米和城市配套约 30 万平方米，周边南北区域综合开发约 182 万平方米。站房综合体地上 5 层，地下 4 层，包括高铁、交通换乘与城市开发功能。枢纽的六向通道连接了合杭、湖苏沪、沪杭城际、沪乍杭、杭温、杭黄等干线铁路，衔接上海、南京、合肥、武汉、南昌、温州、台州、宁波等方向，近期高峰小时发送量 8762 人，远期高峰小时发送量 12 480 人。

西站枢纽中，城市多模式交通系统高度复合，线上线下分层叠合布局，依托清晰高效、立体集约的交通组织方案和创新设计——站场拉开、

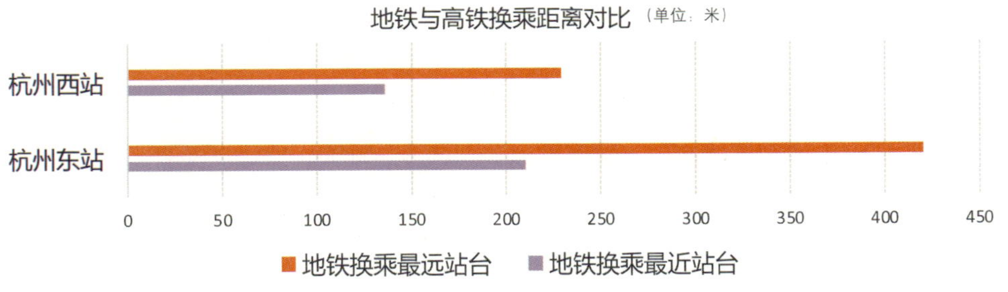

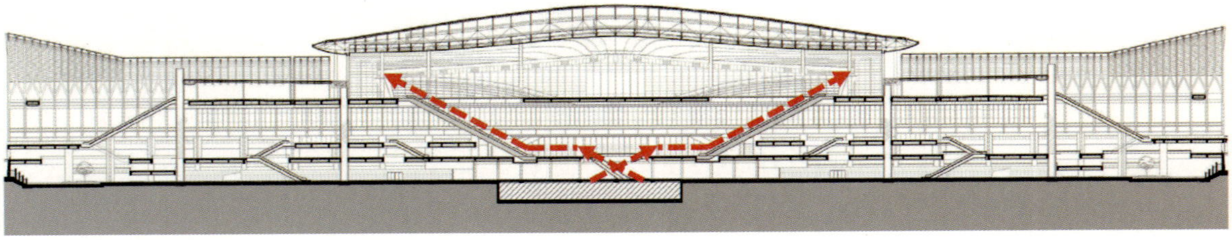

1

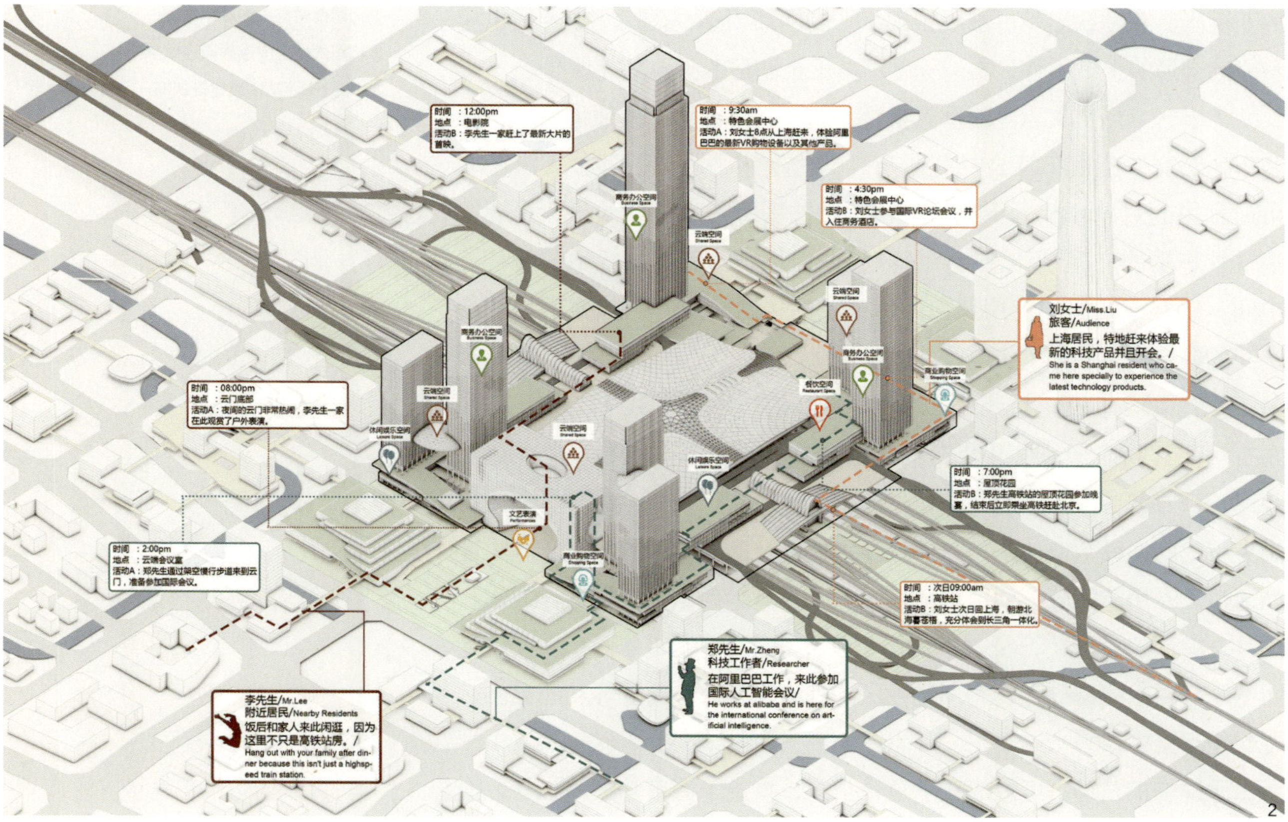

2

高架站台、腰部进站模式设计等，不仅强化了高效便捷的交通枢纽功能，也缝合了被铁路站场割裂的城市空间。

（1）站场拉开。站场东西向 450 米，南北约 240 米，站场规模 11 台 20 线，由 6 台 11 线的湖杭场、5 台 9 线的杭临绩场组成，枢纽站场正下方规划了 4 条地铁线和公交、长途、社会车辆停车场等城市道路交通。通过建模及光影模拟，设计者选择将两个车场拉开 28 米，在拉开空间中创造性地设置了“云谷”，将传统的“一”字形城市通廊扩展为“十”字形综合交通系统。十字形的城市通廊加上站房四周围合的城市

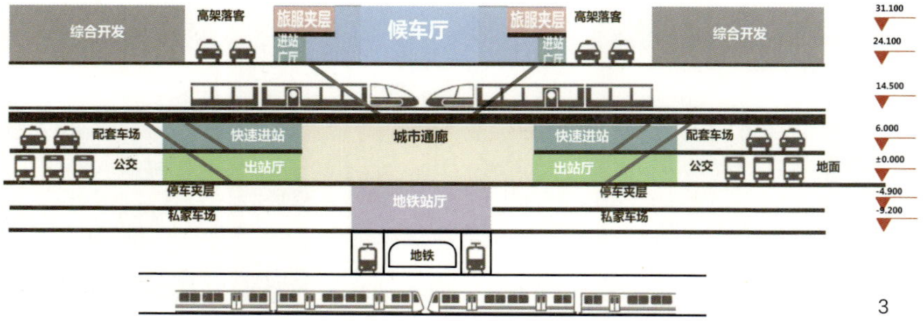

3

1 杭州西站与杭州东站地铁与高铁换乘距离对比图

2 杭州西站多维交互的行为活动

3 杭州西站剖面关系示意图

商业街区，在地铁出站层出现了田字形的网络街道，而田字形网络也随着竖向交通的上下延伸，不同程度地蔓延至站房的其他功能层面。

“十”字形交叉点上的垂直换乘系统——“云路”方便地铁、长途客车、公交、出租车等公共交通与高铁的换乘，避免了各种人流在城市通廊里的对冲和相互干扰。配合高铁的安检需求，“云路”顶端在高铁候车层的广厅设计，将传统高架站房位于两侧的侧式站房整合在中间，提升了站房的使用效率，解放了站房两端空间，加强了和城市空间的融合与连接。

（2）站场抬高。杭州西站将桥基站场的轨顶标高由通常的 9~10 米左右抬升至 14.5 米，线下设 6 米夹层，与周边城市设计中的空中步道无缝连接，方便城市人流的南北自由通行，真正实现人车分流。另外，利用夹层空间，设置快速进站兼中转换乘，以及商务贵宾候车室及专用进站通道、专用洁污分流通道等流线，大大提升了西站枢纽的运行效率。同时，夹层的设置使得私家车可停车数量翻倍，达到 6 400 个，在满足西站配套要求的基础上，为周边站区的酒店、办公、商业等功能提供必要的停车支持。

通过增加站场高度形成线下复合空间，增进了城市功能的融入，提升了公共交通的承载能力和容量，丰富了高铁专属功能及流线的种类和形式，在立体空间层面与城市不同标高空间产生互动和连接，形成网络

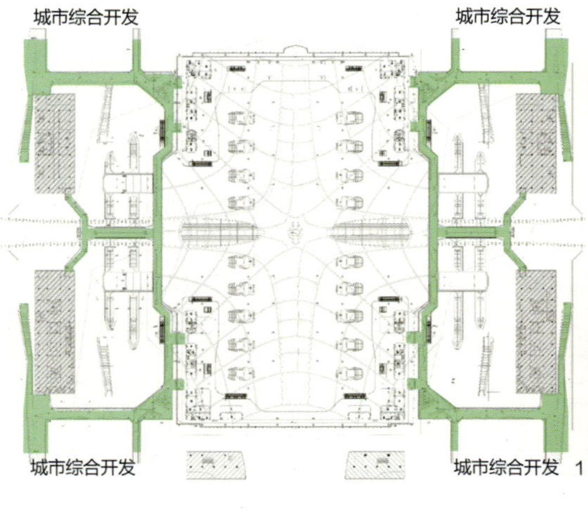

1

2

1 杭州西站空中连廊示意图

2 杭州西站空中连廊通道效果图

3，4 杭州西站区域建设状况

3

化的交通和服务功能的组织形式，为站区周边的城市空间解决配套职能，成为城市功能的外延载体，融入城市的共同发展与提升中。

（3）腰部进站。传统车行高架落客布局可分为端部、腰部进站两类，单纯从铁路运营便利性来看，腰部落客并不比端部落客有优势，甚至从旅客流线角度来看，端部落客相比腰部落客可以提供更多缓冲空间。但在站城融合视角下，腰部落客减少了车道对站房和城市的割裂，对增强站城之间的联系有着显著作用。杭州西站采用腰部进站模式，落客长度280米，较南北侧站房立面宽度长80米。一方面使车行落客的长度、容量和效率得到提升，另一方面使市政道路与铁路线路立体叠合，优化交通组织的同时，将客站端部界面完整留给城市空间，为站与城建立紧密联系创造了条件。

4

站城聚合，场域赋能

高铁站房综合体不仅是城市重要的交通节点，也是城市人群活动聚集的场所，承担着文化表达、商务服务和城市形象等功能。因此，结合城市的特色与文脉，打造彰显地域文化的城市空间，是提升客站建筑品质的重要指标。铁路客站建筑设计已不是一个单体的立面造型问题，而是一个空间群组的建构。需充分考虑城市整体空间形态、山水特征和文脉转译，通过建筑创作的整体思考，形成站域空间与文化特色的深度融合。

因站兴城：站城综合开发

车站不只是交通基础设施，更是整个经济体系的功能核心。最早的火车站是货物集散地，大量的仓库、货栈、堆场完全为物流运输服务；经过一段时期的发展，车站周边逐渐聚集了大量工厂，成为城市的制造业集群和工业中心；再后来车站作为综合性交通枢纽，人流大量聚集，周边消费业态不断丰富，成为城市新型的商业中心；而目前的车站则增加了更多创新元素，站城融合新发展理念促进了站城关系的迭代进化。在营造客站精神场所的基础上，客站综合开发进一步提升场所感，通过商业氛围的营造、空间品质的提升、人流的引入，带来更好的场所体验。充满生机活力的站区增强了对高附加值产业和人口的吸附力，成为区域社会新经济发展的核心载体和重要的推动力量。

空间关系	功能	交通	空间	环境
线上开发布局	对周边城市建设用地占用较少，能获得更充裕的候车空间，并兼容了候车厅功能中的等候和通过属性	对于站城融合交通影响可归结为两个方面：一个是水平交通空间的布局影响，一个是垂直交通空间的布局影响	按位置不同分为站区线上开发和线路上方开发：站区线上开发为综合开发的主体，线路上方综合开发不作为主要形式	消除了站场对城市的割裂作用，并很好地将周边环境整合与车站相融
线下开发布局	结合线下空间的大量人流，可设置商业、娱乐、餐饮等为高铁站的旅客服务的功能	线下开发有大量地下空间可集中布置城市交通，缩短乘客换乘距离	候车厅上部空间基本被站台封闭，虽然线下空间可利用率高，但线路下部可利用的空间高度有限	候车厅上部基本被站台封闭，整体的采光条件较差，对多台多线的站房来讲自然光的引入非常困难
周边开发布局	主要功能空间都与铁路站场相互叠合，能够释放出大量站场周边空间应用于其他功能布置的城市综合开发	站前广场的正前方一般布置的是集散空间，两侧多布置公交站场出租车私家车停车场、地铁出入口等重要的交通换乘功能	周边开发对于塑造以高铁站区为核心的城市空间有积极的促进效果，并以圈层理论影响城市空间	站房与城市建筑融为一体，形成统一的城市形象，达到站城融合的空间形象效果
复合型开发布局	可以采用线上开发、线下开发与周边开发的不同组合方式的开发形式，其功能也随组合的多样性而变化	因其组合的复合型，适配的城市交通也更多样，使城市交通换乘更便利	通过两种或多种开发方式的组合实现高铁站区综合开发的最理想化配置，打造空间多样性	使城与站之间更加融合，也因开发程度的复合使站的环境更加丰富

1

空间关系		优势	劣势	与站的关系	服务客群
线上开发布局	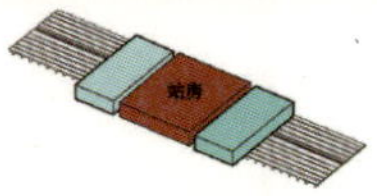 	节约利用土地 加强站与城的联系 带动城市发展 引流城市人群	结构转换复杂 上盖开发可能存在震动或噪声	非常亲密	车站旅客
线下开发布局	 	聚集换乘路径人流 设置商业，实现利益最大化 为周边配套开发解决停车需求	空间尺度小、自然采光弱 消防疏散有较大难度	较为亲密	车站旅客
周边开发布局	 	便于建设 界面明确 方便管理	站与城缺乏路径联系	较难亲密	周边城市人群
复合型开发布局	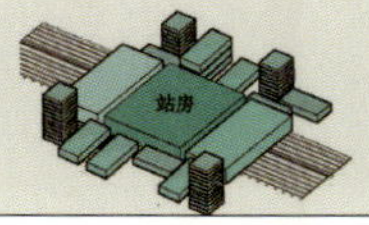 	实现站区空间利用率最大化 通过高铁站区拉动城市发展	建设成本较高 较难分期实施	非常亲密	旅客及城市人群

2

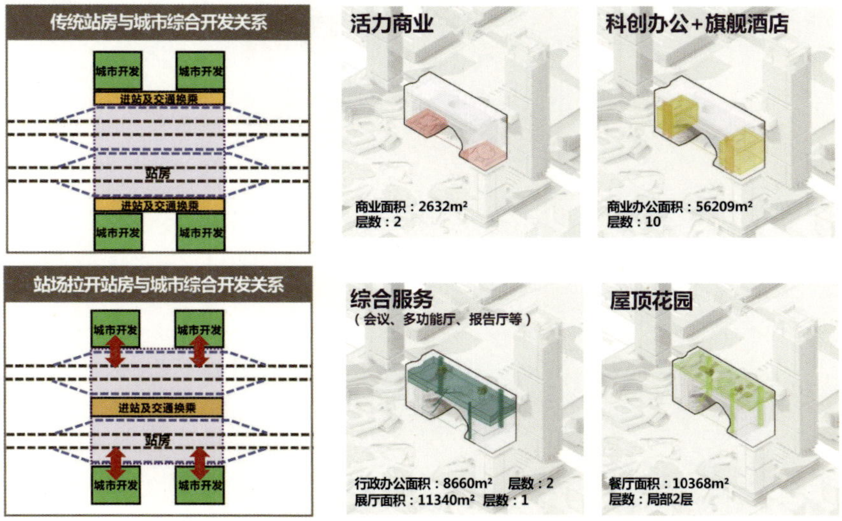

3

作为城市核心区及交通系统中的重要节点，枢纽车站承载了城市空间新的增长极核。城市节点的交通便利促成了人群聚集，人流意味着商业潜力，进一步形成了办公、商业、娱乐、交流、文化等复合集聚的城市机能。而商业聚集又会带来人流聚集，这就是所谓的聚集螺旋效应。站城融合兼顾并重了城市重要节点的交通价值和城市价值，利用综合枢纽快速集聚大容量的交通优势，带动周边区域融合发展，通过交通基础设施与地上、地下、周边空间综合利用，交通与商业、商务、会展、休闲等功能融会贯通，高铁、轨道交通站场、停车设施与周边空间的联动开发等，打造依托综合交通枢纽的城市综合体和产业综合区。

1 站城融合多维度影响分析——布局影响分析

2 开发布局分析

3 站房与城市综合开发分析图

综合体复合业态

发挥城西的创新优势，以综合体为核心，承载区域性创新服务功能。引入金融、法律、商务、人力资源等商务中介服务，完善创新的全体系技术支持；搭建信息服务平台，创造云厅发布中心、云会议中心、体验型商业空间等新型业态空间，成为地区创新资源与长三角智力网络的链接节点。

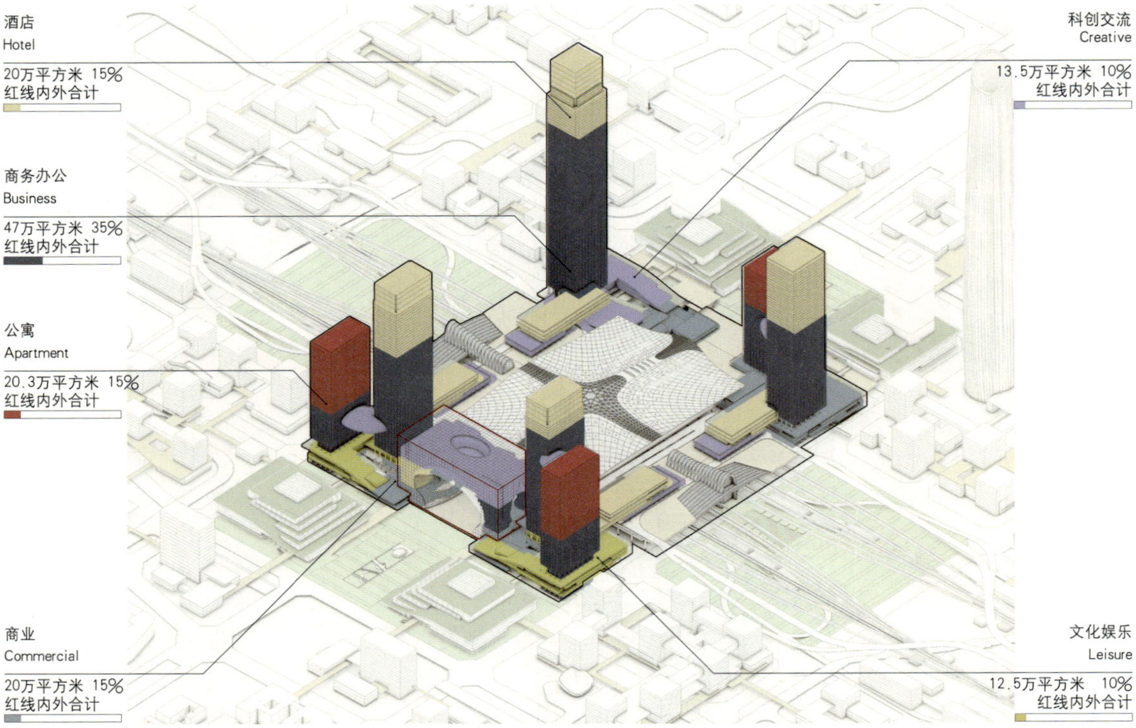

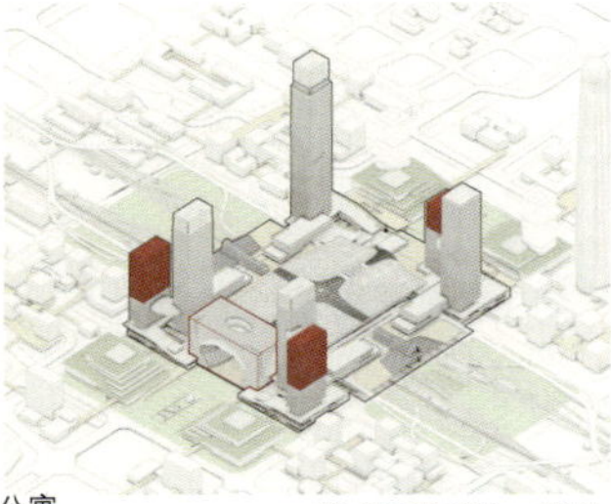

公寓 Apartment 20.3万平方米 15%

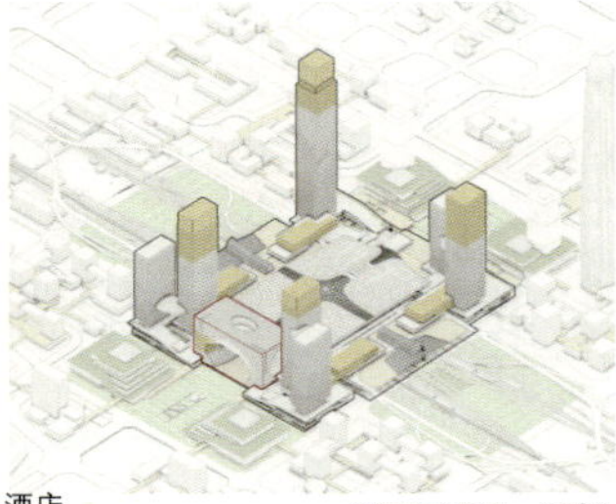

酒店 Hotel 20万平方米 15%

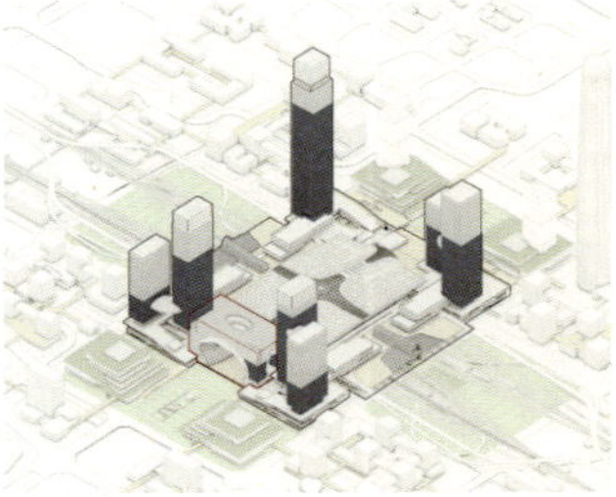

商务办公 Business 47万平方米 35%

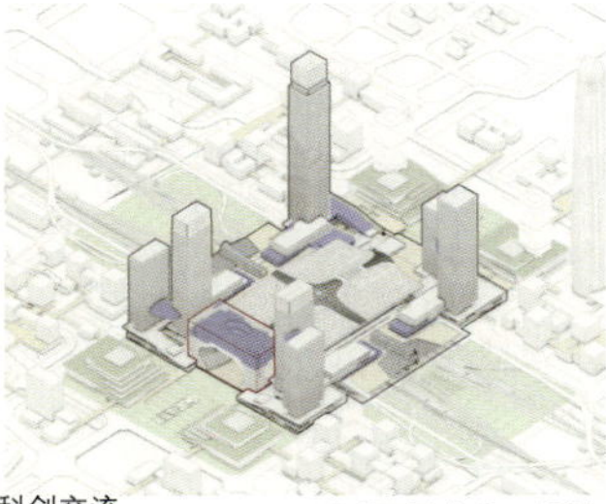

科创交流 Creative 13.5万平方米 10%

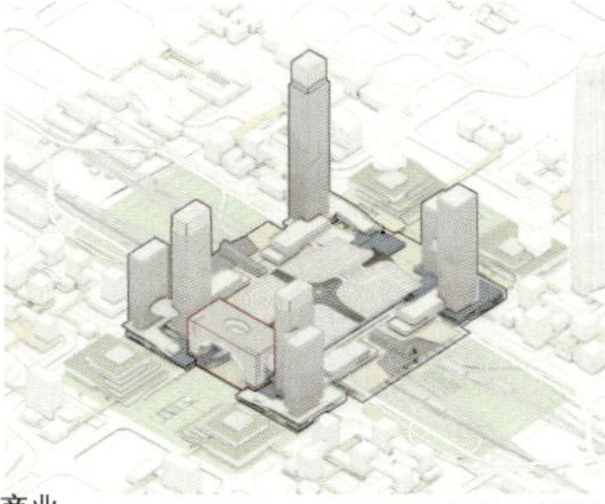

商业 Commercial 20万平方米 15%

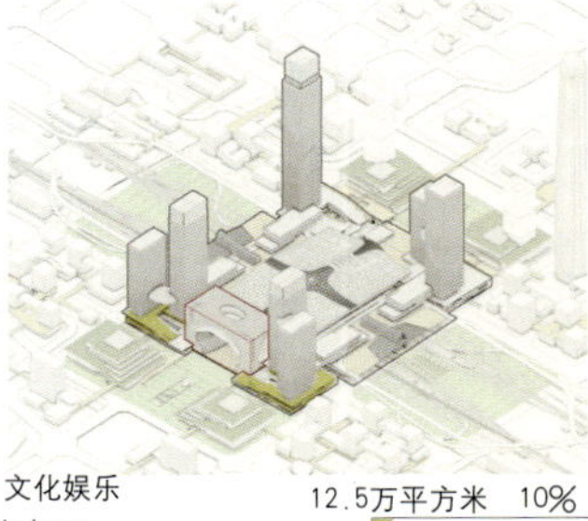

文化娱乐 Leisure 12.5万平方米 10%

1

1 综合体复合业态分析图

2 西站功能体块分析图

杭州西站位于杭州“一主三副六组团”的余杭组团内部，地处老宣杭铁路所在地。依托杭州西站建设，一座高铁新城迅速崛起。西站云城以枢纽站为中心，高度复合、集聚开发，是高铁及轨道交通与城市相辅相成、实现共同发展结构的新一代高铁新城。云城的命名来自杭州西站的概念“云”，云城功能定位与核心动力来自杭州西站。作为云城的发展节点，杭州西站在强化区域快联服务、提高云城数字产业的知识溢出效应和上下游合作方面有重要作用，是城西科创大走廊的新重心，是决定大走廊新时期发展高度和质量的战略平台。可以说杭州城西科创大走廊的重心在云城，云城的核心在西站。站，位于舞台的中心；城，环绕于舞台四周，占据了舞台的前景和背景。通过与枢纽在交通功能上相互协作和互补，以及空间上的开放贯通与缝合，将城市活动、产业活动集聚在交通便利的站城区域内，以高效集约、便捷舒适和象征性为主旨，消弭了站与城、产与城之间的鸿沟。前瞻性的集约型城市空间架构，优化了近站区的公共配套体系，提升新城区的产业发展和城市活力。

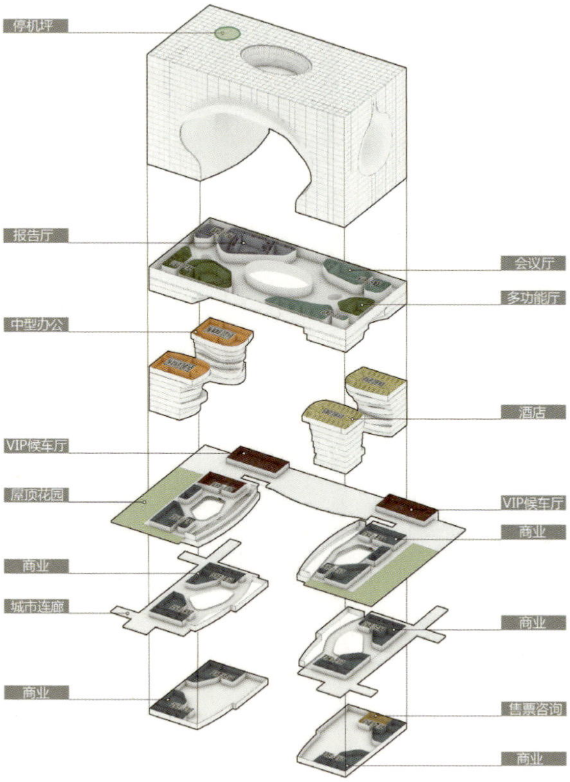

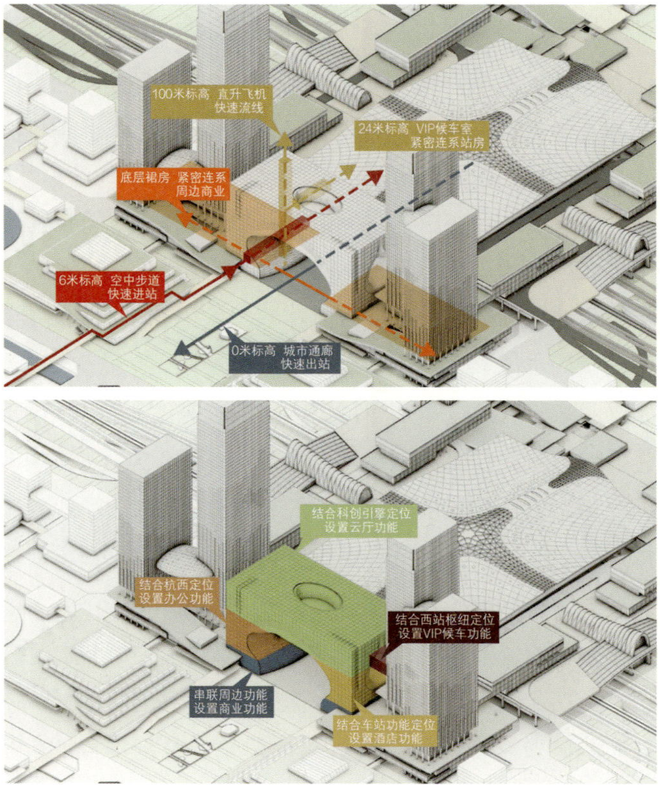

2

具体而言，南北站城综合体总用地面积约 17.24 公顷。整体开发量约 182 万平方米，含 8 栋超高层塔楼，最高栋约 400 米。以站房为中心，办公、写字楼、商业、酒店、会展等城市功能在站区周边高密度紧凑聚集，形成杭州西区容积率最高的核心节点。结合站点开放空间、公园绿地、城市广场、空中景观廊道等，形成张弛有度的碗状分布形态，并通过站城内部的田字形步行网络与垂直交通系统加强整个站区的交通关联与可达性，创造了一个多方主体共同参与、多功能混合使用、充满活力的站城综合体。

西站云城通过车站步行圈内土地的高度复合利用，促进了高铁新城建设的高效集约化。站点周围商务、商业、文化、娱乐等多种城市功能高度集聚，让站区从机械单一的功能分区回归到参差多态的“都市有机体”。它的兼收并蓄融合不仅更符合城市生活的本质、提升了高铁新城的魅力，也增加了开发收益，人流、物流、资金流、信息流汇聚，放大了枢纽站的聚集效应，形成以枢纽站为据点的新的城市核心区。

西站云城是站城深度融合的缩影，具有中心性、高密度和多样性，其影响波及整个区域。在远离枢纽站点致密集群的外围，中心节点对周边的辐射力随着交通网络路径多向延伸，开发容积率向外呈圈层递

1 杭州西站第一轮投标方案：云水之城城市设计

2 杭州西站剖面图

3 杭州西站站房与雨棚上盖开发的关系图

减，联动开发的规划包括百米以上高楼 15 栋，安置房 3400 余套，住宅 4200 余套，服务式人才公寓 4800 余套。混合包容的社区、可负担的住房关系到一个城市的人的多样性、融合性和包容性的基础，不仅是外来导入人口的宜居宜业家园，也是支撑新城发展的纵深腹地。而在更广域的范围内，西站所在的城西科创大走廊是杭州新兴战略性产业的集聚地，5 年来的产业增加值、高新技术产业增加值年均增长约 20%，有两家市值超万亿的世界级数字科技企业，汇集了 4 家省级实验室和 60 余家新型科研机构，再加上全市平均 2.5 倍的人才净流入率。可以说，这条承载创新经济创业人群的科创大走廊，已成为支撑站城融合发展的沃土。

站城融合理念下的站城综合开发并非局限于高强度开发模式，而是因地制宜、因城而异。在杭州西站早期城市设计方案中，因基地紧邻西北生态走廊，其开发定位是作为生态绿廊，拉通南北山水要素，延续城西的山水文脉，融入自然生态格局，所以早期方案采取了弹性开发的小单元组织模式，形成了以岛为主要空间单元的岛群空间形态，属于低强度综合开发方案。后期由于上位规划对区域定位及开发强度进行了调整，

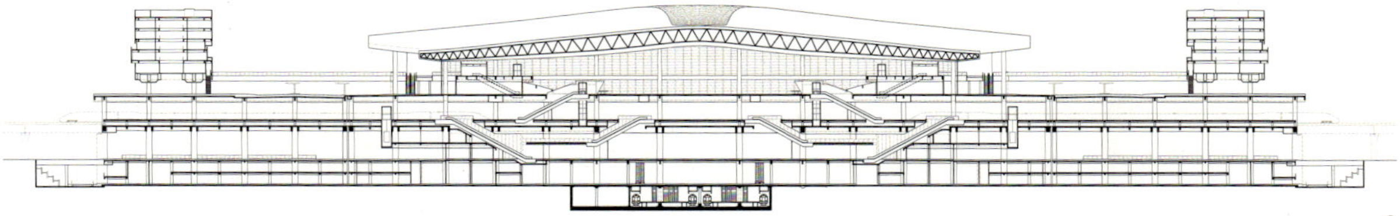

2

3

在城西科创大走廊这一杭州经济社会的“增长极”的核心驱动下，设计方案充分发挥高铁优势，集聚高能级创新服务、公共服务和商业商务功能，建设城西公共中心和区域性综合服务中心，配合未来发展需求进行了办公和酒店等多种业态开发，由此形成了目前的高强度开发模式。

交通基础设施对城市空间演进历程、手段和特征的影响是根本性的，为城市发展提供了框架和能量。反过来，城市发展又对站城融合共生起到了巨大的支撑作用，两者互为支撑、相互成就。在这片曾经阡陌纵横的土地上，因站而城兴，低密度的基础设施用地、农业用地向中高密度、多功能混合用地转型，西站云城拔节生长，成为杭州市域空间发展新格局中的关键节点、城市高质量发展的新引擎、城市西进战略的新中心。

纵向复合：雨棚上盖开发

上盖的概念，来自利用铁路站场用地，结合站台雨棚，在其轨行区、咽喉区的轨道间隙立柱、设置结构转换楼板，形成再开发平台。站场上盖开发，是在满足交通正常运营的基础上，复合居住、商业、办公、酒店及商务公寓等多种功能，实现站场空间资源的立体利用。

过去，铁路交通枢纽的土地资源利用率不高，与日益紧张的城市土

1 杭州西站鸟瞰效果图

2，3 杭州西站雨棚上盖开发外观

4 杭州西站雨棚上盖开发平面图

2

3

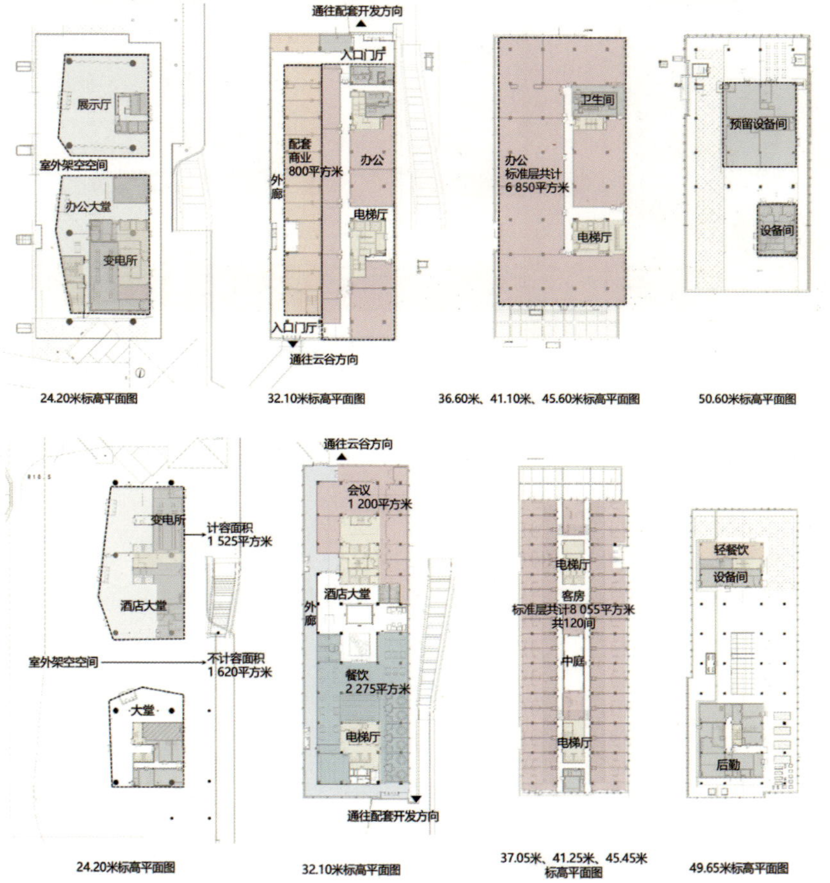

4

地资源形成鲜明反差。铁路站场占地面积大、建筑密度小、功能较为单一，与周围城市空间和功能缺乏联系，犹如孤岛，严重割裂了城市的空间环境和交通组织。铁路站场上盖综合开发对提高城市空间利用率具有重要作用，也是实现站城融合发展的重要途径。它是引导土地利用多样化、高效化的重要手段，使得被铁路割裂的城市区域在城市交通、城市功能、城市空间等多个方面得以衔接；它对城市消极空间的利用和环境品质的可持续性改善起到促进作用，并使铁路客运枢纽功能与多种城市

功能建立空间依赖性、价值互补性的动态关系，用协同共生的方式促使站城融合发展。

杭州西站站房项目利用雨棚上盖进行综合开发。2021 年 7 月 19 日，西站枢纽雨棚上盖项目“交地”当天，市规划资源局余杭分局向开发单位同步发出了该项目两处“地上空间”建设用地的不动产权证书。这本证书成为浙江省首个“地上空间建设用地不动产权证”，雨棚上盖开发项目也成为浙江省政府和国铁集团实现“路地合作”的全国首个新建高铁站雨棚上盖商业开发项目。总建筑面积约 5 万平方米，共 4 栋分布在站房腰部两侧的单体建筑，复合了商业、办公、会议中心及酒店等功能。上盖开发以高架候车层底标高为建筑基准面，二层通过景观步行廊道与车站旅服夹层、云门、南北综合体无缝连接，创造了城市跨轨的步行交通系统，对于降低铁路对城市的割裂、缝合城市并创造出新的建筑体验提供了极好的条件。

传统铁路客站区域内的综合开发多与站房水平布置，致使二者联系不够紧密。杭州西站创新性地在雨棚上盖空间引入了办公商业和酒店功能，使综合开发与站房立体叠置，达成提升土地利用效率的目标，实现空间价值的增加。同时，杭州西站开创了国内第一个在铁路红线内实现不动产分层确权登记的开发模式，奠定了重要的政策和机制基础。这一布局模式通过多样化的流线体验、功能服务，以及空间景观设计，从整

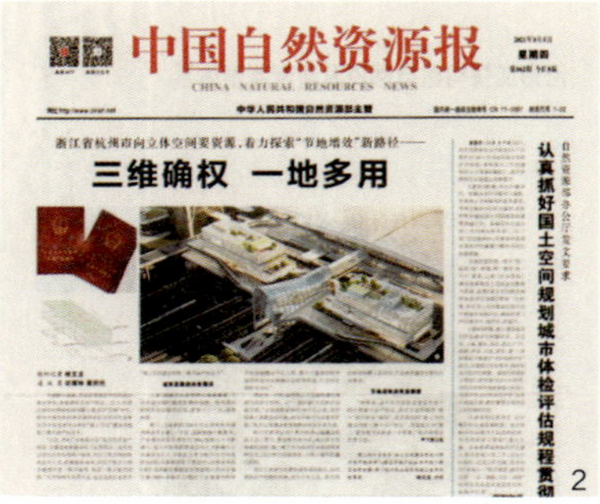

中国自然资源报

CHINA NATURAL RESOURCES NEWS

中华人民共和国自然资源部主管

浙江省杭州市向立体空间要资源，着力探索“节地增效”新路径——

三维确权 一地多用

自然资源部办公厅发文要求

认真抓好国土空间规划城市体检评估规程贯彻

1，3 杭州西站空中连廊

2 杭州西站雨棚上盖开发的相关报道：《三维确权，一地多用》

体上进一步提升了西站的场所感。

在交通组织方面，上盖开发中预留了区别于普通落客进站流线的通道和设备，综合开发人群有机会直接由连廊进站，此举使得综合开发与客站之间的关系并不是单纯的空间体块堆积，是通过细致多样的流线设计建立二者之间的亲密关系，这种亲密关系也使得这部分旅客进站时能体会到更为随意、愉悦的氛围。另一方面，传统设计中能让人们持续停留的仅为候车厅，其他空间更像是为其提供基础服务和支撑，但通过建立综合开发功能与客站站房之间的空间联系，结合云城的科技定位，赋予了在此工作、通勤人群一种新时代的空间归属感和掌控感，平衡了杭州西站作为交通建筑带来的效率至上的体验。

对于站场土地集约利用的要求，让雨棚上盖综合开发从愿景走向现实。由于上盖结构转换层设置的技术要求和结构成本原因，西站雨棚上盖只是适度开发，与枢纽结合建设的综合体通过不同功能的竖向叠加，提升了站体本体的容积率。4 栋上盖的总建筑面积只有 5 万平方米，与南北综合体地上 130 万平方米的体量不具备可比性，但是上盖的区位优势显著，是站城融合的纽带、城市能级的试金石。

西站雨棚上盖空间设计的关键词是开放、轻盈、透明。上盖一层位于站房高架候车厅外侧，与站房标高相同，同时可以看到站房和铁路站场，无论从候车厅向外的视线要求，或是铁路进站时的视线效果，上盖综合开发都是一线景观。因此在设计中，一层平面布局采用了小体量、透明化设计，使用落地玻璃幕墙，并尽可能减少落地范围，优化幕墙与室外空间界面的分割位置，增加铁路出发旅客整体视线的通透性。另外，

3

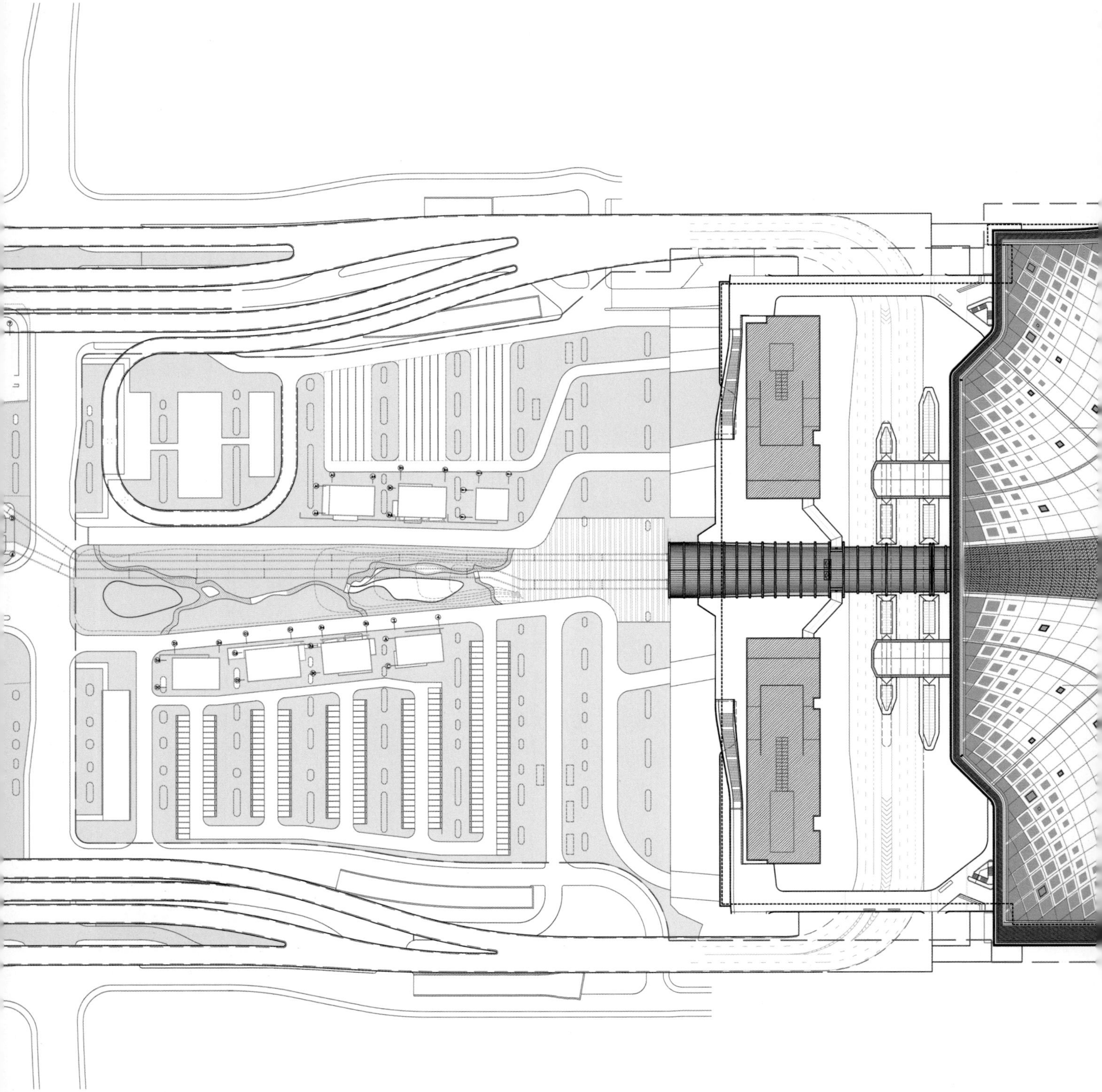

杭州西站总平面图

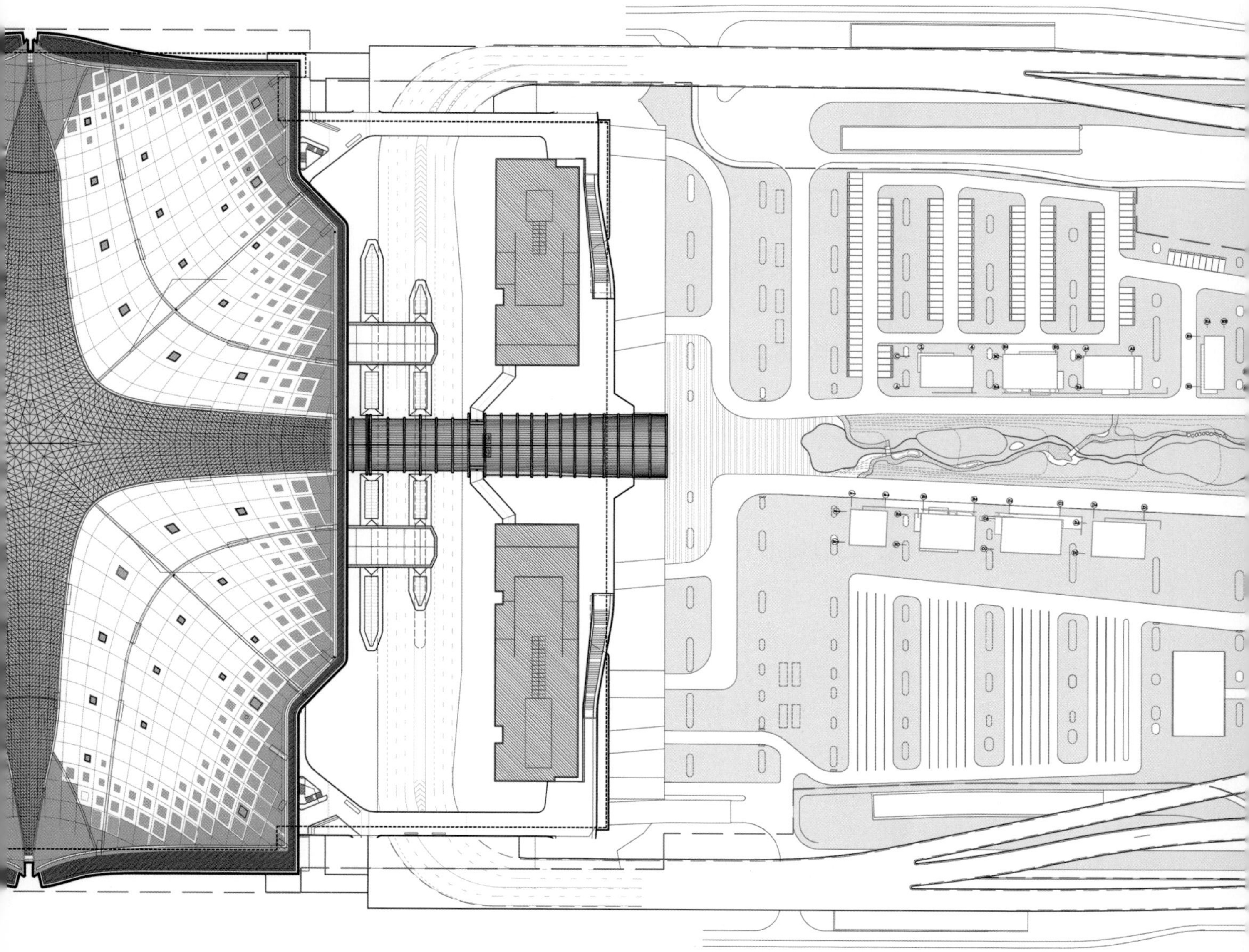

朝向候车厅一侧布局大空间的办公门厅、展示厅、酒店大堂等，与铁路站房形成良好的对话关系。

虽然上盖开发的酒店与办公建筑具有空间使用的专属性，建筑底层却是开放空间，建筑二层也有外廊和商业配套对接景观平台步道。它们就像是上盖建筑的留白，合力塑造了站城开放、共享的空间形象，努力实践其作为城市公共空间系统的意义。

在城市景观设计方面，上盖开发也是站城风貌的组成部分。普通火车站只有2个立面，另2个方向是铁路线。杭州西站则有4个立面，高铁轨道上方的雨棚上盖让四向立面更有内容。站在铁路线咽喉区的绿化广场，可以看见西站枢纽的完整形态：标志性的云拱门居中而立，雨棚上盖开发左右侧立。拱门一侧上盖以阶梯状退台设计，形成呼应拱门造型的斜面，另一侧则维持完整体量，对应南北城市开发大气规整的城市形象。尺度适宜的雨棚上盖嵌入到云拱门廊入口与超高层摩天楼之间，形成站城之间的过渡。每一位乘坐列车或小汽车抵达杭州西站的旅客，总会率先看到穿梭列车之上的云拱门、雨棚上盖、超高层摩天楼勾画出的魔幻天际线，直面西站云城的欢迎姿态，以及充满都市性、未来感的门户形象。

站城有道：田字形步行网络贯联

杭州西站既是中转站，又是目的地，集聚了大量的文化休闲、商务会展等功能，因此鼓励绿色出行、倡导步行优先是必要的设计策略。杭州西站的步行区位于车站核心位置，包括但不限于城市通廊、云谷、空中花园连廊，以及与之相连的大量公共空间，构建了连续、安全、舒适、便捷的步行系统。具体来看，步行系统共分为地铁站厅层（-9.2米）、地面广场层（0米）、快速进站夹层（6米）、旅服夹层（31.1米）四个维度：①在地铁站厅层，东西两侧分别预留了下沉广场，并在靠近地铁站厅的位置设置了商业餐饮区，行人可通过“步行＋商业”的系统贯穿南北方向，通过下沉广场直达南北综合开发地下室；②在地面广场层，通过视觉中心及换乘中心“云谷”，与南北城市通廊共同构成十字通廊结构，人流可从不同方向进入站房，再通过中央扶梯上行进站；③在快速进站夹层，“云谷”东西入口均设有大台阶，外部行人可由地面景观绿道直达夹层，城市服务厅南北两侧设有半室外平台，与云门和未来的周边综合开发区域平接，串联整个核心区与周边城市区域，旅客可通过安检直接进入候车厅；④在旅服夹层，主要通过架空连廊与雨棚上盖综合开发、云门及南北城市综合体等功能空间连接，在站房南北两侧均预

1 杭州西站立体田字网络交通系统

留了免安检穿行通道，建构客站核心区内的高架步行系统，周边旅客可利用该系统直接进站。

站场拉开形成的十字形城市通廊和田字形空间网络将单一交通功能的线下空间复合为多种功能于一体的城市系统，促进了高铁与城市公共交通的换乘，连接了城市空中步道与线下快速进站层空间，改善了线下空间旅客的体验与感受，丰富了站厅空间功能组成的多样性，真正将高铁枢纽的功能空间与城市公共空间整合为一体，形成具有中国特色的站城融合。

长期以来，车站地区单一功能的传统基础设施占据庞大地块，水平延伸的巨形体量阻断了小尺度的街道网格形态，大量占用人们活动的公共空间，各种空间要素以规划控制线各自划界，客观上造成了人本尺度的空间隔阂，导致车站地区的可达性连通性不足。进入 21 世纪，在追求高质量发展的城市化新阶段，面对土地资源紧张的局面，以及城市高密度与可持续发展的双重要求，站城融合发展理念对于消除车站基础设施对城市空间的区隔、重塑现代主义所忽视的站城关系和日常性、提高土地利用率意义深远。

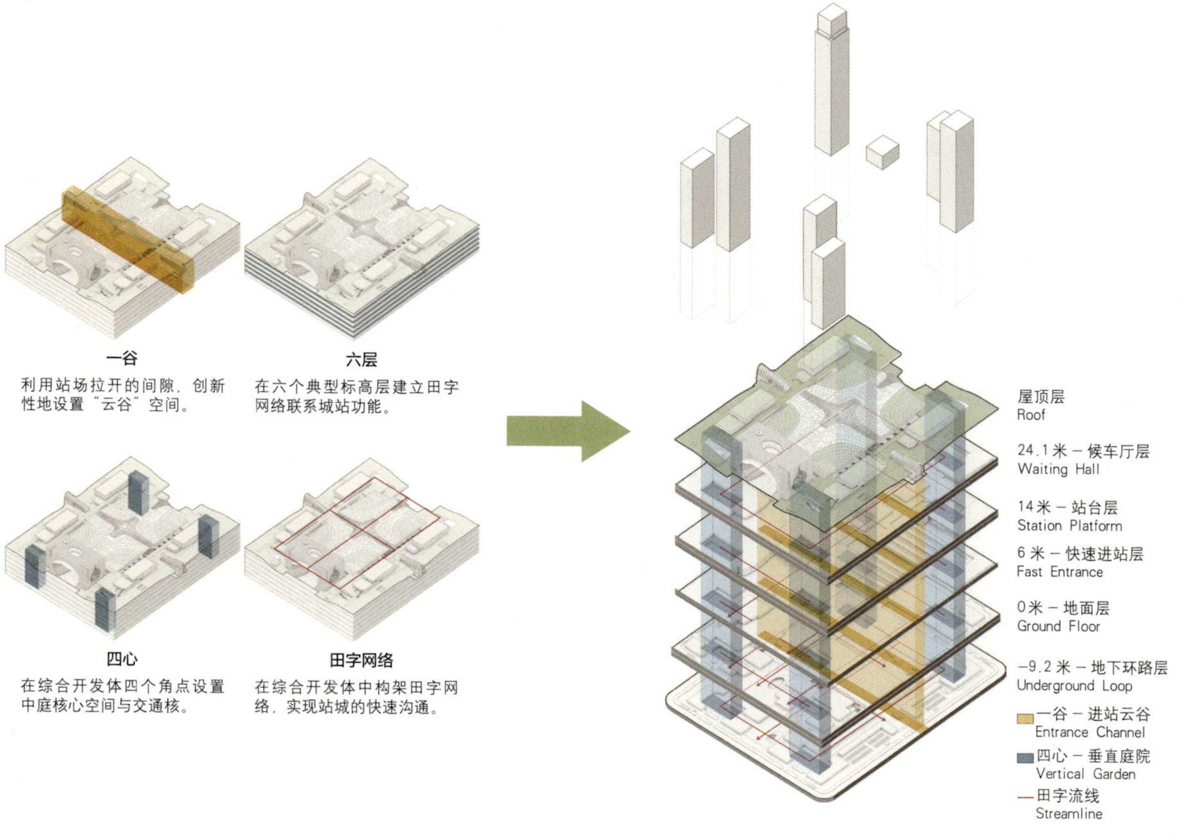

1

在资本力量与社会愿景的共同驱动下，杭州西站枢纽超越基础设施普适性、标准化、类型化的限制，引导车站基础设施向新的空间范式与场景规划演进：一方面，城市快速交通穿越站房地下、地面并绕行空中，与整个城市交通网络编织在一起，为车站连接城市和区域的广域范围提供支撑；另一方面，田字形慢行街道网络在站城之间叠合建构，不仅为人行穿越车站提供了便捷通道，同时也提供了一个可以产生种种行为和活动的城市界面。开放式的场域改变了各自为政的割裂形态，跨越轨道、车道空间断点的城市走廊、步行桥、空中走廊、高线景观平台等，使得车站与城市肌理自然衔接， 模糊了站与城的边界，人们从城市到车站的过程是连续的、自然而然的。

西站枢纽站房多维立体的田字形网络空间线下 4 层、线上 1 层，结合四个象限综合开发的垂直交通空间，从地下到空中都能够步行连通，实现站与城、城与城多维度立体化联系，提高线下空间的使用效率，增加城市功能组合。线下 4 层田字形道路网络，分布在地铁站厅层、地下夹层、地面层和地上 6 米夹层：在地下，田字形网络宛如延绵四方的城市根系，连接了车站与周边塔楼和云门的城市开发地下空间，还有沿途连带的小商业和建筑的地下车库设施，熟悉路线的人在地下穿行无阻、自由通行，并可借由轨道交通体系向广域城市快速移动；在地面广场层和 6 米快速进站夹层，田字形路网增加了站房下方的道路密度，不仅保障了车站大客流的快速疏散，同时也使穿越车站的跨区域人行系统能够彻底脱离机动车道，提供了放心安全的行走空间，增强了整个站城区域的可达性、连通性。

西站枢纽线上线下多层级的步行网络系统，在立体空间层面与城市不同的标高空间产生互动和连接，形成网络化的交通和服务功能的组织形式，使巨构尺度的基础设施与周边的城市肌理协调对位。细致多样的流线设计降低了铁路对城市的割裂，缝合人本尺度上的空间隔阂。多层次人行网络的叠合建构不仅是物理上的连通，更是一种赋能和助力，触及多元人群的不同需求，激发基础设施的更多可能性，带来内生丰富变化的城市生活和场景。车站基础设施融入到城市的共同发展和提升中，成为可以容纳未来各种空间性事件的、连续的城市公共空间。

1 杭州的门户——杭州西站鸟瞰效果图

城市门户：标志性与公共空间营造

高铁站通常具有节点与场所的双重属性，寻求城市功能和节点交通两者之间平衡是目前交通枢纽地区发展的主流思想。车站本身则成为功能复合的最好载体，通过提高车站的空间活力性与社会融合性，使其成为城市综合体。

城市节点是城市居民进行社会交往与汇聚的公共性场所，是具有公共空间属性的城市交通路径网络上的特殊地段。它不仅属于城市公共空间的范畴，而且还因为城市节点具有连接、汇聚、转接的功能和景观文化特质，而成为具有特殊意义的城市公共空间。

对于城市来说，客站作为人们出入城市和内外交往的载体，起着“大门”和“名片”功能，站域空间的城市功能丰富多样，自始至终都是城市中重要的公共场所与活动空间，城市属性是与客站紧密相关的一部分。铁路枢纽及周边区域的空间形态设计一方面要关注宏观层面的要点，另一方面也要将最终的设计实践落脚在使用者的具体感受上。空间形态的设计应从“站—城”相互关系启动，发展到“站—城—人”的相互关系来落位最终的成果。当下推动社会发展最大的动力是以人的需求为导向的探索和创新。

20世纪70年代，美国社会学家雷·奥尔登堡从城市及社会研究角度，提出了“第三空间”的概念。他将家庭居住的空间称为“第一空间”，职场为“第二空间”，而居住和工作以外的非正式公共聚集场所，如酒吧、咖啡馆、餐厅、博物馆、图书馆、公园等则被定义为城市的第三空间。第三空间是现代城市活力的基础，也是城市生活品质、文化魅力的保障。杭州西站云城的复合化开发营造了高铁新城区的“第三空间”，车站从单纯提供出行服务的交通场所，变成了便利、舒适的美好生活空间的一部分。杭州西站枢纽内部及附近设置的咖啡馆、餐厅、服务驿站等生活便利设施，艺术装置、展示馆等文化艺术设施，“云谷”、空中景观廊道、“云门”站前广场、公园绿地等公共空间，都是能够促使人们驻足停留、休闲消费的城市第三空间，在城市综合枢纽站区创造富有魅力，可以从容社交、休闲娱乐的聚集场所。丰富多元的生活场景和活动不仅让站城区的第三空间日益丰盈，实现从“流”到“留”的转变，也更加高效地连接了站与城、生活与消费，有助于实现新城区发展的人本回归。

杭州西站云城以车站及周边地区的多功能化，提升了高铁新城的生活便利性。通过车站步行圈内土地的高度复合利用，将城市活动集聚在交通便利的区域或建筑物内，将工作、生活和出行紧密联结在一起，乘客可以在通勤过程中完成各种生活娱乐消费行为，时间安排变得可控，

1

1 云门局部

2 云之意象

3 云门施工过程

2

时间分配更充裕。比如人们在上班途中，可以去咖啡馆点一杯咖啡、一份早餐；下班之后，可以方便地在车站及周边购物、下馆子、看电影、做健身、上培训课，并赶上回家的列车，拥抱美好便利的生活日常。

站城融合作为基础设施的非典型性样本，给城市带来无限活力。它拉近了站房交通空间与城市生活空间的物理距离，在枢纽巨构中塑造了聚焦于社交、休闲、娱乐，具有人性化尺度的第三空间：可自由行走穿越的活力街区，可打卡阅读的场所空间，可互动交流的室内外环境，可纵览站城风貌的景观平台，与地域文脉保持连接的装置小品……高品质的公共空间、生机勃勃的城市社区，让人们在日常的通勤、出行、休闲漫步中，感受到杭州的人文情怀和城市温度，享有更加充实、丰富、有质量的精神文化生活。

3

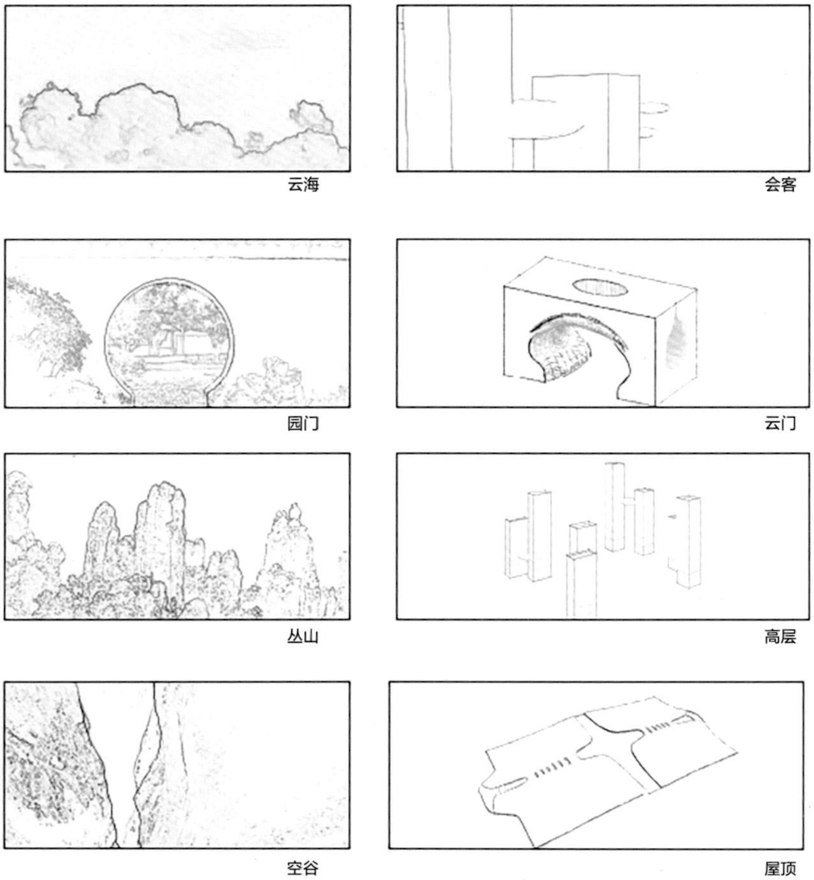

1

云：像雨像雾又像风，瞬息万变，漂浮不定

“云”是大地的保护，维持着太阳光照的平衡，同时润物无声，滋养着万物的生长，在自然中起着重要的平衡作用。

在东方的自然生命观中，云是独特的存在，是天地间的神奇，被各种中国的艺术文学描绘传颂。

同时，云也成为中国东方美的重要部分。传说中的“仙境”就在云海之中，是人在自然山水中的美好状态。随着当代科技的进步，“云”已经不再是简单的天气现象，而是与人类以及宇宙自然密切相关的事物。数百年来，中国人对于“云”的思考和想象不断演化和发展，至今仍然代代相传。

例如，中国台湾的现代舞蹈表演团体“云门舞集”，就是以人体的舞蹈来诠释中国文化，融入了山水画、书法、农耕文化等中华文化元素，表现出人、自然与内心的和谐平衡。舞者们以身体姿态在空间中刻画出轻盈、磅礴、美妙的节奏和韵律，如太极拳中阴阳契合、周而复始，表达出稳如玉柱、动若无息的美妙之感。

西站的“云”意，就是以空间的形态来演绎中国的美学和观念，在“云门”“云谷”“云厅”中链接中国的意境，将千百年来“云”的意象，指向今日之城市自然与日常生活。

云门：内有乾坤的城市客厅

西站南侧站房前面向城市广场设计了“云门”作为杭州西站枢纽的标志性建筑。云门综合体由东西塔楼、空中连体组成，占地面积约 1.08 万平方米，东西长约 180 米，南北宽约 60 米，总高度约 80 米，共 14 层，主要功能定义为科创交流中心。其中 0~24 米（高架候车厅标高）为共享大厅，主要功能为配套商业、艺术展示及旅客服务等；24~60 米为科创中心，主要功能为科创办公、产品展示交流及共享绿庭等；60~80 米为云厅，主要功能为科技发布、小型展览、会议及宴会等。

在大多数传统客站设计中，站前广场尺度宏大、轴线对称，以纪念性的姿态连接起站房与城市。在土地集约利用的背景下，杭州西站创新性地通过云门组合分散的城市功能，形成一个“立体的站前广场”，联系着站房以及周边的高层办公、裙房商业休闲等综合开发项目，承担车站与城市的联系纽带作用：云门 0 米标高连通城市通廊快速出站；6 米标高空中步道连通站房快速进站通道，或借由站房的公共平台出入云城南北综合体；云门地下也与地铁相连，其北侧设置有2个地铁出入口，通过地铁站厅与整个城市连通；或经由地铁站厅往上，到达西站站房乘坐高铁……从车站出来，到云门的商业、餐饮，再到两翼的超高层商务办公，穿越站城的立体步行网络缝合了车站与城市的割裂感，较完美地实现了站城融合的设计意图。

作为云城的门户与核心体量，云门对城市的效率与平等性、高强度的商业开发与开放的公共空间营造之间的时空博弈，起到压舱石的作用，是西站枢纽站城融合的关键一环。城市空间开发不仅仅是城市物理空间的重建，新的社会关系和文化含义被注入原有的物质空间。增加城市密度让人与人、人与城市频繁相遇，层次丰富的公共空间催生积极的城市社会生活，建筑也呈现更多可能。西站云城开发综合了城市对高密度商业开发和公共空间营造两方面的需求，将高容积率集中在南北广场上的超高层塔楼，云门则通过中等强度开发，聚集了商业、办公、会展、空中花园等多种业态和室内外公共空间，宛如立体的站前城市广场来呼应低密度站场的面向，导引车站巨大客流向周边城市开发的延伸。

云门是科创会客厅，与西站云城“科创极点”定位紧密衔接，营造了科技人才互动交流的据点，可以承载科技发布、国际交流、科创办公、展览展示等功能。云城是浙江乃至全国创新密度、人才密度最高的区域之一，是杭州互联网经济之城的核心区域。非营利性的多功能云门展厅，可以举办招待会、讲座和展览等，通过精心策划的活动，创造出产业创新、文化沙龙、国际交流、人才培育等的叠加效果。任何人都可以在这里接触到最前沿的技术，了解当下最新的科技动向，吸引国内外的关注。

2

1 杭州西站意象生成图

2 站在云门前合影的设计者

一系列开放的灰空间设计使得人们可以自由定义和创造，赋予其场景、故事和人文气息。

云门站前广场是城市的露天会客厅，集城市地标及亲和性于一身，是各种人群各式活动云集、欣欣向荣的城市中心。过去，站前广场的核心位置一度被公交、出租车、私家车占据，本该属于人们的活动空间被压缩到角落里。如今通过人车分离的规划手法，将站前广场的车辆交通功能转移至高架站场下方立体布置，云门站前广场成为可愉悦步行的人行街区，熙攘人群可以自由、安心地往来穿梭，相遇、玩耍、闲坐、交谈、漫步，多姿多彩的都市活动——临时展览、科技发布、露天剧场、冬季旱冰、大型集会、商业市集、节日庆典等也可以自由展开。而当夜幕降临时，全息投影、数字灯光等不同的泛光模式开启，预设节庆、展览、活动等不同场景的灯光构成系统，借由灯光的明暗变化，将巨大的场地细分为宜人尺度的多个小空间，平时不显空旷，又为重大活动预留足够的空间。流光溢彩的灯光照明，衬托出灵动飘逸的云门造型，与第五立面上的虫洞形态上下呼应，成为星空下一道靓丽的城市风景线，一个充满生机活力的城市舞台……

作为站城融合中极为关键的一环，云门综合体摆脱效率和利益追求的限制，为所有使用者提供了更有价值、蕴藏更多可能性的场所，营造了生机勃勃、丰富多元的城市未来社区。对于外地访客而言，不仅可以方便地享受餐饮、购物、会务等一站式服务，而且其独特的地域性、地标性价值决定了它的吸引力，鲜明的辨识性特征转换成一种体验；对于周边区域居住和工作的人而言，地标性的云门不仅是整个科创大走廊的活动中心，也构建了本地社区的归属感和自豪感，增强了科创社区的凝聚力。

在设计者看来，云门还是存在一些遗憾的，其实际使用方式和开放程度与设计预期并不完全相同。云门的公共属性很难被界定，它既不属于铁路站房、城市配套，也不是具体的城市开发功能。如果要去定义云门这个空间，其实就是原来的车站广场，但是当车站广场在建设当中已经被取消或者被诟病的时候，这个站城功能衔接的空间并没有被正名，云门所代表的这类站城过渡空间以及它的重要性没有被正确理解。云门产权、建设过程以及功能定位中存在的遗憾促使设计者不断反思，去思考这种空间该如何实现。因此，筑境设计在国铁集团课题“以提升旅客出行体验为导向的站城融合及客站环境营造策略研究”（2020F022）中对于非站非城、亦站亦城的空间进行了系统性研究，提出了 X 混合功能模块的概念。历史上的车站广场其实就是 X 模块的一种形式。

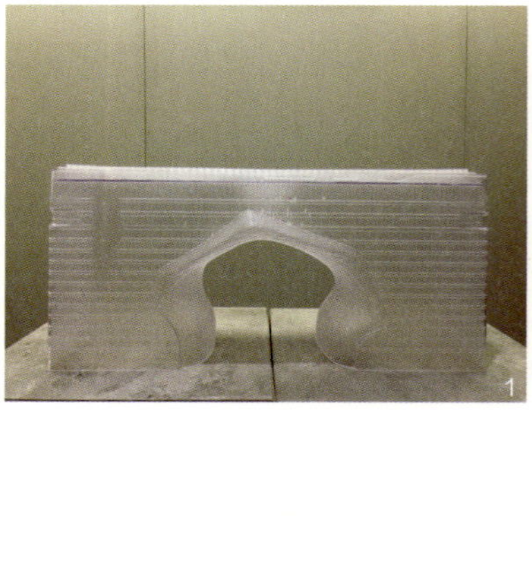
1

1 云门模型

2 杭州西站剖面透视效果图

门户节点的标识与意象

在古代，城门是一座城的标志。巍峨高耸的城门既是城市对外交通的门户，也是城市堡垒封闭自守的物化代言。城门之上重檐飞阁，构成了古代城市的天际线，彰显着古代城市文明的高度。近代以后，古老城门在城市的现代肌理中难觅踪影，但它的精神内核没有消散，而是换了一种姿态存在于车站、机场等新型城市门户中，其建筑形象往往成为古老城市现代性转型的重要象征，成为大多数人进入城市的第一印象被深深地烙印在记忆中。可以说，火车站是近现代工业化、城市化进程中重要的关键词和极为耀眼的一个标志和意象，无论是现实世界中铁轨的无限延伸与长驱直入，还是文学艺术创作中主人公与铁路之间发生的各种故事，或是画家笔下对于火车、火车站的激情描摹，流动的现代性彻底改变了千百年来农业社会封闭自守的城市风貌、经济活动、文化环境和社会氛围，乃至日常生活的方方面面。

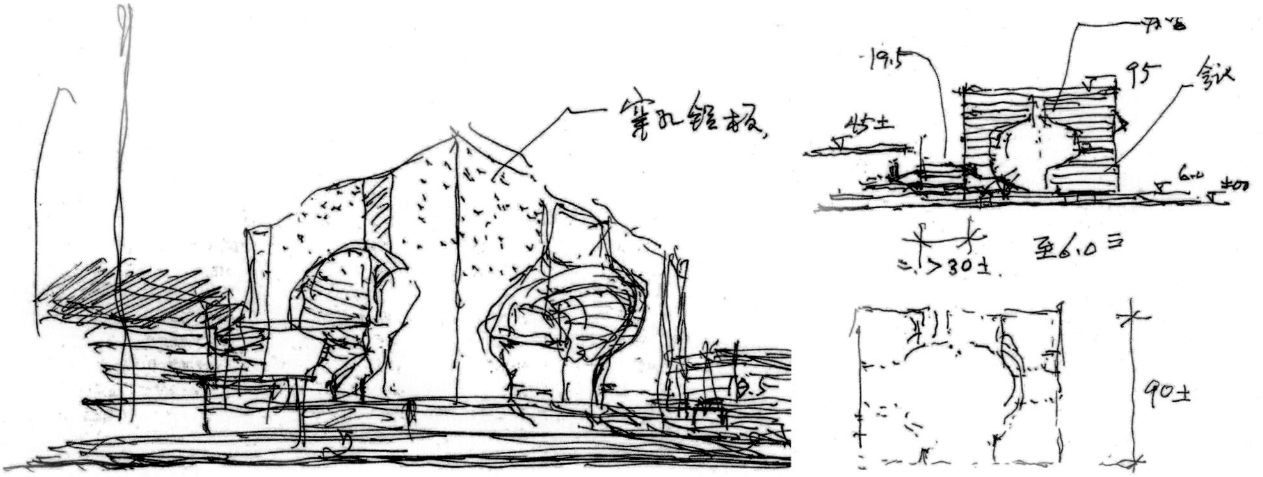

1

如果说19世纪的核心标志就是在铁路上运行的蒸汽机车，火车头喷出的烟雾如同蓝天中的白云，宛如工业文明的赞美诗，那么21世纪则是高铁时代，高速铁路赋予人类交通一种全新的“射越”（jet）形象，使得人类的移动变得更轻更快。人们享受着高铁出行带来的便利与速度，高铁网和互联网似乎消解了空间上的阻隔，让跨地域工作、生活、旅行变得日常。而车站也从一直以来单一交通功能的传统型车站，迭代升级为站城综合体，一个集中城市人、物、事的城市节点。伴随着高铁网络建设，中国以站城融合为中心的城市开发或更新方兴未艾，站城综合体地标性的建筑形象成为一座城市的门面和精气神的象征，成为印刻在人们心上的一道城市风景。

杭州西站云门就是这样一道城市风景线。云门位于杭州西站站房南侧，不仅代表了杭州西站的形象和门面，也是西站与城市联系的门户。它是科创云城的玄关（城门），是大杭州的未来之门。云门位于西站南广场，背后是巨构式的西站站房，两侧矗立着4幢200~320米的超高层摩天楼。而在站房背后的北广场上，还有4栋200~400米的超高层巍然矗立。如何设计一栋不会被周边摩天楼淹没，令人印象深刻、造型别致的地标建筑？

杭州西站的设计概念来自“云”。云是自由的、移动的、千变万化的，萦绕于山谷、升腾于水面，滋养着杭州山水城市的气韵和丰姿。云门造型拟合了云自然流动的形态特征，不仅呼应了杭州山水城市的气度，也隐喻人群、数据、信息的自由流动，不仅契合交通枢纽形态的流动性

1 云门建筑概念草图

2 云门实景鸟瞰

3 云门立面渲染效果图

2

本质，也呼应站区所在科创大走廊互联网经济云端科技的特点，象征着杭州新经济自由流动的数据云，以及无限变化的未来可能。

以云为意象的云门，外观简洁方正，内里有乾坤，由单层网壳组成的不规则异形曲面门洞高度近40米，塑造出云卷云舒、灵动飘逸的自由意象。钢结构网壳与框架外立面包覆的玻璃幕墙材质，在折射、反射中隐没自身，映射出周遭的山水地理和云天，构建出别有洞天的奇异图景、瞬息万变的非物质化效果。还有第五立面上的虫洞式空间，钢结构网壳凌空，仿佛一个强大的磁场漩涡、一个时空穿梭的神奇隧道，显现神秘莫测的科幻气质和未来感。在细节方面，立面设计将良渚玉琮细腻温润的形态外化，采用圆角、曲线、转角切割的手法，使每一层建筑的棱角都有所不同。

3

洞开的云门保证了站城中轴线的贯通，形成了具有城门意象的玄关。富于象征意义的独特造型，既有良渚玉的温润，又有城门的厚重，宛如体量感很强的空间艺术装置，从一众超高层摩天楼中脱颖而出，占据云城的中心区位。其地标性建构不仅承继了这片土地、这座城市十分久远的历史根脉，也打开了城市通往数字时代云端科技的未来之门。云门鲜明的意象性、可识别性体现了站城节点内在的场所精神与城市文化，是杭州西区科创大走廊软实力和创造力的诗意表达，对站城地区的整体环境氛围起到画龙点睛的作用。

在 21 世纪新的基础设施推动下，杭州西站高铁枢纽转化为新兴城市化区域的门户，并形成了服务于公共交往活动的空间体系。其开放共享的城市基础设施建设，是对现代功能主义城市的修正：它跳出孤立、封闭的个体建筑尺度，立足于公共设施和公共空间的维度，对它以及它辐射到的站城空间进行设计赋能，赋予新的场所意义；它将大尺度、碎片化的站城区重新连接在一起，成为开放共享的科创会客厅，以及城市居民交往与汇聚的核心场所；它鲜明的地标属性具有视觉主导性，也是西区形象的重要表现之处。

1

云端漫步：高线景观平台

今天，越来越多巨构式的基础设施超越了常规的功能性使用，有了更多公共性、社会性以及美学方面的追求，参与到日常性的公共生活之中，从不同维度和尺度上改变城市面貌，提供崭新的体验和交流。

就像纽约高线公园的实践，再次激活了城市基础设施的公共开发潜能，空间的拓展与功能的融合，打造了城市标志性的活力高地：它是多孔性的、可渗透的，让不同区域互相融合、增加互动与交流；它是开放共享的，混合了不同的城市功能与多元人群，彼此之间没有固定的边界；它又是地景化、界面化的构成，通过城市设计、景观设计和公共艺术的导入，将基础设施与城市公共空间完美融合，成为纽约曼哈顿岛上的空中花园与城市客厅。

杭州西站也创造了巨构景观：在城市尺度的视角下，连接铁路和公路的西站站房成为一个巨大的地景建筑，在周围高密度城区互不相关的混沌之中创造了一种新的秩序和景观肌理， 呈现出巨构的地标属性；而从西站建筑自身的视角，巨构可以是一个巨大的基台，设计者在上面

1 空中连廊实景

2 云门看云

搭建了空中的街道——高线景观廊道。相比脱离了城市结构的内部街道，缠绕于站房腰部的景观廊道，倒更像是一个寄生的、被编织进城市肌理间隙的东西，它不仅确保了站城空间的水平连续性，也使得西站巨构具有了某种融入自然和城市的景观属性。

西站多层级的田字形网络在 31.1 米标高被站房区隔，一分为二，组成东西两个自成体系的高线环路，是线上站房与雨棚上盖、南北综合体连接的核心廊道。平台上方连续性的景观规划，营造了多层次的观景休闲空间。平台统筹了站城之间的开放空间系统——云谷、雨棚上盖、站厅服务夹层、城市开发裙房等，以协同共生的方式为公共性赋形，城市公共空间、景观基础设施、商业设施、社会服务等多种功能协同互动。一体化的生态、交通、活动网络创造出可愉悦步行的空中街区，重塑了长久以来被忽视的站城环境的连续性。另外，出于安全原因，廊道与站厅之间目前还是隔绝的状态，但预留了未来连通的接口。随着技术进步，门禁限制终将取消，开放的站厅能够与室外景观平台融为一体，形成真正意义上的区域一体化的公共开放空间，可以将车站的人气源源不断地传导至周边的城市区域。

1 空中连廊

这是一条连续而优美的绿色景观生态廊道，总长约1.5公里，宽度6~9米不等，通往候车厅和雨棚上盖的接口数量各有8个，还有数段坡道下连站厅层。以杭州当地乡土植物作为植物造景主基调，“乔、灌、草、藤”复合结构作为植物造景主构架，乡土性的生态群落种植使场地适应当地的气候条件和生物多样性特点，并为穿梭于城市中的人们带来暂离尘嚣的宁静与自然。

这也是一条与游憩活动相结合的生态走廊。良好的步行环境和街区景观创造了一种具有社区感的公共空间，吸引不同的人们前往、相聚、互动。就像纽约曼哈顿的高线公园，西站高线景观廊道也为步履匆匆的人们提供了一个新的据点，一个触发城市丰富活动的场所和路径——既可以在这里纵览站城风景，俯瞰列车往来穿梭进出站台，也可以为艺术临展、快闪、演出、团建等活动提供舞台，或是进行日常的休闲、漫步、运动、健身等活动，还可以在露台上坐下来喝一杯咖啡，邀三五好友小聚畅聊……研究显示，步行友好的街区有利于高质量的消费，相当多的二次消费行为会发生在与街道环境具有高度互动性的业态之中，如街边的酒吧、咖啡馆、奶茶店等。平台上临街的商业服务设施、街道上的景观绿植和艺术装置、丰富的活动，成为站城公共景观的锚固点与放大器，呈现多元并置、包容开放的都市性，融入人们日常性的出行和生活体验中。

新时代的杭州西站超越了那些标准化、常规化设计，在城市尺度的基础设施巨构中折叠、嵌入、生长出新的开放空间和公共活动场所，在持续的日常中体现城市的活力、健康和持久的综合效能。创造场所的巨构基础设施融入城市当中，就像迈克尔·海斯所认为的：“建筑也可以相当慷慨，像是放大镜一般，它放大了人们让一切变得更好的欲望，放大了人们用解放的、革新的方法去进行设计的尝试。”

延伸阅读

云门之轻：石材基座的高与低

在程泰宁院士的构想中，“云门”是西站枢纽的门户，是云城历史文脉的“压舱石”。设计团队基于这一理念，融汇传统与现代，采用全玻璃帷幕结合陶瓷数码打印技术，创造出全新的“云门”质感，使整体建筑温润如玉又不失历史厚重感。2021 年 8 月，在经历了多轮方案提报后，17.7 米高石材基座的方案经批示成为了拟实施方案。

云门之轻与基座之实的平衡始终困扰着设计团队。围绕基座高度，从人站在广场的感受出发，设计团队同各相关方展开了数月“马拉松”式的工作协调，筑境设计（杭州）副总工程师陈立国现在回想起来，碰壁是常态。

到 12 月底通过无数轮不懈的论证和争取，终于达成了各方接受的方案——设计保留石材基座，但将石材基座的高度降低为现在的 3 米，既符合了设计规范的要求，也体现“云”的意境。

站城接驳：通路的遗憾与希望

站城接驳，是城市以人为本的理念和科学管理技术能力的综合体现。杭州西站在规划建设之初，就将综合开发接口的设置明确列入了土地出让条件，从上位规划的高度要求站城必须有机联系，业主方西站枢纽公司为此做了大量的前期铺陈和协调工作。

设计方案在 6 米、24 米、31 米三个高度层面都设置了站城连接。从实施情况来看，6 米层云门与站房连接平台的土建部分已经接驳完成。在可预见的未来，从云门公共空间进入车站，甚至从快速进站厅和线下候车厅直接便捷进站乘车将成为现实。31 米层综合开发与站房的 4 座连桥已预留了接驳条件，目前对接口部位进行了装修封堵，为远期与塔楼的接驳做好准备。遗憾的是，24 米层设置的站城连接由于种种原因并未实现，从站房运营后的使用情况发现，如果当时能连通其实是件好事。

云门“玉琮”材料的选择与敲定

杭州西站云门的设计采用良渚“玉琮”的意象。玉是温润而通透的，为达成这一效果，设计团队选择使用打印玻璃这一创新材料。但由于云门建筑体量巨大，而玻璃材料控色难度高，还需要通过打印技术实现复杂的图案效果组合，细微的差异就会对效果产生巨大影响，再加上市场上此类成熟经验少之又少，实施难度是巨大的。设计团队面临着巨大的挑战，实施前需要进行大量验证性工作。

在这个过程中，程院士亲自带领团队对市场上的项目做了大量调查，在杭州本地实地勘察了良渚研究院、支付宝大楼等多个项目。疫情期间限制重重，又有出入外省市、出入境政策的限制，外地项目只能通过上网、翻阅书籍来查找资料。据设计团队回忆，程院士说："如果条件允许的话，我们应该出国实地考察，看看国外的项目用了什么材料，或许对我们也有帮助。"

工地才是建筑师终极战场，在西站建设工地经常能够看到程泰宁院士的身影。对于挑选材料样板，他带领团队从生产工厂到工地现场，步步落实，精益求精。正是在前期对材料细节的严谨选择和对样品近乎完美的品控，让投资方在实地看到挂样效果后十分满意，立即决定采纳施工，并给予了高度评价。

拥抱年轻力量

一个偶然的机会，筑境设计总工程师郑庆丰接到了一通电话。对方名叫陈海峰，是南京一个做玻璃顾问业务小团队的负责人。电话中，他表达了对云门采用数码打印玻璃的关注，并提出了对云门玻璃工程进行技术支持的想法。陈海峰才 30 多岁，但从 2010 年起便专门配合建筑师和艺术家做玻璃应用方面的综合咨询工作，有对玻璃材料的了解和对上下游技术资源的整合能力。无疑，他们通过对技术和市场的深入洞察，找到并开拓了一个从来没有人当成职业去从事的行业细分领域。很多建筑师或设计师在遇到跟玻璃有关的难题时都会找他们合作，包括意大利光伏玻璃厂家 AEsolar，建筑师青木淳、妹岛和世等。

程泰宁院士对年轻一代的这种创新精神感到十分欣慰。他说："在整个行业面临下行压力的背景下，还有这样一批年轻人，头脑灵活、务实肯干、技术过硬，能钻研，真好！这群孩子的出现，为云门的设计注入了活力，也为行业带来了无限希望。"

1

折叠空间：云谷、云厅、云盖

交通枢纽不再只是纯粹的交通空间，而是一个功能复合的，能够展现城市形象、文化、气质的地标和公共活动空间。

在工业社会中，以移动为中心的交通枢纽形态以功能为主，追求高效、合理、便捷，空间设计井然有序。而在后工业时代，交通枢纽开始突破 20 世纪以来效率性、合理性的框架限制，从用户的体验出发，在高效便利的移动之外，寻求创造新的价值，打造多功能的、人们乐于前往的公共场所。一直以来用于交通目的的传统型客站，蜕变为能体验各类丰富活动的场所，一个创造各种体验活动的舞台，诸如快闪、演出、临展等过去无法想象的各种站前活动都可以展开。人们来到车站，便能遇见这里独有的人、事、物，看见这座城市特有的活动和风景。

在后工业时代，如何超越以往的通用性，设计新的公共性，使拥有庞大流量的城市交通枢纽成为充满各种际遇、包容各种消遣和留白、灵活多变的新一代客运空间？杭州西站以标志性的云谷、云厅设计，在有限空间中延伸无限可能，让交通枢纽成为展现城市个性与风采的载体，赋予城市开放创新的姿态与活力，并为未来城市和地区发展提供驱动力，这样的车站形态才是未来城市所需。

1 云谷

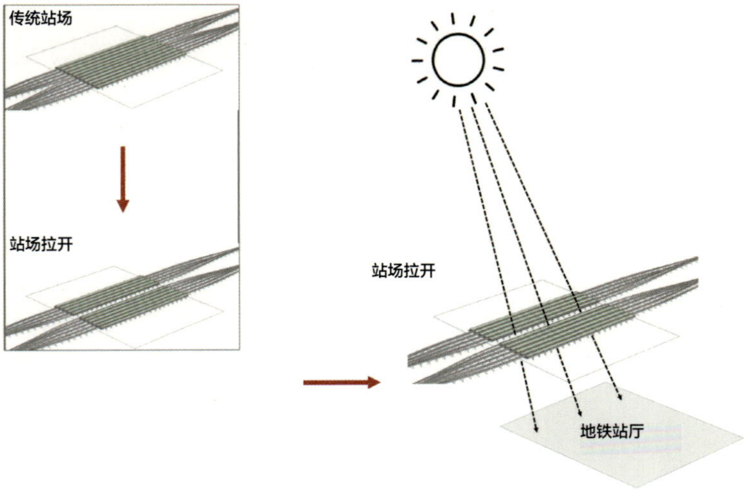

云谷：阳光下的活力内核

云谷是枢纽综合体设计在探索节点与场所平衡关系下做出的创新设计，它既解决了进出站及换乘交通的流线问题，又为站房营造了具有场所精神的空间，使杭州西站在节点与场所的关系中取得了平衡，进一步促进站城融合，达到站与城的和谐发展。

站场拉开，层叠七重天

杭州西站是国内首个站场分离的特大型铁路高架客站。它巧妙利用两个车场拉开了 28 米，在拉开空间中创造性地设置了“云谷”。传统的“一”字形城市通廊被扩展为“十”字形站内综合交通系统，并在十字交叉中心设置了中央交通系统，使乘坐地铁或公交到站的大客流旅客可通过定向扶梯“云路”，从地面层直达高架候车厅，打造高效便捷的中央进站系统。8 部长约 50 米的“云路”扶梯，最大提升高度超过 24 米。据测算，从出地铁到候车层，最快只需不到 3 分钟。

而在传统大型站场布局中，乘客进站和换乘都需要绕到站场最外缘，行走距离长，站房与城市接触面被大量进出站人流阻隔，站城联系与车站自身主要流线形成对冲与矛盾。西站的站场拉开、中间进站，既是从交通的换乘便利性出发，同时也有助于释放站场南北两侧土地，用于城市综合开发。西站站厅至周边开发的距离约 60 米，远低于国内其他中心车站两三百米的距离。站城融合紧密，使城市功能真正与站房零距离衔接，在强化交通枢纽能力的同时也缝合了铁路对城市的割裂。

传统交通基础设施多为线性结构的网络，设计者需要分隔不同的交通流以加速流通，并尽量减少不同交通流之间的冲突。而在西站，一度

1 云谷空间的形成

2 云谷进站扶梯

2

1 云谷中交流着的建设者

2 云谷的拱形结构

分隔的交通流通过连续的云谷加以统合：车站多基面的交通要素分布如同人工地质构造的剖面，囊括了地铁站厅层、地面广场层、线下夹层、站台层，连同站厅层，在云谷周围形成有空间厚度的背景；呼应车站人工地质构造的层次，中央快速进站通道、中部分流通道、端部慢行通道彼此错开，并通过折叠来替代建筑学中常用的垂直分层做法，垂直与水平向度在连续空间中被编织在一起，形成川流不息、视线交织的流线空间，串联车站各个分层和区域；云谷错综复杂的地形系统，孕育出客站内核的活力界面，不同人群、各种自然要素、多方能量在云谷中自由流动、集散，云谷成为一种载体和触媒，将基础设施地形转化为积极的人工景观，激活了车站复杂系统中最为活跃的生态圈层。

在流线错综、拥挤喧嚣的车站迷宫，流线梳理十分关键。云谷围绕中空的巨型中庭密织了通向地下与地上、线下与线上、车站与综合开发的分流通道。西站站房中配备了 233 台电梯，其中自动扶梯就有 180 台，如同传送带般接引来自各个方向的客流快速前往各自的目的地——地铁、汽车站、停车场、站台、候车厅等，这样的流线处理加深了空间的连续性，形成了暧昧交错、多孔渗透的换乘环境。折叠的云谷换乘枢纽与立体叠合的田字形网络相配合，满足了整个站城枢纽内部协调与灵活

运转的交通需求，并与外部的城市交通网络有机衔接，践行着枢纽空间对于城市的开放、可达、连接的理念。

在流线复杂、拥挤喧嚣的车站中，建筑设计不仅要最大限度减少旅客的步行距离，更要让旅客清晰地找到自己的去处，不会迷路。杭州西站除了量身定制一套清晰的路标和指引牌，设计者还将“光”带入车站内部，利用“光”来引导乘客，看清自己的行走路线及分辨周围环境，通过不同的空间避免迷路滞留带来的混乱。视线通透的云谷中，自然光线自天窗倾泻而下，串联起候车厅、站台层、出站层，直抵地铁站台，营造了一种旅客凭直观感受就能判断前行方向的换乘移动空间，让初来乍到的旅客也可以轻松找到方向。

1 云谷进站扶梯

2 杭州西站 6 米层平面图

3 杭州西站 31.1 米层平面图

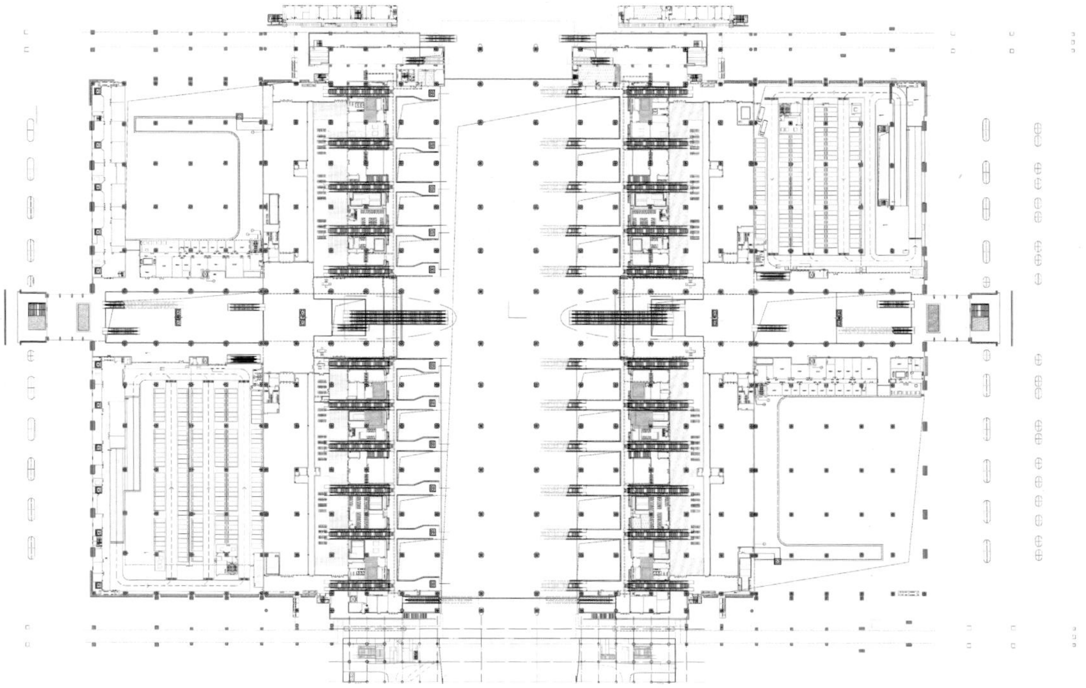

2

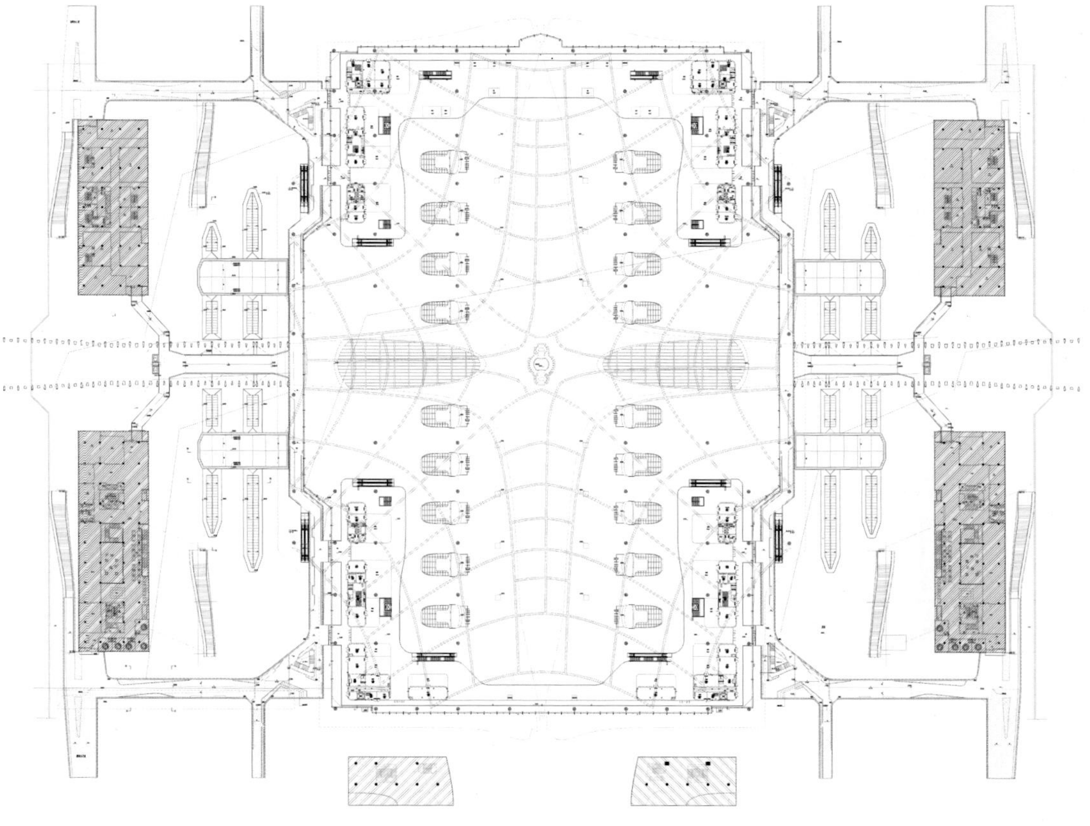

3

建筑的中心问题既与空间和形式有关，也与场所创造和时间因素有关，自然的光、风和地域气候都成为建筑创作的素材、形式创造的基础。云谷不仅是杭州西站枢纽的换乘枢纽，更是一个在高密度建筑中创造舒适公共空间的环境装置。云谷通高空间是导引光与风等自然元素进出往来的通道：自然光透过玻璃罩顶从天而降、随时而动，而夏季风则可以从东西两翼张开的云拱洞口穿堂而过，令时间的载体、季节的氛围充盈室内。自然元素的介入赋予云谷空间某种魔力，能够疏解巨构设施的压迫感、建筑的密实性，使封闭的建筑实体结构生发出自然、开放、轻盈、灵动的空间品质。

在光的导引下，云谷高效便捷的枢纽交通与开放、透明、愉悦的城市公共空间共生融合，就像纽约中央车站的大中庭，多样活动和体验在云谷界面中集结和组织，营造出识别性强、有故事感的场所。步履匆匆的旅客在这里放慢脚步，打卡、游憩、交流、等候、换乘，与下沉庭院中的绿植小品、点缀长廊的艺术装置面对面……这里也是观看枢纽内部流动风景的最佳场所：站在云谷地面广场层，向下可见乘客进出地铁，向上可见停靠站台的高铁列车，还有前往高架候车层的客流。在云谷，可以感受车站内部温暖而热闹的氛围，感受自然光、植物材料、艺术装置所带来的舒适和趣味。自然元素的介入沟通了建筑场域的内外环境，提升了场所的精神和情感价值。

云谷从概念方案到实施落地的过程中，因消防和暖通等问题进行过多次空间优化调整。在最初的投标方案中云谷空间完全贯通，上至候车厅，下至地铁站台。在涉及空调系统方案时，由于权属及管理问题，设

1 杭州西站剖面图

2 杭州西站西侧立面

3–5 云谷方案演变效果图

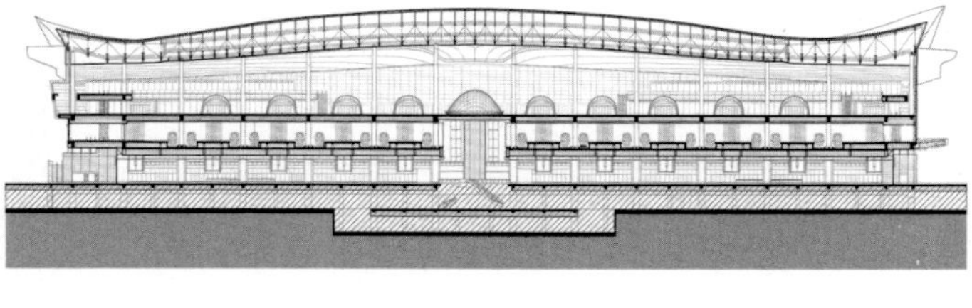

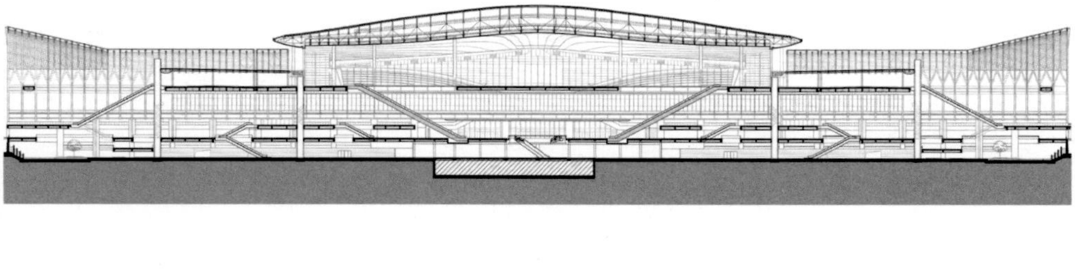

1

2

计选择采取部分空间封闭的措施。为保障光谷更加通畅，最初的封闭方案保留云谷原始形态，将整个候车厅分为两部分，中间用连廊连通，光谷通到屋顶，自然光线能够直达地面。后期方案推进中，由于消防新规限定，地铁站台层需要封闭，仅站厅层还在云谷整体空间内，但候车层和站台层还能看到地铁闸机，对去往地铁的人流仍然有引导作用。同时，为保证候车厅空间完整，通过整体站房空间建模，对开口风向及风量模拟分析，在保证空间效果的同时保障旅客舒适性，通过计算得出最合适的连通洞口面积为 300 平方米，优化整个空间形态后得到最终的方案。

3

4

5

公共空间的本质关乎人的权利、人的连接。杭州西站云谷空间设计试图通过城市基础设施的公共空间化处理，拓展功能建筑的边界，改变人们对于传统车站冷峻、功能性的刻板印象，多重呈现更具活力、人情味、社区感的空间形式，并以可感知的方式成为城市空间中新的行为载体与审美对象，成为城市公共性的新媒介。云谷以场所为导向的物理空间设计和以场景为导向的要素流动空间设计，将基础设施与公共空间揉捏在一起，景观化、界面化的空间构成改变了原有站内行走的灰暗体验，不仅满足了枢纽人群快进快出的集散要求，也提供了让人慢下来的驻足空间，引导人群在云谷特定区域的聚集与活动展开。城市交通基础设施成为一种多功能的媒介和载体，提供站、城、人、自然之间流动交换的共生界面。

拱—门—廊：仪式化的入口序列

云谷东西两翼呈现镜像关系，极具结构表现力的拱形廊道横跨站台雨棚直通站房。单个云拱廊长约130米，类似喇叭造型，大致分为高、低两区：高区云拱采用间隔约6米的排式钢结构，沿铁道向站房逐渐收窄收低，拱体被设计成一个瘦长的梯形箱体，在24米标高候车层与主体结构连接，前几榀的拱脚落在6米标高平台，其余几榀在12米标高承轨层与主体结构侧接，每榀拱之间设置一道人字形次拱，拱与拱之间以小圆管联系；低区云拱间距为19米，拱间设置一道大的转换梁，上部小次拱均落在转换梁上，拱脚同样与24米候车层主体结构相连。低区拱正下方设置一长约62米，宽约6米的吊桥直通站房，步行桥横跨旅客活动平台和落客车道，并在两翼伸出通道连接雨棚上盖。

高高在上的巨型构筑物如何打破尺度障碍，让建成环境与人更为亲近、产生更多认同，并参与到日常性的生活之中？杭州西站云拱门廊的

1

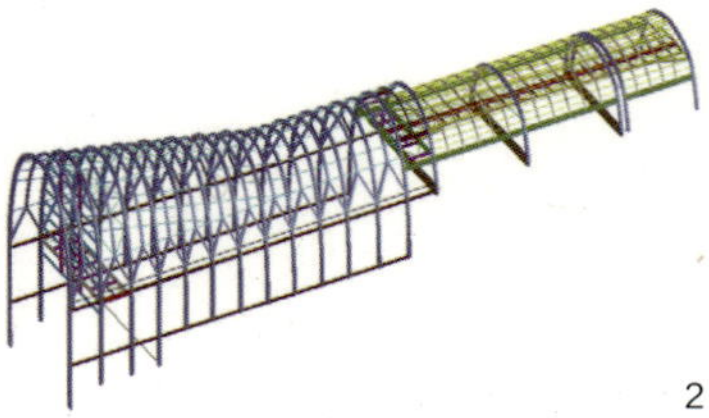

2

1 云谷中错落的空间

2 云谷结构示意

3 云拱门廊

4 云谷中的活动场景

1

1 走向杭州西站云谷

2 从绿皮火车的花园走向西站云谷

创新设计，将巨构式的基础设施尺度调整到与人体相适应的范围，为慢行进站人流、雨棚上盖综合开发人流及其他人流，构筑了一个充满仪式感的入口序列、一个有到达感的空间意象，引导公众的接近与日常使用。

从云谷地面广场层走向两翼的云拱门廊，迎面而来的就是充满光线、令人惊喜的空间。云拱门廊精妙的结构设计如同动物的骨架，充满节奏、均衡和对称感，在建构的诗意再现中界定、围合空间，组织不同标高、不同位置的分流通道，完美演绎了建筑是空间的艺术，它通过结构表达自己。

极具辨识度的空间形式，具有激发城市活力的剧场般的空间感染力。可以说，云拱门廊是这个时代的产物，基础设施的景观化构成拓展了建筑的边界，承载包容了丰富多元的城市文化与公共性特征。车站枢纽从以往现代建筑纯粹理性和功能主义的桎梏中得到解放，进入精神与审美的领域，表现出具有场所和精神魅力的空间形式。高铁出行转化为连续的时空体验——川流不息的客流沐浴在天光云影之中，四周是站场内外的流动风景，脚下是自动扶梯，通勤或进站的过程转化为一种与身体体验息息相关的生活仪式。而庭院周边设置的椅凳、廊道中点缀的艺术装置、绿植小品，在兼顾日常休憩功能的同时，也给换乘空间增添了一份

1

1，3–5 云谷的建设过程

2 云谷剖面模型

温馨舒适，营造出近人的尺度感，成为人们相遇、休憩、漫步于其中的所在，亦是一处聚集城市人气的装置。

人们对于城市的记忆，与进入城市的过程中看到的标志性场所是联系在一起的。充满仪式感的云拱廊道，自身也成为景观要素，成为站城公共景观的锚固点与放大器，在垂轨方向上打造了通透无遮拦的城市界面。当高铁或是小汽车驶入车站时，人们从车窗第一眼看到的就是充满仪式感的云拱门廊，从 6 米标高平台上升起的云拱门洞，宽约 24 米、高约 51 米，占据了舞台的中心位置，两边通透轻巧的雨棚上盖综合开发与高耸入云的摩天高楼如众星捧月般环立四周，空中景观平台与步道宛如腰带，将层次丰富的站城群落连为一体。高踞于地面之上的巨构回归宜人的尺度，重塑了现代主义所忽视的站城环境的连续性，生动演绎着站城融合共生的时代主旋律。

云厅

社会主义核心价值观
11A
10A
1-9
12306

云厅：人是丈量车站的尺度

候车厅是旅客使用最多的空间，它的设计应充分考虑使用者的感受，不论是空间构成、建筑材质，还是照明亮度、光线通透度、地面铺装、软装配色等各方面都应尽可能进行深入的研究，甚至是多轮模拟，以达到相对完美的最终效果。

站房候车“云厅”，南北长约300米，东西宽约190米，建筑面积约5.8万平方米，中央最大柱跨可达78米，视野开阔，北面可以看到吴山、寡山的自然风景，营造了“绿水青山园中站”的意境。

在快速工业化时期，铁路在很多地区的城市化中扮演了重要角色，为城市经济和社会发展提供了框架与能量，但在促进城市飞速发展的同时，铁路和车站也产生了诸如功能单一、割裂城市肌理、产生荒废空间等一系列城市问题。2000年前后，随着高铁和轨道路网全面建设，轨道上的城市不仅需要交通枢纽更高效便捷，也要求规划与设计引导人们的生活、工作和休闲活动向铁路与火车站靠近。如何将车站区重新融入城市公共生活，成为所有进入后工业时代的大都会的共同任务。

在资本力量与社会愿景的共同驱动下，世界各地的铁路车站经历了新的空间重构，从单一功能的交通基础设施向多元的城市空间转型。交通基础设施成为拓展城市景观空间的载体，通过景观元素的积极介入，建立与当地社会及周边环境的共生关系。其本质是景观与基础设施在形式、功能及文化上的结合，通过设计把基础设施转化为城市新的公共生活界面，提升城市空间品质，激发城市活力，形成具有环境、经济和社会多元价值的整体，并推动城市的可持续发展。

不同于大多透着工业时代冷峻氛围的传统车站，杭州西站重新认识并定位多个传统功能空间，将其打造为具有精神属性的场所，纯粹的现代主义转向人情化、生态自然的场所设计，将人文、感官、空间、景观等不同要素有机整合，其体现形式不仅仅停留于物质层面的功能载体，更是使用者在精神层面与外部环境的情感互动和链接。

在西站，云厅候车也被诠释为现代城市生活中的一种别样体验，可以直观地感知建筑空间的尺度和氛围、建筑与城市及自然的关系，原本单调枯燥的出行变得可阅读、有温度。偌大的候车大厅结构清晰、脉络分明，除了自身完备的功能，以云为题的场所设计营造了丰富有趣的移动空间，以满足使用者的体验和情感需求。巨大的拱形屋盖下，吊顶天

1

1 云厅中应合建筑的灯具

2，3 云厅中人的尺度

6-11

1，2 云厅十字天窗
3 杭州西站建设者

花板酷似云朵，仿佛几片自由流动的云雾，云雾中央有十字天窗如云间罅隙，自然光从天而降，营造出开放、透明的场所氛围；十字天窗两端，山水田园与城市景观如画卷般展开；十字天窗下方，一体化设计、尺度各异的盒子对称排立，在巨构式的大跨度空间中营造出近人的尺度感，流线曲面造型宛如科幻片中的太空舱，未来感十足……

可以说，云厅的场所设计、空间营造，激发出城市与建筑之间看与被看的关系。场所的过去、现在和未来在同一空间中并置呈现，以一种隐喻的方式表达了站城、天人和谐共生的理想。人们在享受高铁出行便利与速度的同时，也能沉浸式体验崭新的时空关系。

十字天窗：巨形空间的坐标

一般而言，建筑与环境是看与被看的框景关系，而高铁车站建筑规模巨大，建筑直接参与了大地风景的塑造。从空中俯瞰杭州西站全貌，水平延展的大屋盖演绎着巨形与大地、城市的关系。银白色金属屋面板正中的十字开口标志着西站的核心地位，在周边连绵不断、迅速演进的城市化进程中构建了一个标志性的原点，创造了一个新的中心，建立起新的宇宙般的周遭秩序。

秩序的建立不仅发生在外部城市，也存在于建筑内部。步入云厅，面对偌大的站厅、复杂繁多的通道、指示牌上眼花缭乱的信息，屋盖中央的十字天窗宛如定海神针，起到了定位中心、划分区域、明确方位和

1 云厅里进站的人们

2 恢宏的云厅空间

2

指引行走的作用，构建起这座“公共殿堂”的中心秩序。吊顶上的雪花穿孔板与三角形金属格栅交织出曼妙飞舞的云状曲线，形态宛若云雾的缝隙，不仅映射云厅意象，也透露出云厅正交流线空间体系的“信息”：十字光带下方东西两端为进厅安检入口，南北向延伸为一字排开对称布置的检票口。十字光带不仅划分了云厅的平面布置和流线空间，也为不同尺度的空间特征创造了识别性，中心大跨空间沐浴在来自天上的和乐之光中，与周边小跨区域形成明暗变换的空间节奏。另外，十字光带也很好地呼应了西站整体的交通理念，是对站厅下方正交形式的中央换乘系统、城市通廊流线方式的隐喻和映射。自然光透过天窗和云顶玻璃罩挥洒进来，在云谷之中轻盈流淌。在光的引导下，地面大客流乘坐云梯直上云厅，体验列车在身边飞驰、在云端候车的进站过程，整个过程充满仪式感，且快捷舒适。

设计师对光的运用游刃有余。云厅空间体量的光学品质远远超越了照明、照度的使用要求，而成为建筑空间品质的化身。十字光带日间以自然采光为主，与吊顶板上的分区照明相互配合，整体提升候车厅的地面照度，充盈的自然光线赋予候车厅柔和舒适的光环境，减轻了传统车站的封闭和压迫感。另外，十字天窗下安装了特种玻纤硅涂层工艺的高透光膜，阳光不是直射，而是漫射进入，弥漫开去，光线明亮而柔和。高透光膜保护站厅免受日晒和酷暑的同时，还具有吸声降噪的功能，为站厅提供了安全舒适的氛围。十字天窗下的座椅旁安装了两排西湖元素的荷叶落地灯，其形与站房屋顶呼应，阴天日照不足的情况下能提供贴心的局地补光照明。而当夜幕降临，屋面照明设施启动，隐藏于天窗结构中的灯光投射，让十字光带在夜空下如蓝色之星熠熠闪耀，大屋盖的虚实关系被颠倒，候车厅如同飘浮在云上，浑然一体的大空间轻盈通透，闪耀四方。

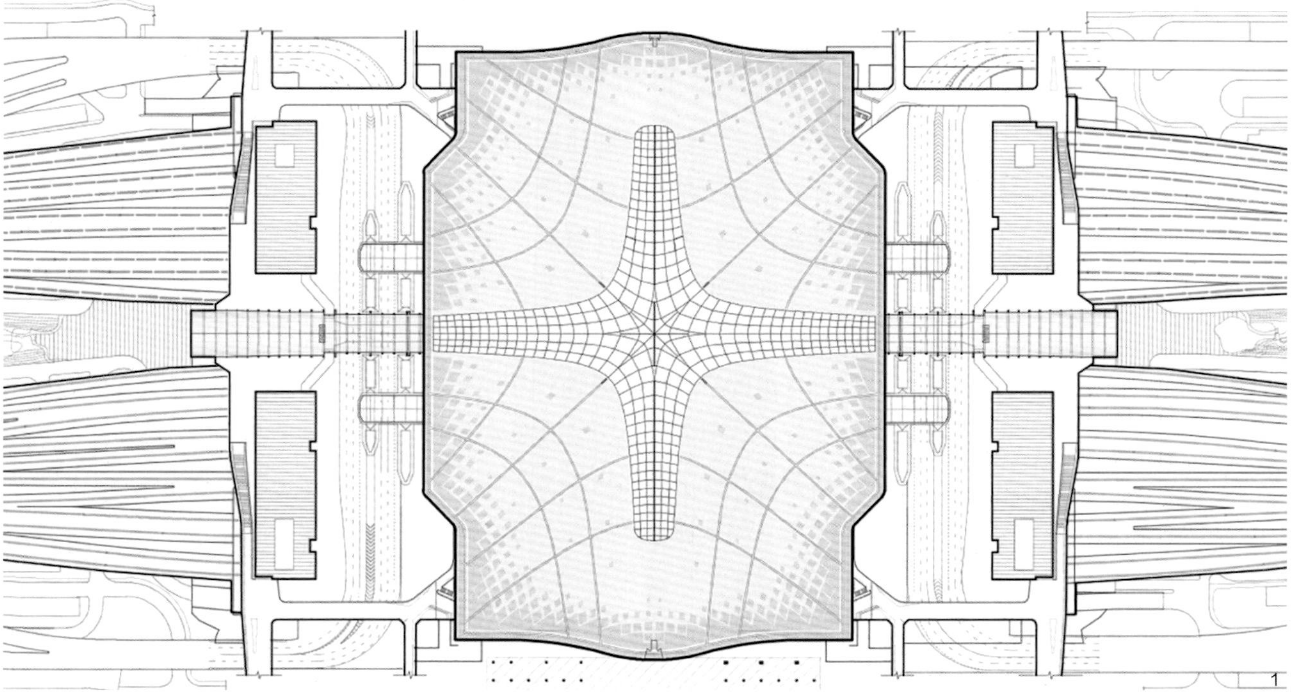

1

贝壳单元：人体尺度的柔软构筑

如果说云厅高高在上的大屋盖与十字天窗是适合城市尺度的宏大设计，更多考虑的是大客流的集散，以及与城市空间形象的匹配，彰显抽象的意义和标志性，那么云厅近人视线的贝壳单元构筑则采用了亲切、可触摸、多变化的小尺度设计，在开放通透、格局开阔的大空间中植入了若干个人本尺度、自成一体的独立单元。巨构式的基础设施降维至人体尺度，参与到日常性的出行活动和场所营造之中。

在巨构式的大屋盖下方，十字天窗下的云状曲线将悬浮的天花板划分为四个象限，云厅的平面布置、流线空间体系与之相呼应，形成纵横相交、连续贯通、类似于传统广场的空间形式。沿着十字轴线升起两组造型独特的贝壳单元，它们材质、色彩与尺度各异，让云厅大空间变得不那么纯粹。不纯粹在这里并非贬义，而是对应构筑单元的艺术化呈现，赋予大空间更为多元的感官色彩和亲切尺度。

1 杭州西站屋顶平面图

2 云厅中的柔和光线

相比云厅巨构规整的形式空间、纯粹的系统和几何性，站厅下部那些造型独特、尺度各异的贝壳状盒子，不仅适合打卡拍照，也与建筑的空间内容结合起来。云厅的贝壳盒子有两种，一种是中间部位的两个“云顶”——云谷上方的玻璃罩顶，大屋盖十字天窗倾泻而下的自然光从这里投射云谷。透过云顶玻璃罩，可以看到云谷内川流不息的上升移动，从地铁站厅至地面层，从地面层直抵云厅，可视化的垂直流线和“空间的暧昧”，形成了活跃而有深度的场景。另外一种盒子在云顶南北两翼，18个小巧的检票口盒子沿着南北光带对称排列，金色圆弧指引检票入口、透明玻璃罩顶下行扶梯，还有集成科技加持——声光电、空调、检票设备、信息发布等元素一应俱全，集纳在小巧的盒子中，呈现出电子产品般的精巧构形、干净质地和酷炫的科技感。

1，3 云厅中的“贝壳”

2 云厅中的建筑师

流线曲面造型的贝壳单元在具象的形式下有一种抽象性，顶面和墙面的边界被有意识地模糊，平滑的流线型曲面让墙体过渡为屋顶，消隐了结构的边界。构筑的流线型曲面不仅将高铁出行的动感与速度感跃然呈现，也呼应了天花板上的云状线条，完美映射了云厅自由流动的空间意象。与此同时，从张开的贝壳口进站的过程也演绎出舞台既视感，建筑在形式和内容上变得更为有趣，空间体验更为多样。

对话风景：观照自然、城市与未来时空

纵横交织的十字天窗具有清晰的导引性：横向指向云厅的东西主入口；纵向则分别对景云门和吴山、寡山，如展开的画卷，将城市风貌与山水自然揽入视野；北向幕墙映射出水平伸展的大地景观特征；南向幕墙正对云门，透过玲珑曲线的云洞口，高楼林立的未来科技城赫然在目。十字天窗与玻璃幕墙，前者向天空敞开胸怀，后者拥抱大地山水与城市景观，同时又满足遮风避雨的需求，室内外空间在光影交错中浑然交融。

3

勒·柯布西耶在《光辉城市》中将玻璃幕墙描述为“提供阳光、空间、绿色等必不可少的欢乐的至关重要的保障”。云厅玻璃幕墙水晶般的透明性，既有水平长窗宽银幕般的视觉效果，又在室内外之间建立一种中心透视效果，不仅将室内外空间融为一体，同时又起到限定场所、形成窗景的作用。

在云厅的四向立面中，北向为主观景台。视觉上的开口为空间和情感创造一片领地，在诗意的言说中引导人们走向风景：不远处的吴山、寡山脚下，田园阡陌纵横，几处农家房舍错落。这片土地上曾经的田园牧歌、心灵家园，如今只剩下一些值得留恋的片段和局部，在全景式玻璃幕墙上展开了一幅气势开阔的“千里江山图”。田园牧歌式的疗愈风景为步履匆匆的旅人提供了视野和能量补给，人们在窗前停下脚步，来感知恒久土地与流动时间的合奏，管窥这座山水城市的诗意和场地脉络。云厅向南可透过云门中央的曲面空间，饱览西部科技城城市景观，错落有致的天际线预示着城市未来的快速发展。自然风貌与城市风貌在云厅融为一体，促成自然与城市的交流、现在与未来的对话，为旅客提供多层次的候车体验。

如果说十字天窗南北两端是自然与城市，是这片土地的过去与当下的对话，那么十字天窗下的云厅本身则是跨越时空的对话，隐喻高铁带领人们驶向更加光明、进步的未来。步入候车大厅，如同走进星际战舰，开放通透的大空间中处处闪烁熠熠光华：上方拱形大屋盖中央十字天窗无尽延伸，雪花穿孔板吊顶与三角形金属隔栅交织出曼妙飞舞的云状曲线，形成动感回旋的空间形态；下方云石地面上，沿着南北中轴线升起 20 个玻璃盒子，宛如科幻电影中的太空舱，流线型的曲面造型应和风驰电掣的高铁形象，人们从这里检票进站上车，仿佛将要开启一场时空之旅，未来感十足。

1 云厅中的风景

2 杭州西站连通的千年发展轴

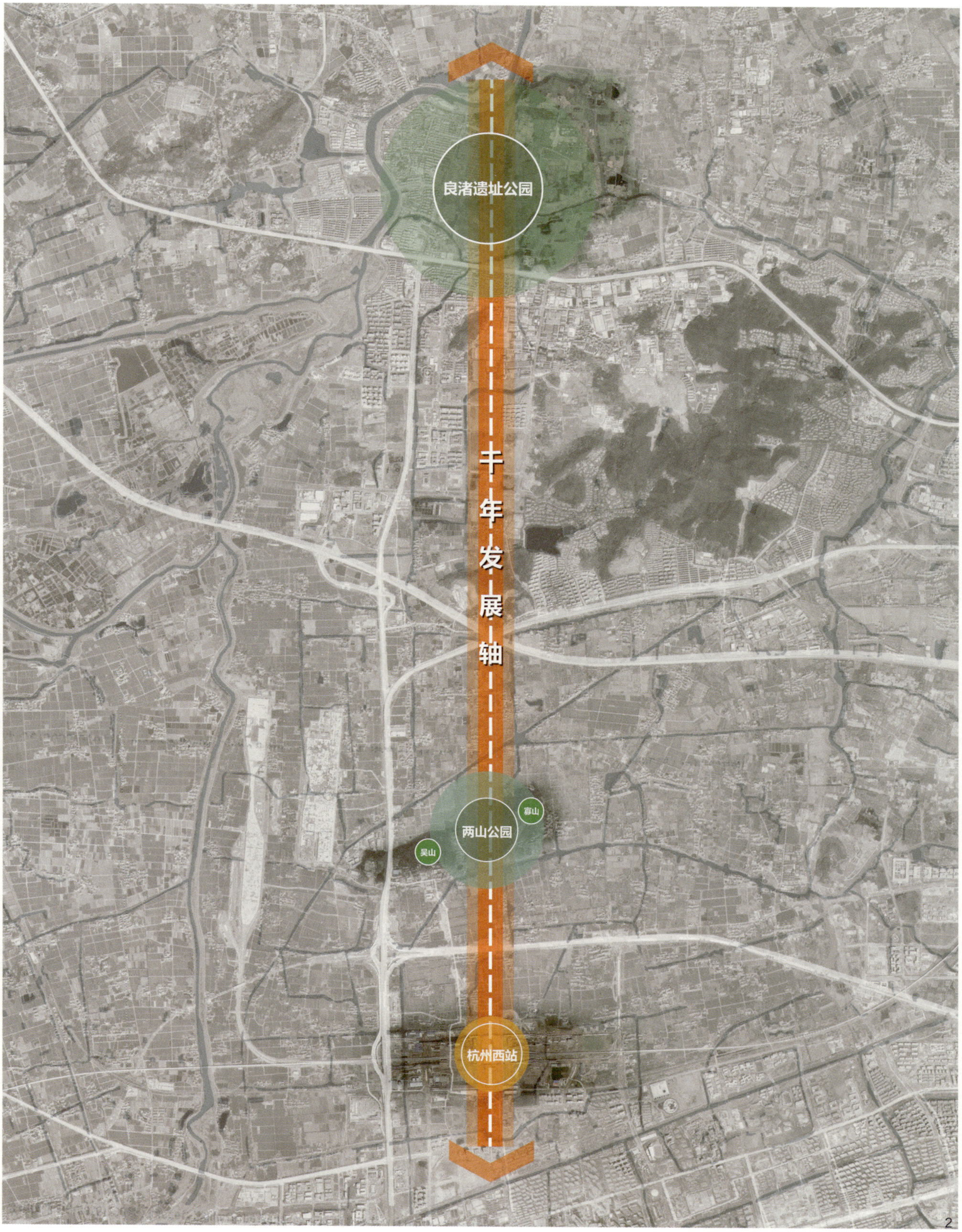

2

杭州西站远眺山水自然，对应着黄公望的《富春山居图》

生态之城——绿水青山园中站示意图

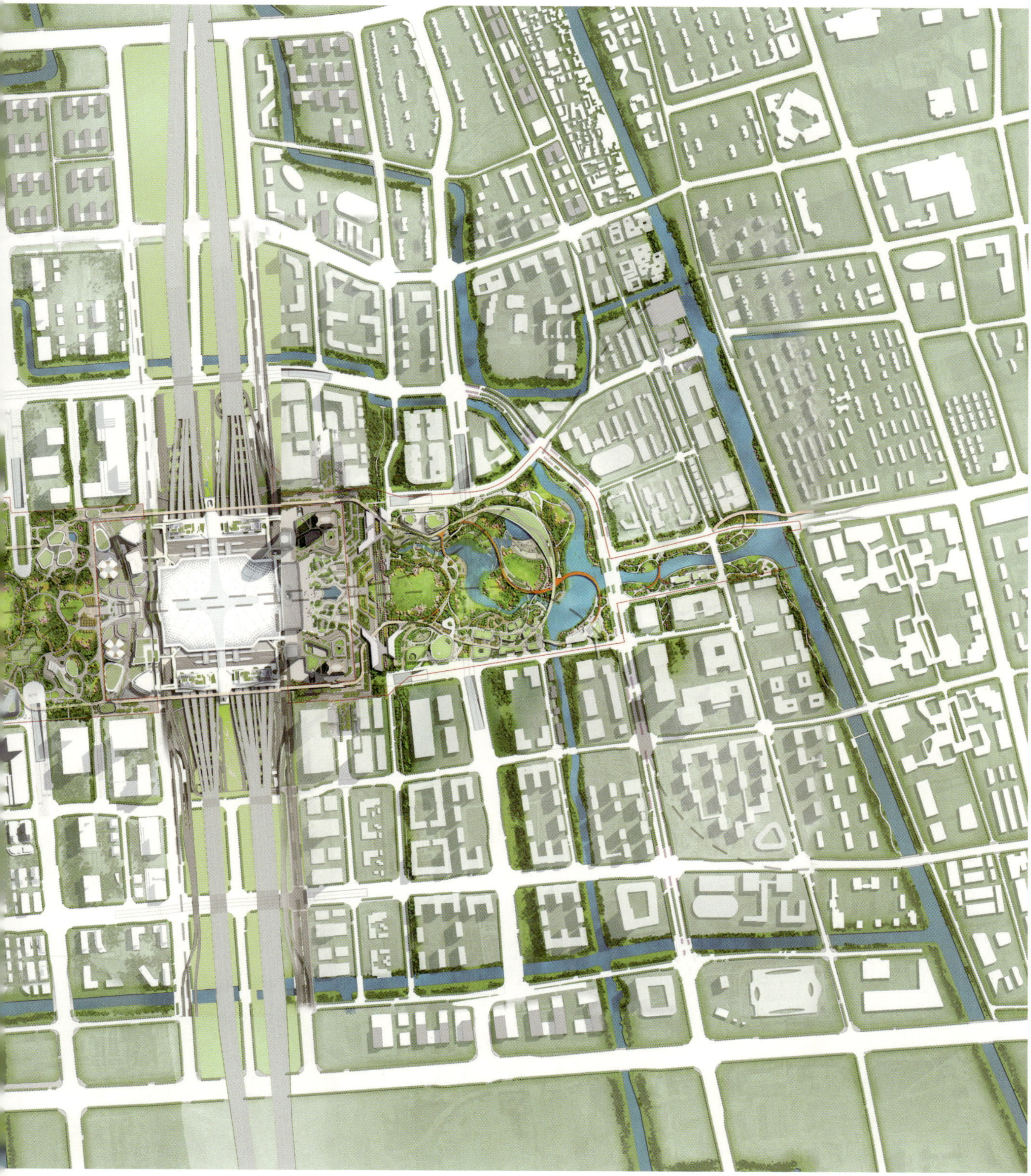

云盖：行走在城市天际线

建筑跨度的成就乃是伟大文明的试金石，不同的时代有着不同的建构形式和材料。在站城融合背景下，站房主要空间应尽量减少建筑支座的数量和体积，形成开阔、通畅的大跨空间，因此对结构体的空间跨越能力要求更高。

面向苍穹：大跨度空间的演进

在古代，大跨度空间建筑的主要舞台是集会空间，是与他人共享、祈祷、交流的场所——神的居所或敬神的殿堂，而实现大跨度空间结构的主要形式是拱券和穹隆。罗马人发明制造的混凝土材料和模板浇筑技术，让大空间的规模与自由度发生质的飞跃，万神庙穹顶直径 43.3 米，对那个时代的人而言堪称奇迹。此后的一千多年中，无论是哥特教堂采用的更为轻巧的交叉拱顶技术，还是文艺复兴式、巴洛克式大教堂跨度巨大的空间，都令人叹为观止。穹顶形式的实现都是依靠砖石砌体结构，这种结构形式最大限度发挥了砖石的抗压能力。大跨空间结构的形态既是形成结构基本传力途径的基础，形态作用于结构中，又是文化性的建构，超大尺度的结构形式与建筑表达，不仅唤起崇高的宗教精神，也将砖石的材料特性和加筋砌体结构的建造技术推向了极致。

近代以后，上千年来基于石头和木材的经典建筑、建造技艺在工业时代发生转折。借助新型的钢铁材料、生产技术和建造技术，19 世纪的工厂、火车站、展览会建筑超越大教堂，成为新的城市之冠。正如安妮特·勒古耶在《超越钢结构》中所说，“钢的运用是非常重要的……人类第一次处理这种具有强大受压能力的强劲材料。这种材料将显著改变形式和空间的本性，促进高层和大跨度建筑的发展，把围合建筑从承担一定荷载的束缚中解放出来，迎接机械时代的到来”。如果说水晶宫是 19 世纪英国工业革命的象征物，工业感造型十足的铁架玻璃外形预示着钢结构建筑时代的来临，那么圣潘克拉斯火车站则被誉为火车大教堂，表达着一个时代对于火车机器、自由移动的信仰。

早期的钢铁框架、大跨桁架结构以经济性为准则，过分强调系列生产的定量化标准和安全系数，僵硬的结构系统无视荷载变化而致构件断面过大，限制了钢铁艺术表现的可能性。20 世纪以后，随着技术进步和数字化控制的发展，精细的构件可以通过机械化生产实现，曾经被视为“现代”的钢框架结构、钢筋混凝土框架结构和大跨度钢结构已成为常

1

规，新一代的“现代”结构是网架结构、网壳结构、索结构、张拉膜结构等。形态各异的大跨空间结构在体育场馆、会展中心、影剧院、大型商场、工厂车间等公共建筑中得到广泛应用。

进入21世纪，材料、力学、加工、建造乃至文化与社会都在发生巨大变革。借助计算机辅助设计和超高的计算能力、模型能力，传统的结构计算转向结构设计，挖掘出结构在建筑形态表现上的无穷可能性。那些宛如自然生长的、生机盎然的有机大跨形式，以精妙的结构将建筑提升到更高的境界——从机械性的机器容器变成了宛如有机生命体般的共享空间。从神圣空间到机械空间，再到人的有机空间，大跨度结构的诗意表达和空间创造，给人们的日常生活提供了实实在在的时空变化和新奇体验。

2012年伦敦奥运会之前，总投资5.5亿英镑、历时7年的国王十字车站改造工程竣工并向公众开放。作为目前欧洲单体跨度最大的车站建筑，这座由John McAslan+Partners（JMP）与ARUP结构工程师通力

1 建设中的杭州西站屋盖
2 站在屋盖上，云淡天高
3 屋盖的建设过程

合作的作品，以精妙的结构实现了先锋的形式探索。它在 19 世纪刘易斯·库比特设计的原有车站以及 21 世纪的建筑之间建立非同寻常的对话。设计师为车站重新定向，车站主入口从南面移至现有车站西侧，新建的半圆拱形大厅面积约为 7 500 平方米，高约 20 米，横跨一级保护建筑西楼的 150 米面宽，由极具表现力的一个锥形中央树状结构和周围 16 棵树形柱支撑。精细的金属构件连接舒展，将整座大厅拉结成一个巨大的整体结构，空间的升起浑然一体，形成一个真正连续的装配性结构、一种严谨而富有表现力的结构关系，非常优雅也十分现代。主结构上方的次结构采用铝板和玻璃，遮风挡雨的同时提供充足的自然采光，创造了一个透明、开放、亲和的城市公共空间。

如果说国王十字车站西大厅半圆拱形屋架结构是整体性和清晰性的简约表达，那么京都车站的曲面网架则显得暧昧不清。屋架外沿轮廓高低错落、曲折多变，在各种尺度间实现灵活多变的叠加，具有难以尽述的多重性和多面性。

覆盖京都站城综合体的曲面屋架并非完全闭合的整体结构，其东西两端是有留白的、开放的，以轻盈、不着痕迹的方式吸纳自然，建筑和自然、城市之间处于一种混沌的对话状态。站在大阶梯的原点，可以切身感受到多重自然介入的空间氛围——流动的空气、变幻的光影、穿梭的人群，扑面而来的巨幅风景让人瞬间领悟到一种崭新的城市维度，非凡的空间感油然而生。

云盖：十字桁架与立体网架的交响

杭州西站的站房屋盖采用了十字形的钢桁架和空间网架结构的组合形式，垂轨方向结构总长约 325 米，柱网中间跨度 72 米，其余典型跨度为 22 米、23.5 米，顺轨方向总长约 245 米，柱网中间跨度 78 米，其余典型跨度 19 米、38 米。网架中心拱起，四角降低，相对高差最大约 18 米。拱起屋盖主体结构中间的十字形采光顶区域采用正交双向平面桁架，周边四个象限区采用斜放四角锥网架，网架下方由吊顶覆盖。采光顶桁架延伸至支承柱头，形成网架内“暗桁架”连接。

云厅大跨度空间中的立柱是结构力流传递的必经之路，为整个屋盖提供竖向支承。站厅采用的梭形钢管柱不仅仅提供支撑，也是空间意象表达的要素。高耸的立柱设计上做了变截面处理，下粗上细，就像帆船的桅杆，表达一种漂浮感，让云厅的屋顶像云一样漂浮起来而不是带来压抑感。另外，大跨度空间结构中的柱网并非均匀布局：顺轨方向柱网

1

2

3

1 鸟瞰杭州西站屋盖的建设过程

2 屋盖下的云厅空间

3 屋盖的建设过程

杭州西站屋盖与伸向远方的铁轨

1 云厅中的屋盖结构

2 屋盖结构生成示意图

中间跨度 78 米，中心无柱空间正对站厅东西主入口；垂轨方向柱网中间跨度 72 米，中心无柱空间极大拓展了大空间的视野。站厅南北映射的巨幅风景让人看见一种崭新的城市维度：北面吴山、寡山的山水田园风景如展开的画卷；南面则完整展示着云门广场和云洞外的科技城，建筑和自然山水、城市之间处于一种混沌的对话状态。

结构构件是建筑形态构成的骨骼，云厅外露的十字桁架结构不仅揭示了大跨空间结构的生成逻辑和空间秩序，同时也展示着结构自身所蕴藏的表现力和装饰性：整体而言，云厅中央正交的大跨钢桁架阳刚而充满力度，拱起的曲面构形柔和而灵动，二者刚柔并济，构成一种轻盈、通透、流动向上的整体美感，藏匿于结构中的灯光布设，使其在夜空下宛如熠熠闪耀的十字星，塑造了壮阔的建筑景观；就细部而言，桁架的矩形管构件同样兼具表现功能，通过精心设计的比例、尺度、节点，展现了结构自身的韵律感和线性图案的表现力，使之成为可以与乘客对话的重要建筑语言。

西站云厅屋面的覆盖结构与下部的支撑结构之间，并没有一味追求

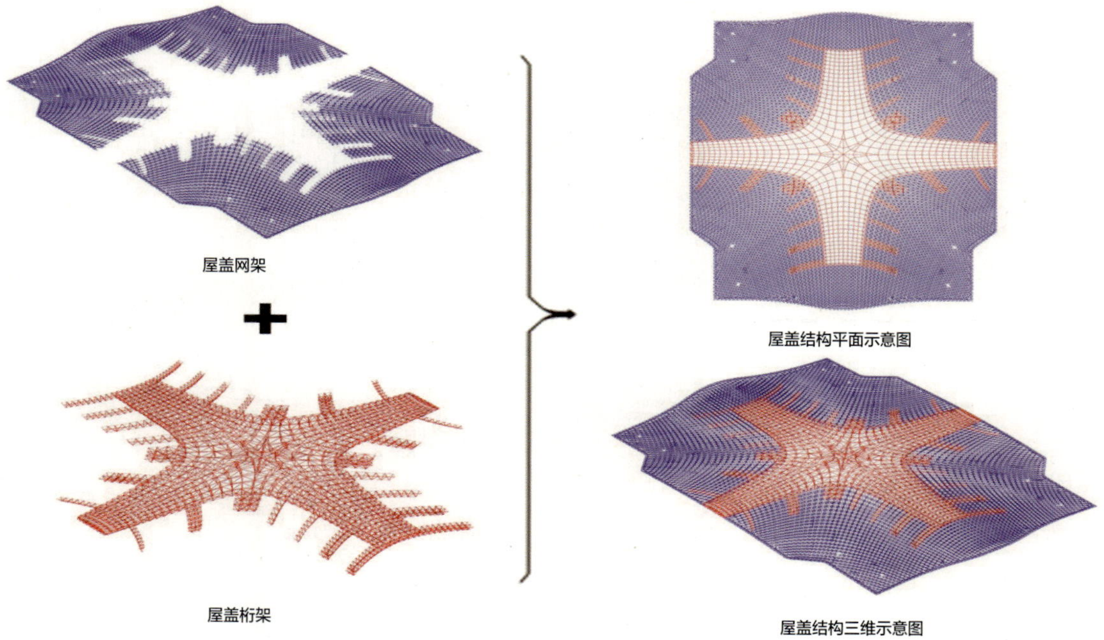

2

1

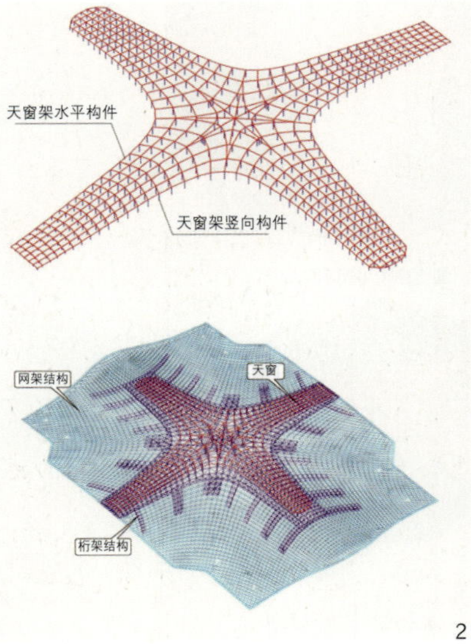

2

3

1 杭州西站屋盖后的城市建筑群

2，3 屋盖结构分析与建成实景对应

4 清晰半透明的几何屋盖结构

4

"极限跨度"，而是在力流与体验、功能之间作出平衡。非均匀布置的柱网与支撑、中心周边不同的立柱形式、人性化的模数缩放等，不仅与结构受力相关，也带来细腻多变的空间体验，体现了精细化设计的深度。巨大的拱形屋盖之下，中心部位的大跨拱顶屋面最高、跨度最大，正交形式的屋盖开口带来自然光的引导，下方没有柱子遮挡视线，对景城市与山水风景；周边小跨区域则会多一些柱子，为服务夹层提供支撑，并整合辅助空间、小构筑单元等。结构与建筑形态、功能的耦合保证了大空间的纯粹，使用者在大厅的任何位置都能感受到空间的整体性，云厅成为超越站厅功能而存在的、精神意味上的经典。

延伸阅读

云厅：吊顶生成的明快空间

西站候车厅不同于传统候车厅室内空间的灰暗，在多云天气里仍能使人感受到明快温暖，这是空间设计和建筑材料的融洽应用。

为了创造出明快、简约的候车厅空间场景，体现多“云”的意象，吊顶材料最终选中冲孔铝单板，集合了高透射率、轻盈、通透等优点。然而，由于候车厅板材的大尺度、复杂孔型、高要求涂层等因素，给材料的施工带来了巨大挑战。

候车厅吊顶经历了两次样板设计过程。第一次工程样板是由设计指导施工单位实施，样板实施效果不是很理想，领导、业主、施工单位都对造型方案是否能实现预期效果提出了质疑。第二次工程样板实施中，施工单位也修改和深化了一版工程样板方案，设计团队要与施工单位进行一轮方案比选，实在是压力重重。设计团队吸取第一次的经验，提出了 8 项系统性优化措施，最终样板的实施效果超过预期。在两套样板比选定样前，程泰宁院士会同杭州市有关领导，与国铁集团领导进行了充分的协商与沟通，阐明了采用设计主导的大吊顶技术方案对工程的重要性，同时国铁集团领导在仔细了解了相关技术细节后，也对设计团队表达了理解和支持，对这套样板进行了充分肯定并最终确认为实施方案。

贝壳重生：大厅统一性和整体性

“行至水阔处，坐看云起时”，这是程泰宁院士对杭州西站总体空间的设想。杭州西站空间多采用弧线元素，达成整体形态的统一。他强调，西站的意象不能仅仅靠吊顶、天窗等大体量建筑物塑造，进站小罩棚也是必不可少的一部分。

进站小罩棚尺度大而数量多，直接影响着空间整体效果。在设计过程中，程泰宁院士一直在思考这部分如何表达。设计团队提出了七八种方案。其中，一位大学刚毕业的年轻同事做的轮廓圆润的流线型方案，被程院士一眼看中。由于各种原因，这个方案的深化工作被阴差阳错地搁置了。两三个月后，在初步设计方案正式上会前，程泰宁院士拿到最新的效果图，发现罩棚的造型并不是当时的那版设计方案，很生气，责备了陈立国。

陈立国事后细细想来，程院士其实并非真正的责备，而意在反复强调做设计的原则，即一定要注重项目设计意象的统一性和整体性，这个原则后来也成为筑境的指导思想，落实到每一个项目中。

色彩妥协和基调统一

程院士希望西站和云门的基础色调沉着干净，避免过于出挑。最初，设计团队考虑采用仿木纹色铝板以增强温馨感。然而，程院士认为全面采用木纹色铝板太过沉重，提议将进站罩棚的铝板改为与立面颜色统一的浅香槟银色。一次集中检查中，一位领导认为西站的整体色调过于朴素，建议将罩棚铝板的颜色改为金色。施工单位根据其他项目的经验提供了几种金色的小样，现场随即确定了一组视觉样板，并决定按此实施。得知此事后，设计团队认为这组样板的颜色与西站整体和其他建筑元素不太匹配，立即展开工作。经过对比和筛选数十种金色小样，设计团队最终选择了一种类似香槟色的沉着金色，并说服业主进行更换。然而，最终结果与程院士对整体空间建筑效果的期望还存在较大差距。

在西站开通前，程院士发现现场照片中的颜色仍然是金色，感到十分生气，并质问团队为何没有修改到位。团队只能如实交代事情的经过。程院士听完后，似乎也理解了其中的困境，说这个颜色看起来也有点顺眼。团队在会议时感叹道“实际上，我们都很清楚，这只是建立在理解之上的一种安慰而已。”

疫情管控：但工程不能停

上海疫情管控的两三个月，是筑境设计（上海）副总工程师金智洋二十多年设计生涯中一段非常难忘的经历。一家老小全部窝在家里，工作、生活、学习都压缩在有限的空间中。买菜接龙购物、网课学习、视频会议成为常态，小孩、家长、老人共同生活在几步之遥的空间范围内，彼此的活动总会相互影响。即便如此，西站项目经常全天排满网络会议，甚至连中午吃饭也只有半小时。但是上海因为疫情管控没有外卖，网络又断断续续，导致作息无法正常——当杭州同事中午开始用餐时，金智洋和上海的同事才刚开始着手找食物……但是西站工程有很多汇报文件要做，密集的工作和紧张的生活让她一度感到崩溃。

疫情期间，金智洋完成了照明专项、标识专项、贵宾专项、室内专项等工作，几大专项不断进行调整和改进，光文本就有六七十份。回顾这段经历，她体验了身心在非常态下的历练，无数个夜晚的失眠和焦急，等待着工作的信息、订购的食物、核酸的检测结果，使她对人生中的困难有了更深刻的理解。然而，这一切也让她更加成熟和坚强。当金智洋再次站在西站的工地上，她再次感受到了生活的美好，并期待着最后的完工冲刺。这一刻，她不再是一个渺小的个体，而是与团队一起汇聚成的巨大的向上力量。

绿城绿站：节地、节能、节水和智能

在国家“双碳”目标的重大战略指引下，铁路站房综合体建设的节能节地问题亟需引起关注。在规划设计和站型选择上，需要研究探索站房站场的三维立体、多业态复合等设计方法，以达到集约高效的目标；在节能技术方面，需结合站房建筑体量巨大等特点，有针对性地开发相应的技术和新能源材料，以满足不断更新的站房建筑的设计需求。

从空中俯瞰，巨构站房水平延伸的人工地景形式极具表现力，蓝色十字天窗与白色屋盖板、黑色光伏板的组合，东西向延伸的高架铁轨，演绎着未来感、高科技，如同一颗“跳动的心脏”，鲜活生动地展现着绿色生命的磅礴力量。

绿色是杭城高质量发展的鲜明底色。生态优先、绿色低碳，从规划伊始就镌刻在西站的基因中。在宏观尺度上，以高密度的高铁组团置换山水林田湖草生态自然保护的空间，以现代产业体系构建推进生态资源

1 云厅中空间的嵌套

保护利用。站城从绿水青山湿地中拔地而起，南北中轴线上延展出一心、一园、一带，串联起联山融水的人文生态走廊，与余杭塘河、寡山、吴山形成山水呼应、南北沟通的自然生态格局，实现枢纽系统与外部环境之间的“三生”（生产、生活、生态）融合。在建筑尺度上，设计充分考虑建筑所在地域的气候、环境、资源，结合场地特征和建筑功能进行技术分析，以更智慧、创新、优质的空间设计，减少城市与自然间的隔阂，显著提高土地、能源、资源的利用效率和建筑性能。

据统计，目前人类所消耗的能源中，三分之一以上被用来支撑建筑物的运行；人类所排放的各类污水中，也有四分之一源于建筑；在造成地球变暖的二氧化碳排放中，大约三分之一是直接或间接地源于建筑物的建造和使用。在大规模的现代化城市开发中，如何尽量减少建筑对自然环境的影响，节地、节能、节水、节材，通过最少的土地、能源、资源消耗，实现城市绿色低碳的可持续发展？如何创造新一代的城市环境，通过绿色与低碳设计，为高密度城市、高品质生活提供可持续的生态空间支撑？

对杭州西站设计者而言，可持续性绝不仅是能源效能，还包括附加价值、弹性甚至是用户体验的好坏；可持续性是动态的整个过程，在规划设计、施工建造、运营维护乃至更新改造的建筑全生命周期中都应该有所体现；可持续性不仅控制建筑对环境的影响，也在倡导一种低能源消耗的工作生活模式，降低使用者对汽车出行的依赖。作为社会进步风向标的大型公共建筑，环境可持续因素在建筑规划设计中起到了越来越显著的作用。从规划设计开始，如何尽量减少能耗，设计和建造一个可持续的未来站城，是建筑在基本布局、造型、材料选取和细节设计方面的重要推动力。围绕地、光、热、风、水、绿、智慧等关键词，诸多选择如涓涓细流，整合起来构成了大写的绿色建筑。

2021 年 5 月，杭州西站枢纽获得国家绿色建筑三星级认证。这标志着西站枢纽在设计、建设中践行的绿色发展理念获得权威认可。西站是杭州首座交通枢纽类三星级建筑，开启了杭州绿色生态城区建设新起点。从平面延展、独立而封闭的城市孤岛，到垂直立体、开放共享的城市基础设施网络节点，维度的转变，不仅是空间生成方式的转换，更是清晰地呈现出思维模式的根本转变。它是生态文明时代对现代功能主义的一种修正，绿色与低碳设计演变为城市空间竞争力的转化和提升，在城市化进程中实现环境的可持续发展。

1

节地：以站城融合为出发点

站城融合下的铁路客站需要着重考虑节地措施。新建客站可以考虑地上空间节地与地下空间节地的措施，通过提高客站上盖空间、地面空间及地下空间的利用率，达到节地的目的。

城市发展程度的一个重要指标，就是城区对土地利用效率的提升。

进入 21 世纪，全球城市化进程处于不断加速的状态中，世界城市发展出现高密度化趋势。尤其在东亚地区，人口高密度集聚，对土地利用和建筑空间的需求量巨大，空间利用呈现形态紧凑化、空间立体化、强度集约化的特点。作为城市核心区和交通网络上的重要节点，交通枢纽地区的用地开发向一体化、立体化的方向发展。以车站为中心的紧凑建设，成为城市绿色低碳、可持续发展的最佳方法之一。

以杭州西站为例：首先，高铁车站与城市其他交通设施的一体化建设在提升换乘效率的同时，不同形式交通工具所需空间的集约配置也能提高空间利用率。通过站场拉开、桥基站场、站场抬高、腰部进站等多维交通的立体复合型开发，市政交通与高铁线路分层上下叠合设置的形式，可以提升城市用地和高铁用地的效率化组织，较大程度地集约土地。一体化建设的交通基础设施网络在地面、空中、地下延伸，在立体空间层面与城市不同标高空间产生互动和连接，形成网络化的交通和服务功能的组织形式，融入城市的共同发展与提升中。比如桥基站场充分利用线下空间作为公交、长途、出租、私家车、地铁等城市交通的换乘空间，实现零换乘理念，节省出站前土地用于商业开发，提高了土地利用率，提升了站城融合度；站场抬高则通过站场高度增加形成线下复合空间，增加了城市功能的融入，并首创咽喉区桥下空间设置服务用房、停车区、出租等候区及绿化设施等，创造性地提升了站场土地的集约利用，也为公众提供了一处休闲运动场所，提升了站房建筑整体及周边的微环境。

其次，高铁车站与周边地区的联合开发、与城市功能布局的多元复合，在新的时空维度上定义了基础设施的空间范式。西站国铁红线与地方开发红线合并，同时增加竖向产权划分，使多方主体都能够共享城市立体空间的经济效益和开发价值；交通与不同功能的竖向横向复合、高密度紧凑聚集，提高了建筑的整体使用效率，实现城市土地空间的乘数利用：高架站台上方的雨棚上盖综合开发，31.1米平台构筑的空中步行景观连廊，站点周边的云门综合体、云门广场等，在站区打造多个区域节点，营造多层次的场所空间，更好匹配公众出行的多元需求。而高密度且具有多样性的街区同样吸引着创意创业人群。

1 云厅的遮阳构造

2 空中绿色花园概念方案

从具体数据来看西站的土地集约利用情况：①项目用地面积 32 公顷，站房综合体总建筑面积 51 万平方米，地上 5 层，地下 4 层，雨棚上盖开发建筑面积 5 万平方米，共 5 层；②场地内合理设置绿化用地，绿化率 13.39%；③在合理开发利用地下空间方面，地下建筑面积与总用地面积之比为 0.88，地下一层建筑面积与总用地面积的比率为 32%，地下空间主要功能为设备用房、地下车库、商业、地铁空间、办公用房等；④在设置停车场所方面，除了标高 24.1 米的候车层下方设置了地面社会车停车场外，更多的停车容量整合在地铁站厅层与地下停车夹层，一共 4 层停车区域，可以容纳超过 2000 辆车，统一通过地面层进入；⑤在提供便利的公共服务方面，本项目与城市共同使用、资源共享的配套设施设备包括了餐饮、便利店、地面停车位、车库、出租车蓄车场、绿地等。项目主要室外公共绿地为咽喉区广场及铁路桥下空间，24.1 米高架平台、雨棚上盖开发架空层、31.1 米空中花园，均全天免费向社会公众开放，半室外的下沉庭院、云谷等也对公众开放。

节能

中国传统哲学中“天人合一、道法自然”的理念，体现出传统文化中人与自然、建筑与环境和谐统一的共生思想。中国古代城市与建筑营建时，考察山川地理形势，择其形胜之处，因势随形而营邑立城，割宅筑室，这一整体构建模式在建成环境的各个维度都强调建筑与自然环境的融合统一。

21 世纪的高铁新城营造中，在大量人员汇集、分散、通过的巨大空间内，如何最大限度地利用自然资源，将环境负荷降低到最低限度，并

1 站房与雨棚上盖开发

实现明亮舒适的室内环境？项目积极运用传统建筑无能耗的被动型设计手法，结合最新科技手段，致力于光、热、风、绿、水等环境要素的改善，促进对自然采光和通风等天然能源的利用。自然要素的强大能量被引导入人工形态之中，自然中蓬勃旺盛的混沌之力得到转化利用，外部客体的自然力转化为建筑的内生环境，进而形成一种相互渗透、积极互动转化的密切关系。因循自然之力又生发出与先进技术的结合，通过无处不在的技术建构，达到有效利用和管理各类自然资源及能源、节能减排的绿色目标，进而形成一种更高层次的生态空间品质。

自然的采光

站场拉开后形成的中庭空间将自然光线直接引入昏暗的线下，不仅营造了舒适的环境，还极大地节约了站房内的照明能耗。站房大空间采光与遮阳需因地制宜转化设计，过分开放和过度封闭都是不可取的。

自然光线能够带来一种心理上的放松感，并营造出令人神清气爽的视觉环境和自在行走的舒适氛围。西站建筑方案充分考虑建筑所在地域的气候、环境、资源，通过站场拉开、站场抬高设计，让阳光和自然风贯穿车站内部，被动式的自然采光和通风设计舒适度高、能耗低且经济，成为绿色建筑三星评分的加分项。因地制宜的创新设计，显著提高了站房建筑的能源、资源利用效率和建筑性能，减少了照明系统、空调系统的能源消耗，并创造出舒适健康的高质量建筑环境。

项目通过站场分离设计，形成云谷，云谷上端东西两端开敞，向上贯通广场层、站台层，并与候车层局部相通；向下亦有多处开口贯通，在建筑中部形成了一个高敞空间。顶部采用透明十字天窗设计，12500平方米的拱形天窗引导自然光同步进入建筑地下，对整个建筑的采光具有显著的提升效果。外墙采用大面积玻璃幕墙，Low-e中空玻璃实现高隔热性能的同时，冬季亦可获得良好日照。根据天然采光模拟计算报告，主要功能空间（进站大厅、候车厅、办公室）天然采光达标比例高达88%，其中内区采光达标面积比例为71%，就连地下室自然采光达标面积比例也有22%。而且，进站厅、候车厅通过玻璃幕墙可以看见周边的自然景观和城市景观，室内光环境与视野一流。另外，站台上方设置通风口，将自然采光和通风引入站台层，最大化提升站台旅客等候期间的舒适度和空气质量。

对于自然光、热的利用不仅需要采光，也要考虑遮阳与保温隔热。建筑遮阳尤其是建筑外遮阳，对于建筑保温隔热、装饰调光、环保节能

1 十字天窗的遮阳系统

2 建筑侧窗通排风

都具有重要意义。而屋顶、墙面保温隔热性能，又是影响建筑使用能耗的重要指标，高性能的遮阳、保温围护结构可以有效降低空调采暖负荷。

项目大空间玻璃幕墙采用 Low-e 中空玻璃，达到阻断热辐射、仅供采光的目的，提升了围护结构的热工性能。站房东西立面采用可调内遮阳和固定外遮阳形式。高架候车室旅服夹层东西立面设置内部电动遮阳帘和外挑檐外遮阳，可有效降低夏季太阳辐射得热，避免西晒给大面积玻璃带来的强大热负荷；屋顶大天窗采用磨砂玻璃和内遮阳措施（法拉利技术织物遮阳帘），室外强烈的直射阳光改变为柔和的漫射天光后引导至室内深处，且天窗面积不超过屋盖面积的 20%，可有效防止夏季太阳辐射，由此供暖空调全年计算负荷降低幅度达到 5.32%。

项目屋面采用高效隔热反射材料，提升建筑保温隔热效果。金属屋面表面采用辐射制冷膜，5.6 万平方米辐射制冷膜如同盔甲，能将屋面热量反射到空中，改善天窗得热系数，降低屋面板辐射温度，进而减小室内空调能耗。数据显示，采用辐射制冷膜，可实现整体空调系统综合年节能率 35%~45%，电力需求削峰比约 60%。

2

自然的通风

从城市生态框架的视角来看，大而密集的建筑群有碍城市通风。西站设计通过站场拉开产生的东西向云谷、桥基站场产生的南北向城市通廊，自然之气贯穿、弥漫于站场内外，将自然的韵律和节奏纳入站房巨构的运转体系中，有效弥合自然与人工两个世界的裂痕，改善站区整体的生态循环系统。十字廊道不仅是交通走廊，也是通风廊道（风道），不同季节的盛行风被充分引入站区深处，自然通风系统不仅能够减少空调系统的能源消耗，更有助于在街道高度上驱散交通广场大量机动车排放的污染物，降低高密度建筑群的热岛效应，营造人们可以自在行走的舒适氛围。

云谷开口方向与杭州当地夏季主导风向一致，可以在夏季将自然风导入室内。加上桥基站场、南北城市通廊，场地内风环境有利于室外行走、活动和建筑的自然通风。根据场地风环境模拟分析报告，在过渡季、夏季典型风速和风向条件下，场地内风场分布均匀，人活动区不会出现无风区和涡旋，通风良好，形成舒适的室外环境。另外，桥基站场使得红线范围内户外活动场地（步道、庭院、广场、停车场等）有构筑物等遮荫措施的面积比例达到 57.89%，在炎热夏季可以有效降低热岛效应强度，改善线下空间旅客的体验和感受。

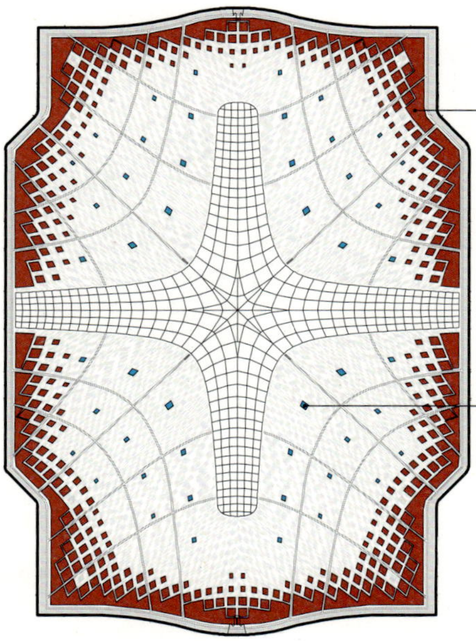

1

站房室内的空气流通，直接受到窗口位置、大小的影响。站房外窗可开启面积比例在 35% 以上，玻璃幕墙可开启面积达到 13%，且室内外表面的风压差大于 0.5 帕斯卡的可开启外窗的面积比例为 92.06%。经过室内自然通风模拟可知，主要功能房间平均自然通风换气次数大于 2 次 / 小时的面积比例为 87%，室内通风环境良好。适合杭州气候特点的风向导流设计，依靠开启和关闭形成自然的空气流动，提升了场所舒适性。

在西站，外窗开启与室外温度感应联动，通过智慧型室内外感应器，实时监测站房不同朝向、不同高度开启扇处的风力、风向、雨量、温度、湿度、$PM_{2.5}$、噪声等数据，通过智能化系统分析，实时控制该区域开启扇的开启关闭及适宜的开启角度，还可接入车站 FAS、BAS 系统和智慧中脑系统，实现智能化的消防排烟和日常自然通风功能，为旅客带来更舒适的出行体验。

高效的系统与设备

今天，我们生活在一个技术无所不在的世界，我们的生活无法不依赖技术的建构。作为大型公共建筑，从保护地球环境和降低运营成本的观点出发，项目运用了目前行之有效的各种环保技术：积极运用自然采光、自然通风等自然能源，积极利用清洁的可再生能源，灵活利用富余资源，采用高效低耗的系统和机电设备，充实和完善设施设备的运营管理和能源管理等。通过一系列的技术开发运用，项目在绿色建筑“节能

1 西站屋盖单晶硅光伏组件及采光排烟窗布置示意图
2 绿色的屋顶花园概念方案

与能源利用”指标上的评分达到 71.88 分（百分制），整体空调系统综合年节能率约 35%~45%，电力需求削峰比约 60%，建筑全生命周期内的二氧化碳排放量消减 13.82%，实现节能降耗效率的显著提高。

在供暖、通风与空调系统方面采取以下措施：供暖空调系统的冷、热源机组能效均优于国家标准，高能效冷热源机组和低空调冷热水循环泵电输热比的结合让项目冬季采暖、夏季供冷能耗有效减少；合理选择和优化供暖、通风与空调系统，根据模拟结果统计，与参照建筑相比，系统年能耗降低幅度在 10.36%；采取措施降低部分负荷、部分空间使用下的供暖、通风与空调系统能耗——按照使用时间、温度、湿度、朝向、功能，细分供暖、空调区域，对系统进行分区控制；根据负荷变化，合理选配空调冷、热源机组台数与容量；水系统、风系统采用变频技术，且采取相应的水力平衡措施。

在照明与电气方面，首先，走廊、楼梯间、门厅、大堂、大空间、地下停车场等场所的照明系统采取分区、光感应等节能控制措施。例如：在地下车库，采用无感节能控制，人来灯亮、人走灯灭；在站台层，智能照明系统可根据人流量、列车进出站、天气变化，调整开灯数量、调节灯光照度——当列车进站时，系统会增开站台灯；无车时，自动关闭部分灯光，使照度调整为最低保证照度。其次，室外夜景照明采用集中分组、夜间减光的方式，照明功率密度值达到现行国家标准。此外，合理选用电梯和自动扶梯，并采取电梯群控、扶梯自动启停等节能控制措施，以及合理选用节能型电气设备等。

在能量综合利用方面，项目在降低电力负荷的基础上，还引进了冰蓄冷系统在夜间储存能量，蓄冷装置所提供冷量占设计日空调冷量的比

2

例为 30.8%。该系统设备选用成熟、可靠、性能好的优质产品；采用效率最高、控制最简单可靠、使用最灵活的串联系统；控制功能强大，采用负荷预测与优化技术，可根据负荷波动全自动智能化运行，充分保证空调效果，并尽可能降低运行成本。

可再生的能源

要实现建筑节能，行之有效的方法不外乎两个方面：一是节流，提高能效，比如积极运用被动式无能耗的设计，采用高效节能的新型设备和系统等，在满足功能的前提条件下减少能源消耗；二是开源，扩大与充实可再生能源的应用范围，通过增加太阳能、风能、地热能、空气能等绿色能源供给，减少对化石能源电力的需求。项目也充分利用以太阳能为代表的可再生自然能源。

站房屋顶铺设了面积 1.5 万平方米、装机容量 3 兆瓦的 7540 块 400 瓦特峰值单晶硅光伏组件，组件利用站顶资源，采用“自发自用，余电上网”方式为整个车站带来源源不断的能源。预计该光伏发电年均发电量可达 231 万千瓦时，每年可节约标准煤 830 余吨，减少二氧化碳排放 2300 余吨，能够为车站广告、商业、空调等设施使用，有效降低车站用电成本。

光电之外还有光热，项目由可再生能源提供的生活用热水比例为 100%。在公共卫生间、母婴室、贵宾候车室第三卫生间、办公区淋浴间设置生活热水供应，由空气源热泵方式提供。按照规范折减计算，实际由可再生能源提供的生活热水比例为 60%。

1 站房屋顶的光伏组件

2 西站绿色生态构想

节水和绿化

节水与海绵体

2013年华沙气候大会上，中国正式发布了《国家适应气候变化战略》，并在城市层面提出建设“海绵城市”，意指城市能够像海绵一样，在适应环境变化和应对自然灾害等方面具有良好的“弹性”。下雨时吸水、蓄水、渗水、净水，需要时将蓄存的水“释放”并加以利用，提升城市生态系统功能，减少城市洪涝灾害的发生。海绵城市的核心，是低影响开发雨水系统的构建。有弹性的海绵体是多模式、分布式、自组织、微循环的复杂系统，以“慢排缓释”和“源头分散”控制为主要规划设计理念，是对传统排水系统的一种减负和补充，显著增强城市韧性。

杭州西站项目设计充分利用场地空间设置绿色雨水基础设施，统筹发挥自然生态功能和人工干预功能，有效控制雨水径流，实现自然积存、自然渗透、自然净化的城市发展模式。项目采用场地内雨水控制模式，以“渗、滞、留、蓄、净、用、排”为原则，根据当地气候、地形地貌等特点合理规划雨水入渗、排放和利用，实现雨水径流总量控制和径流污染控制等目标要求，不仅设置有调蓄雨水功能的下凹式绿地，硬质铺装地面中也设置有透水铺装。其中，透水沥青、透水地砖主要铺装在铁路桥下空间及咽喉区广场，透水铺装下预埋渗水盲管，收集溢流下渗雨水至附近雨水井，集中排放至市政管网。

2

在雨水利用方面，项目结合雨水设施进行景观水体补水、绿化浇灌、道路浇洒等：景观水体利用雨水的补水量占水体蒸发量的100%，采用生态水处理技术保障水体水质，采用灯心草、睡莲、花叶芦竹、旱伞草、矮蒲苇等耐淹植物对水体进行自然净化。绿化浇洒方面，下沉绿地收集雨水再经过处理后用于区域内绿化的喷灌和滴灌。其他用水包括道路浇洒、车库冲洗、洗车用水，加上绿化浇灌，项目中非传统水源利用率占到总用水量的10.49%。

在节水器具与设备方面，土建工程与装修工程一体化设计，卫生洁具采用感应式、用水效率达到1级的节水型卫生器具；绿化灌溉设置节水喷头、土壤湿度感应器、雨天关闭装置等节水控制措施，采用高效节水灌溉方式或节水控制措施的绿化面积比例为90%；空调设备采用冷却塔系统时，循环冷却水系统采用节水冷却技术；在其他用水中道路浇洒、车库冲洗、洗车用水，均采用节水高压水枪，节水技术或措施的应用比例达到100%。

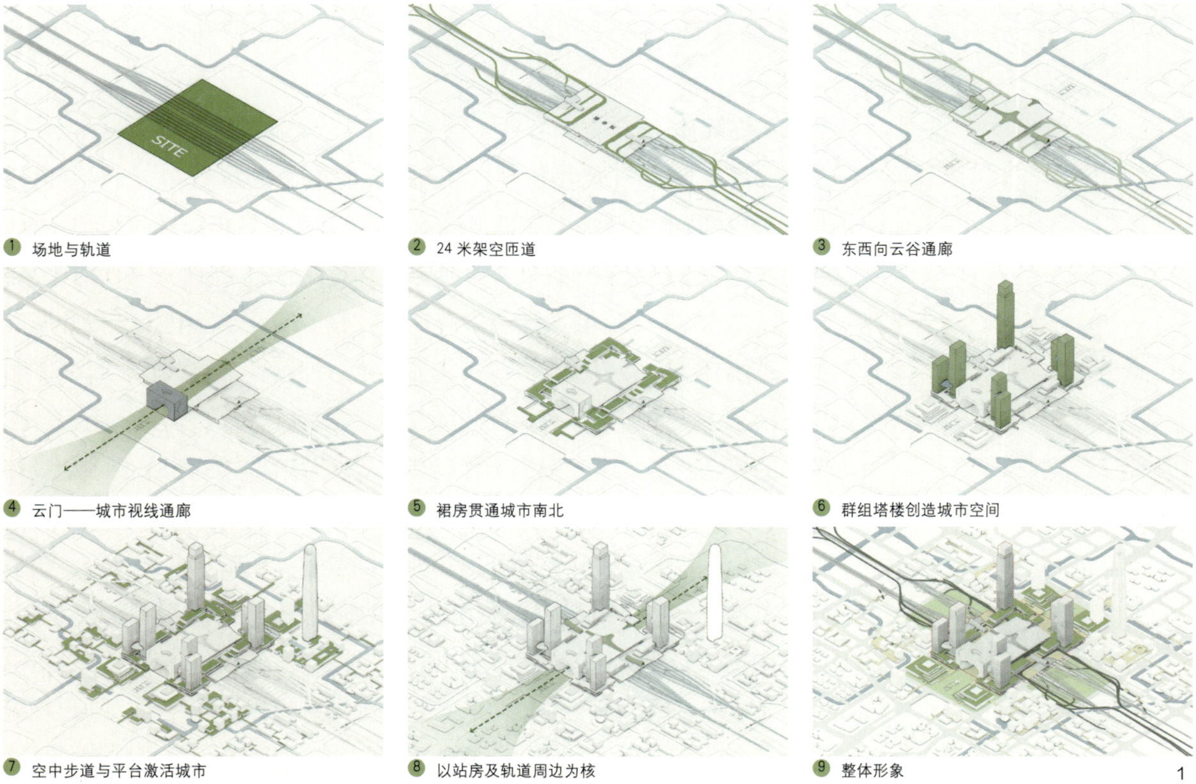

绿色与生态

21 世纪，随着人口剧增和城市化加剧，高密度城市的土地资源愈加紧张，绿色空间的建设形式不再局限于传统的较大尺度的公园。西站的绿色不在于多，而在于整体性与良好布局，利用地下、地面、空中的边角余地和零散空间“见缝插绿”，多样化的绿色空间形成多维度、多空间体系构成的立体回游场所，成为自由漫步、交流以及碰撞交往的公共空间和休闲场所——地面的咽喉区广场、桥下空间，空中的 24.1 米高架平台、雨棚上盖开发架空层和 31.1 米高线景观廊道，还有地下半室外的下沉庭院、云谷等。西站的绿地面积超过 4 万平方米，绿地率 13.39%。

杭州具有优良的气候条件和生物多样性。从生态需求和景观营造角度考虑，基于场地良好的水文土壤条件，以及开放空间定位，西站总体选用多种类型的乡土植物打造绿色景观：以杭州当地原有乡土植物作为植物造景主基调，“乔、灌、草、藤”复合结构作为植物造景主构架；结合植物生态习性，突出特色，并依据水位变化选择不同植物，包括连续水淹（浮水、挺水）、间断水淹（耐长期深水浸泡的植物）、季节性、偶尔水淹（耐短期水淹的植物）；在树种选择方面考虑观赏性和科学性密切结合，以乡土植物为骨干树种，耐水湿、抗风的树种为基础树种，同时兼顾树姿、季相变化

1 方案生成分析示意图

等因素，适当选取新优品种，对各个区域进行植物配置。

在未来的三年、五年、十年——随着时间的推移，人们置身于场地中将有完全不同的视觉及心理感受：在浓密的林荫下，在水边的疏林草地旁，在体现场地记忆的水生植物群落间，忙碌于城市喧嚣中的人们将能够体验到真正的宁静与自然。整个场地将是一处与时间、岁月共同运动变化的生态景观区，通过乡土性的植物种植、生态群落的演替发展，形成可持续的绿色生态景观。

从站房综合体的视角来看，适应当地气候和土壤条件的植物种植，乔、灌、草结合的复层绿化，结合雨水利用设施进行的景观水体设计等，林林总总的微绿空间改善了局地微气候，提升了站房内外的环境质量。从城市生态框架的视角来看，站场拉开产生的东西向云谷和桥基站场产生的南北向城市通廊，改善了站区整体的生态循环系统；通过生态廊道将城市内部绿色空间连接在一起，形成多尺度的绿色网络，不仅增加了城市中动植物的可栖息地，提升了城市的生态功能，也增强了城市对自然灾害，尤其是雨洪灾害的适应性。由此，绿色基础设施与城市生态安全网络的构建联结了在一起。

杭州西站创新设计将绿色景观塑造的空间纳入城市基础设施延展开来的范畴，不仅有小尺度的点状景观设施，也有宏观尺度景观系统规划的考量。绿色景观作为有效的空间组织方式，扮演着构建城市生态基础设施、联结城市公共活动的重要角色。在规划之初，设计师就将城市街道、站房线下线上开放空间以及城市公共空间作为一个整体来考虑，设置一系列无层级关系的景观条带，承接原有的城市肌理，创造连续的城市网络。站区散点微绿串联成带，与城市大尺度的街道广场、公园绿地乃至自然山水、乡野田园连通互动，方便枢纽站使用者、站区 CBD 与科创园区人员、周边居民的自由穿越、休闲漫步、慢跑骑行，既提升了站场的亲和力，缓解了站区空间原有封闭疏离的负面形象，也提升了大公园和乡野田园的可达性。

人与自然是生命共同体。生态绿色不是城市的点缀，而是能承载产业、转换价值的绿色基础设施。在创新经济、共享经济、运动健康等新浪潮席卷的 21 世纪，这些非传统的绿色空间由单纯的自然载体，转变为可以承担城市功能的组织元素，介入西站场地的空间组织。多功能、多效益的绿色空间作为连接城市、自然及人群的介质，融合了不同人群的多元诉求，在激活新城活力、塑造获得感、归属感方面作用明显，成为这座山水融城、魅力包容的高铁新城迈向绿色未来的生动写照。

智能与全生命周期的考量

如果将站城视作一个生命体，建设完成之后才是它的常态。基于生命周期分析的研究表明，建筑的能源消耗和二氧化碳排放主要集中在建造和使用过程，尤其是长达数十年的使用过程中。推进绿色低碳建筑的实现必须考虑全生命周期的能源管理和建筑管理，需要建立“反馈—动态调整”的循环，才能保持复杂系统的平衡。

车站枢纽就是城市中的超级有机体，具有立体空间多层次、分类整合多功能以及人流高密度且变化大的特点，并表现出非线性、涌现性等复杂特征，又与城市、自然之间形成复杂而开放的关联，在全生命历程中不断地与他者互动、转化，时时刻刻从外部环境中摄取负熵，进行物质和能量的交换，又始终处于流动的平衡状态。车站枢纽的智能控制系统就像一位辛勤劳作、细心呵护的“园丁”，在数字化应用场景中捕捉、感知站城复杂的生命系统，使系统的各要素之间产生协调动作和相干效应，维系生命体可持续的、健康的、日复一日的运转。

为适应数字化转型的浪潮，高效智能的西站将建筑技术与信息技术集成应用，形成软硬件一体化。消防报警系统、闭路监控系统、门禁管理系统、停车场管理系统、站房自控系统、能源管理系统、背景音乐及紧急广播系统、计算机网络、水电气三表抄送系统、电梯控制系统、泛光照明自动控制系统等，平台上各种不同种类的设备、设施、系统以相同信号统一管理。通过环境模拟、节能运营和环境检测等手段，准确掌握设备设施内的能源供应及消耗情况，并通过跟踪反馈系统随时对设备设施的运行情况进行调整，实现最佳的运行控制、周密的能源管理和设施管理，为车站活动和运行提供长期且灵活的支撑。

车站还设置了建筑设备监控与能源管理系统，并接入管控平台。建筑设备监控与能源管理系统由机电设备监控系统、能源管理系统与智能运维系统构成，配套建筑设备监控工作站、能源管理系统工作站，采用三层结构。建筑设备监控与能源管理系统共用主服务器、备用服务器、区域控制器等硬件设备，分别构成机电设备运用于控制系统、能源信息采集与分析决策系统，在网络层互联，可相互联动、信息共享。通过对站房冷热源、供暖通风、给排水、供配电、智能照明、电梯扶梯等机电设备进行状态监控，并对主要用能设备的能耗进行统计、分析，制定节能策略，实现车站设备安全运营及技术降耗，使机组在能效最高的区间运行。

对于人员密度较高且随时间变化大的区域，如出站厅、候车厅、出租车、大巴、公交等候区、城市服务厅、无外窗办公用房等主要功能房间，车站设置了室内空气质量监控系统，对室内的二氧化碳、$PM_{2.5}$、VOC、TH 等室内污染物进行监测。当传感器监测到室内污染物浓度超过一定量值时，系统将报警，传感器输出信号到 BAS 子系统控制器，控制新风风阀的开度以增加新风量，同时自动启动排风系统。在地下车库也设置有一氧化碳浓度监测装置，与排风设备联动。

根据建筑碳排放计算分析，项目单位建筑面积碳排放强度为 1033.57 千克 / 平方米。按照 50 年生命周期计算，全生命周期可以实现减碳 227.98 千克 / 平方米，总碳排放量下降 13.82%，项目碳排放减量效果明显。

参考文献：

[1] 日建设计站城一体开发研究会 . 站城一体开发：新一代公共交通指向型城市建设 [M]. 北京：中国建筑工业出版社，2014.

[2] 日建设计站城一体开发研究会 . 站城一体开发 II：TOD46 的魅力 [M]. 沈阳：辽宁科学技术出版社，2019.

[3] 弗兰姆普敦 . 建构文化研究：论 19 世纪和 20 世纪建筑中的建造诗学 [M]. 王骏阳，译 . 北京：中国建筑工业出版社，2007.

[4] 丁洁民，张峥 . 大跨度建筑钢屋盖结构选型与设计 [M]. 上海：同济大学出版社，2013.

[5] 张杰 . 火车的文化政治学 [M]. 北京：中国社会科学出版社，2018.

[6] 于晨 . 站城融合新需求下的客站综合体设计——以杭州西站为例 [J]. 世界建筑，2021（11）: 27-32.

[7] 于晨，殷建栋，郭磊，等 ."站城融合" 策略在高铁站房设计中的应用与研究——以杭州西站方案设计的技术要点分析为例 [J]. 建筑技艺，2019（7）: 45-51.

[8] 郦仲华，李思成，郭雪飞 . 站城交通 "无缝化" ——杭州西站与城市交通流线关系探讨 [J]. 2022，28（4）: 103-105.

[9] 张俊杰 . 综合交通枢纽站城融合的研究与实践探索 [N]. 建筑时报，2019-08-05（008）.

[10] 匡晓明 . 伦敦城市规划之中国思考 [J]. 城市中国，2020（88）: 4-5.

[11] 张新燕，何静，刘宙 . 综合交通枢纽地区集约化发展探讨——以日本交通枢纽建设实践为例 [J]. 上海城市规划，2019，1（1）: 113-118.

[12] 浙江绿色建筑设计标识自评估报告——杭州西站站房及相关工程 [R]. 2021-4-20.

[13] 绿风科技 . 雨棚上盖综合开发创新技术论证报告 [R].2021-4-15.

[14] 章翌，李春 . 雨棚上盖：站城融合的"西站模式"，集约用地的"杭州样本"[N]. 杭州日报，2022-03-09(A10).

延伸阅读

新材料适应建筑，设计的磨合

程院士很关心新型材料，尤其是绿建低碳相关材料的发展和应用。杭州西站屋面贴膜选用的是创新型材料。在材料打样阶段，程院士亲自进行过数次样板定样。每次，他都会让材料商将样板送到公司，再让同事把样板放在户外地面上，自己站在公司6楼的窗户前，模拟杭州西站屋顶高度，对样板定样；再结合看样对材料的色彩、质地、物理性能等提出更明确的要求，对样板进行调整。

陈立国在杭州西站候车厅里观察云厅屋顶的使用情况时发现，屋面上已经有点积灰。这种新材料要比一般屋面板更容易挂灰，而且也不好清洁。虽然这可能是几年后才会出现的状况，但是现在又必须去思考这些实际的问题。

2020年中国向世界宣布2030年前实现碳达峰，2060年前实现碳中和的目标，建筑行业在施工和材料上同时发力，降低碳排放，保证建筑使用全生命周期。因此创新的材料与施工技术不断涌现。

设计与施工、材料供应商的磨合几乎贯穿整个西站建设过程，程院士也常常给材料供应商提出一些建议，在建筑领域新材料的应用必须更适应建筑的需求，站在建筑全生命周期的立场，设计、建设、使用才能实现更好的低碳绿色环保结果。

导引和标识系统："创新"与"融合"

交通建筑的引导系统是空间行为效率的重要保证。尤其在超过几万平米的大型综合体中，成千上万人流的交错叠合，引导和标识系统有助于指引人们便捷抵达目标。

杭州西站采用中央进站，这与绝大部分的火车站不太一样，会给不熟悉的旅客及市民带来认知上的困扰。团队除了在空间引导和光线引导两方面着重进行设计外，还完成了标识系统的创新性设计。

城市通廊空间尺度巨大，旅客往往会迷失方向，因此需要通过设计手段去增强空间的方位感。程院士提出可以结合西站的地铁免安检流线，在城市通廊中做一种高玻璃隔断引导装置。国铁集团和地方业主都很认可这种出站分流引导的设计理念，但认为高玻璃隔断的装置形式破坏了原本空间的开敞度，并且固定装置不利于特殊时期运营的灵活性。历经了多轮磨合及方案修改，设计团队与建设运营单位达成了一致的方案：

以设立一个超大尺度的城市服务台的方式代替高玻璃隔断装置，既实现了旅客行为的引导功能，同时它也巧妙地成为了杭州“迎宾台”。

筑境设计（杭州）副总建筑师严彦舟认为，站城融合和免安检换乘是存在矛盾的，车站要成为真正的站城融合公共空间，免安检换乘就可能是其中的割裂点。于是，设计团队在出站厅外又划出了一块区域，作为免安检换乘的过渡区，并在每个出站口旁边都设置了前往地铁的扶梯和直梯，通过服务台对旅客的行为进行引导。不仅满足了出站旅客免安检换乘的需求，还最大限度地保留了城市通廊的城市属性。旅客既可以被服务台的导引标识分流，也可以在服务台询问、驻留。这就是杭州西站具有创新性的导引系统，也是在站城融合背景下基于免安检换乘方式的示范性导引系统。

传统车站中，铁路部门有着一套完善的标识导引系统规范及导则，但城市配套部分的标识由于涵盖信息太多且覆盖面大，往往存在标识数量多、信息层级多、可读性不强等问题。

在西站项目中，最初设计团队委托的标识设计单位拿出了七八版方案，但始终无法达到程院士的要求。程院士给团队讲述了当年他设计杭州城站火车站时的故事：当时根本找不到标识施工单位，更别说标识设计单位了，所有的标识都是建筑师根据流线的规划和理解一块一块牌子定尺寸、定色彩、定材料、定版面信息——这本就是建筑师应该做的事情。听完程院士的故事，建筑师们豁然开朗，打开了电脑，把早在脑海里模拟了上百遍的流线及版面信息输入。建筑师的设计简化了标识标牌的数量，同时也加强了标识的可读性，很快就获得了程院士的认可。

然而，这套建筑师“自创”的标识系统在给铁路部门汇报时，由于不符合现有的铁路标识设计规范及导则还是被否决了。接下来，团队形成了两条工作线，一条线跟铁路运营部门持续汇报方案，稳定铁路部分的标识系统。另外一条线结合城市配套工程的特点，和地方运营管理部门持续沟通，并不断寻找和铁路标识系统的“一致性”。经过了七八轮的汇报沟通，二者终于在色彩与字体两方面找到了可以实施的平衡点。

最终，西站的静态标识设计理念及其呈现出的清晰引导作用，得到了各方的认可，甚至成为其他交通枢纽学习的模板。程院士一直跟团队强调，旅客出站时第一时间想做的事情，就是我们应该要呈现在第一块标识牌上的内容。字体要大，色彩对比要强烈，让人一目了然。在交通建筑设计中，各种引导方式都需要结合项目本身特点去采取适用的方式，杭州西站应该算是各种引导方式相互作用并有机结合的典范。

4 相遇·离别：车站时空

人生驿站：七十年的车站记忆

（注：本节文字均整理自程泰宁院士的自述）

车站，连接着家和远方，承载着爱与乡愁

程泰宁
中国工程院 院士
东南大学 教授
筑境设计 主持人

早些年间，人生轨迹的分离，往往发生在铁路车站。为了求学、工作，人们从这里告别故土和亲朋，奔赴心中的诗与远方。车站如同充盈着百态人生的剧场，每天上演着聚散离合的故事。

程泰宁第一次坐火车是在 1952 年，他 16 岁那年。那时他家在上海，要去南京工学院（现东南大学）读大学。父亲送他到上海北站。与周围旅客的悲悲戚戚不同，分别时父子两人都没有表露太多伤感。他不知道，父亲回去后在床上躺了很长时间，只为消化离别的不舍。他那时也不太懂得，父亲家庭观念有多重，对长辈、对孩子，特别是他这个家中长子，寄托了太多的牵挂和期望。后来工作了，他辗转于北京、河南、山西、杭州等地，也都是坐火车。家里送站的人，除了父亲还有渐渐长大的妹妹。与父亲不同，妹妹对他的不舍都挂在脸上。有一次夜里，在去北站的 15 路公交车上，父亲坐在一边，他和妹妹坐在一起。一路上妹妹都沉默不语。到了北站分别时，妹妹突然说了一句，你多回来两次吧，说不定我们见一面少一面呢。那时程泰宁已经走南闯北很多年，但这话还是让他心里很不是滋味。

20 世纪 60 年代，程泰宁在河南新乡干校，小弟弟从四川来看他。返程时，两人一个在车厢里，一个在站台上，话没说完车已徐徐开动。

1

弟弟还想再讲两句，就拿出自己铁路单位的工作证，一直跑到最后一节车厢，站到车厢尾部的台阶上，一边大声和哥哥讲话，一边不停挥手。这个画面至今让他记忆犹新。

对程泰宁来说，车站不仅是他与亲人告别的地方，也是他和师长朋友相聚的场所。70 年代，他在山西临汾工作的十年间，回家探亲没有直达车，中途要转几次交通工具。途经南京时，他特别想下车看看，因为母校在这里，感情很好的一些老师和同学也在这里。但一来假期有限，二来经济条件有限，两三年才回来一次，不可能在南京逗留。于是，有好几次坐火车经过南京时，他会约好钟训正先生和夫人江三林（他的同班同学），还有同学张敏娟和丈夫在站台上会面。南京是大站，火车停靠 20 分钟——南京大包很有名，许多旅客都到站台上买包子吃。他和同学就抓住这个空档在站台上见个面，关心地问问彼此的近况。在那个特殊年代，他们有着共同的苦闷，哪怕二十分钟也聊不了什么，大家仍然每次都会去。

有一次，可能程泰宁没有写清车次，钟先生和同学们来站台等，车到了却不见人。他们着急了，一个车厢一个车厢找，从车尾到车头，边

1 程泰宁与父亲

2 上海西站候车厅（1930 年）

1

跑边喊："程泰宁！程泰宁……"最终还是没找到。后来得知此事，程泰宁在对自己很懊恼的同时，也为师生间珍贵的情谊感动不已。

除了亲身经历，程泰宁在车站也目睹了太多离别。他记得，20 世纪六七十年代，火车站里多出许多从城市到农村插队的青年。候车室里，三五成群的亲友聚在一起，絮絮叨叨有讲不完的话。那时有站台票，亲友可以直接把旅客送上车。当旅客透过打开的车窗和亲人做临行前的道别时，人们的情绪逐渐激动起来。他们知道自此一别或许几年都无法再见。随着列车的缓缓启动，多数人的情感像开了闸的洪水，顾不得左右了，最浓郁的亲情、友情、爱情在这里凝结、迸发！心弦在这里共鸣！

是啊，火车站对许多人来说是有坐标意义的。他们或许没去过博物馆、电影院，但他们的生活绕不开火车站。作为时空跳转的背景，车站成为最具"公共性"的建筑空间留存在人们记忆深处。

车站，记录着旅行场景的变迁

从前的火车站都很简陋，顾及不到乘车的舒适、便捷。买票，把行李带上车，转车，出站，犹如一道道关卡、一个个仪式，都需要拼经验、比智慧。

在物资很匮乏的那段日子里，上海条件相对较好，家里总想让程泰宁和与他同样也在外地工作的两个弟弟带些东西出门，两个弟弟每次回家也总想着把土特产带回上海。如此一来，大包小包的行李是少不了的。上海老北站有个很大的长厅，里面摆放着一排排的长条凳，连起来大概有八九十米长。人们肩扛手提各色行李，在又窄又长的走道里排队等候检票。人贴包，包挤人，整条队伍都粘在一起，毫无社交距离。前面但

2

3

1 程泰宁在绘画

2，3 程泰宁的绘画：北京白塔与长城

凡不贴着了，就是队伍往前移动了，跟着再贴上去就好。出了检票口，人群就混乱起来。人满为患的车厢门口，上车是第一道关口。人和行李一起上去不现实，有经验的一定叫家人朋友来送站。旅客先上去，到位置后打开车窗，下面送站的再把大包小包逐一从窗口塞进去。有时，孩子也是这样从下面“递”进去的。

1

途中的转车也不像现在这么方便。程泰宁在北京工作的六年中，探亲来去都要先在浦口渡江。火车到江边停下来，被拖车一节一节地拖到有轨道的轮渡上，船把车厢运到江对岸，再一节一节地拼好，挂上火车头继续走。旅客不用下火车，像流水线上的物资一样，就这么拆拆装装被送过去，每次都要耗费不少时间。

待他下放到临汾工作时，回家的途中常常要在一个叫孟塬的小镇换车。镇子很小，因为没有当天的车次必须住一晚。小镇条件简陋，只能在简易的临时住宿点，对付着咯吱作响的板床和透风的木头窗，八九个人挤在一个小房间里，半梦半醒地熬过一晚。

那时，国内的乘火车体验，用舟车劳顿来形容是非常贴切的。如今，乘火车已经越来越方便。很多新建的铁路客站不仅会关注便捷性、舒适度，还会关注空间品质。用有感染力的空间效果为旅客带来美好的回忆，用张弛有度的空间节奏来舒缓旅途的焦虑。

程泰宁与火车（站）的故事，生动地展现了车站的“公共性”“时代性”“先进性”。车站里外、车厢上下，空间的尺度、温度、气味、声音、人群等共同形成的场景要素，与一个个牵动人心的故事揉在一起，使人能够领悟到，历史的宏大叙事和个人的衣食住行竟如此地和合为一。对火车站的空间价值认知，从时间维度上再次被建立起来，所能带来的情绪价值，有时比博物馆更具普惠性。

随着科技的发展、旅客出行频率的增加、人们需求的提升，火车站的空间边界将逐渐被打破，车站的功能越来越复合，“站城融合”的理念越来越为人们所接受，越来越多的“站城融合”模式即将成为现实。届时，人们出站后，可以直接去逛公园、住酒店、吃风味、看展览，甚至跑步健身、听演唱会。可以预见的是，将有越来越多更新鲜、更有趣的故事，在火车站中上演。

1 青年时代的程泰宁

2 列车上的阅读

3 坐在火车上，心怀铁路梦的青年

火车的少年启蒙：共振同频的期待

王晓东
深圳大学建筑与城市规划学院 教授
深圳大学本原设计与研究中心 执行主任

在20世纪六七十年代里，那些喷着热气和有节奏噪音的蒸汽火车头，以及它们牵引着的绿皮旅客车厢和高矮胖瘦都有的货车车皮，是我们儿时不可多见的力量象征和高科技物件，没有之一。

据家里老人说，我的第一个玩具是厨房里拿的几个锅盖。我刚能坐稳就痴迷于转动它们，左右开弓，聚精会神。而等我见到了火车，那简直是各类轮子的超级集合，一见钟情，不可抗拒，约等于童年科学启蒙了。

那时候，正处在儿童时代的我们随父母在农村“劳动改造”。没有规律的学校生活，只有些识字班的儿童群体，由上过高中的几位年轻人带领，进厂帮工，垦荒务农。为了填充大把的空闲时光，经常是和一群年龄差不多的孩子，在铁路沿线观看玩耍；或者是幸运地坐上火车去探亲、搞粮食，在车厢上下投入大量的时间和精力。

火车与火车站的世界

快车与慢车。那时的旅客列车，在地形起伏大的东北地区，大多由蒸汽机车牵引，它们比较有劲儿。等进入山海关以南，地势平坦了，就会换成内燃机车。从乘坐者的角度体察，蒸汽机车比内燃机车声音大，烟尘大，一旦换了车头，感觉会变得更加平顺。

客车的巡航速度在60千米/小时，出站、到站时要减速。按经停的站点来区分，客车有三种速度：几乎每站都停的，叫“慢车”；只停靠较大城市车站的，叫“直快”；只停有限的大城市的，叫“特快”。由于路轨质量和牵引机车的功率相近，导致巡航速度一致，所以特快到慢车的区别，也就是由停站的多少决定了。

慢车基本是在同一个区域（本省或邻近省市）内运行，乘坐的人更贴近日常生活，有带着大包小包农产品和家禽上来的，有推着自行车载着各种工具的……因此，车厢里往往更脏更乱一些，说话声的嘈杂、鸡鸭的叫唤裹着食物、汗水和烟草的味道，让人觉得既窒息又安稳。

特快车很少，它的车票通常不是一般的旅行者买得到的，需要公干的介绍信或者某种特别身份的证明。在同一线路上有不准时的车次时，通常是特快车优先，其他车为其让路。所以对于特快车，我只是坐在慢车车厢里看见过——慢车停下来让路，它们从我们旁边嘶叫着掠过。

1 气势磅礴的钢铁巨兽——火车

三棵树—上海。那时的北大荒有许多来自上海的知识青年，他们随着命运的洪流离家千里，由温暖的南方到寒冷的东北。每每到了春节，他们中的一部分人会有机会回上海探亲。正好那也是哥哥和我有机会探望外婆的时间点。

在连接东北到上海的列车里，我们经常会乘坐由三棵树到上海的一班直快列车。它停靠的离我们最近的城市叫锦州，从居住的地方到锦州需要坐近 4 小时的慢车。而从锦州登上直快列车到抵达上海，准时的话是将近 40 个小时，但通常加上让行晚点的因素，两整天是必需的。

转车和意外。我们那时候过年的火车之旅，主要目的不是探亲或旅行，是为了“搞吃的”。由于家里大人被限制了出行范围，这样的跨省找亲戚接济的任务由小孩儿完成。反正没有学上，闲着也是闲着。好在，那个年代里极少发生贩卖儿童一类的事情，不然谁能想象两个十岁左右的孩子，带着装满了物资的十几只旅行袋，完成两天不间断的旅行。

作为行李的十几只旅行袋里，没有多少路上吃的干粮或水果。它们基本被两样东西填满：当年秋天新收获的葵花籽，和被葵花籽包裹在中间的鞭炮。这两样是那个年代对城市居民限量供应的“年货”，而这些正好是东北土地上能够自己栽种和用农货交换得到的，不限量。

按照时刻表，慢车会在直快车之前 3 小时到达。快慢车的停靠位置中间隔着一个站台，6 条铁轨。由于父母无法随行，带着十几个包的孩子在锦州的转车，就成了难题。

通常帮忙解决这个问题的，是住在锦州的一位亲戚。他会来接车，搬运行李并给带来一些吃的。冬天里旅行劳累里的一顿热饼，真是幸福。

但事情总有意外：有一年的接站，他当天正巧工作上有紧急事，不能到场。而事发突然，他也来不及找谁补救帮忙。万事凑巧，我们又恰好遇到慢车晚点，等两个孩子卸下十几个大包后，却没等到熟悉的援军。在冷风狂吹的夜里，望着相邻的站台，时间只有不到半小时。幸好，路过的一队士兵发现了无奈的我们，班长问了情况，一声令下，七八个壮汉直接跨下路基把我们连人带包地塞进了快车的车窗……

车厢里面真热闹。喘息未定，列车就开了。而我们俩和一堆包包，被车厢里的知青们塞到两节车厢的交接处（通常那里是走道、厕所和茶水间）安身，大概是觉得我们碍事吧。驱离了我们之后，他们重新用粗铁丝从里面封闭了车厢门，阻止中途上来的人进入。

被推搡着离开的路上，看见整个车厢里坐的都是由起点站上来的知青，坐得很满，没有空位给我们。他们多数可能是全家出行，有些还带着孩子。座位间和走道上，也放着许多带回去的年货（居然还有盐腌着的一扇猪）。他们在自己创造的小环境里，享受着难得的幸福时光，还有口琴声和唱歌的声音。靠着车厢门是一大堆行李包，也是他们的小便处，拉了就顺着门缝往外扫。至于大便，多半是憋两天了，实在忍不住的，直接报纸包了扔向窗外。

遭遇小偷。我们把行李包安排在停用了的锅炉房里，人靠着包站着。车厢交接处也挤了一些人，随着火车不紧不慢地前行。人们说话的口音不断地换着，各地的泥土被鞋子带了上来，和着门缝里流出来的尿水，

2

1 旷野中的列车

2 火车巨轮

成为腥臭的泥巴。我们就在这样的气氛里昏沉，不敢吃喝也就避免了睡去。

我们始终提高警惕地看住身边的货品，好在周围的确很少出现拿错东西或者丢失东西的事件。只记得有一次车过安徽蚌埠时，一位女士突然高叫抓小偷。但她不知道小偷是谁，她上车已经 6 小时，经过了两个站。虽然这个连接处就这么些人，但由于铁丝封门，列车员也过不来。只有劝她别叫喊了，下一站去找警察。

她被偷的东西，是缝在贴身秋裤腰间的 150 元钱。这在当年是一笔巨款，大约相当于上海工厂里一个青年工人一年的工资，难怪呼号了那么久。有两个妇女上去安慰她，能怎么办呢，最多是节哀顺变之类的吧。

其中一位安慰者一直是靠在我旁边的，她回来说被偷的钱都是十元一张的，那女士睡觉时靠着厕所门歪了身子，有钱的一边向厕所内，背离大家的视线。而厕所里也是站满了人的。那时候大家藏钱的方式也很单一，而行窃的应该是“专业的”，用锋利的刀片划开两层裤子，取走了其中的 14 张半，仅仅留下被划断的半张纸币……

火车伴随着成长

速度的概念及其他。多数时间里，当列车巡行时，我们透过车窗看向外面。最神奇的景象，是相邻铁轨的远近变化，在路基的深灰色之上，两条闪亮的轨道犹如灵蛇，与我们巡行的轨道时而靠近时而远离，时分时合像是生命体在活跃。尤其是到了靠近多条铁轨的编组站时，更是满眼的跃动往复，很是壮观。

除了轨道，就是认识各种车厢：厢式货车、敞篷货车、油罐车、平板散装货车、特种车、看守尾车……每种车都有自己的特别编号，车厢侧面印着长宽高、载重量等各种有关信息，这都是让人感兴趣的。

经过的电线杆、里程石碑也是风景。自从知道火车的巡航速度后，可以通过对它们的定时计数，算出它们的间距；又可以通过间距，反过来计算火车起步与进站时的速度……上路时，妈妈会把她的手表借给我戴，有个计时器是这些兴趣的支撑。

绿皮火车旅行，慢慢地走。这的确是了解地理知识与各地人文的绝好机会。从支愣着耳朵分辨，到慢慢与周围的同行人熟络，交换见闻和知识，比上学学的东西有趣。遇到大家都不熟悉的方言在身后出现，就会在一起分析着猜。

没有食物和座位的旅行时间就这么愉快地过去了。

1

长江大桥。长江大桥是那个时代的顶流标志物，从书籍宣传品到各种日常使用的器具上，到处都画着它的形象，就连我们看护的那十几个旅行包上，有超过一半也是印的它。

只可惜按照时刻表，多数时候我们的车通过它的时候是凌晨，最黑暗的时分。而且，在之前停站时就有各种喇叭叫大家关好车窗。所以，我们只能在暗夜里看到巨大的钢铁斜桁架，在眼前带着风声交错闪过；还可以看见引桥下的各式居民房顶，在惨白的高压汞灯下呈现着丰富的方块儿纹理……我不止一次地想，这里面住着的人挺幸福的。天一亮，他们就可以看见大桥的全部了！

几年以后，因父母工作调动举家搬到了南京。长江大桥以及它周

1 有天安门图案装点的火车头

2 风雪迎车到

边的公园和江堤，成了我们兄弟经常光顾的地方。就像青岛人有心事了去海边一样，望着大桥和其下宽阔的咖啡色洪流，的确能带走多数的烦恼和忧愁。

冷热之变。两三天之内，跟随着车轮的不断滚动，车窗外的风景在持续变化。从东北黑白素色的山川，到河南河北浅灰黄的冻土；进入江苏境内，车窗外的田野里开始出现冬小麦的幼小绿芽，车厢内的旅客口音也出现较大变化，温柔的成分大大提高，也看不见太厚的棉袄了。

气温在接近上海的几个小时内迅速升高。我们没有多余的包来盛放褪下的厚棉衣，只有坚持着不动，减少流汗。

好在不远处的前方，就会出现一团灰黄色的暗雾，我们都知道在它的下面就是目的地上海。真弄不明白，火车好像一直在沿着黄雾的切线方向走，而不是直接依法线方向，一头扎进去……为什么呢？

除了乘车旅行，我们居住地不远处还有一条铁路和一个四等小站。四等站，只有慢车才在一天之中有一两班，平时都是货车经过。

由于地处丘陵，轨道的坡度有时很大，几十上百节的货车，往往需要两个蒸汽机车串联着拉动。吃力做功时动静很震撼，速度不快。这就给胆大的孩子们提供了机会，在路基上助跑几十米，扒上火车。

扒火车是个技术活儿，要胆大心细还要手脚敏捷，因为跑在碎石块的路基上要追求速度和稳定，实在是太难了，我的尝试就止步于此。能做到速度和稳定的人，就有了上车机会，平板车视线通达、缓冲空间大，最容易上。有顶的厢式车往往最难，一来它只有附在垂直面上有限的几个把手，二来因为里面多装载的是较为贵重的货品，经常编排在火车的尾部，和看守车靠近。

不敢扒车的人，也有自己的玩法。一种是将耳朵贴近铁轨表面，通过它传来的微弱声音来估摸下一趟火车的距离。当时没有几个人知道这个叫“固体传声”，但有经验猜得准的人，倒是层出不穷。还有一种玩

1 装点山河风景的列车

法，是比较具有破坏性的：就是利用车轮与轨道的强大压力，来锻造小工具。比如，找一些被称作“棺材钉”的长钉子，用小石头稳定在轨道上，等车轮把它们压成各种边形的铁片，再打磨成为小刀等器物，颇有些荒野求生造工具的感觉。

每当我们放好锻造物，匍匐在路基上，是最激动人心的时候。如果铁钉放置得不均衡，车轮会把它们压到飞起，这是最危险的情况。但在那个命不值钱的年代里，越是危险的游戏，就越吸引人。好在路基是向外侧倾斜的，而车轮的斜面朝向轨道内部。

有时候，我们会遇到愤怒的火车司机，估计轨道上的一排铁钉，也会让他感觉到微震。愤怒的结果，通常是全力鸣笛，这么近的距离上听鸣笛，会耳鸣很久。有过一次更危险的时候，大概是师傅之前有经历，离奇愤怒了。他使用了蒸汽喷射，我们都只好埋头躲避，狼狈极了。

围绕着这些喷着蒸汽的巨轮上的铁兽和亮晶晶的轨道，在那个成年人无比痛苦但孩子们无脑快乐的年代，我们进行了无数愚蠢的探索，完成了自己对社会人文的基本接触；更是通过行车时的观察，补齐了对物理和数学等的启蒙与生动体验，并达成了对各地风光的认识与视野的拓展。

远方·车站：青春与梦想

车窗外恋人相拥，还在难舍难离
汽笛声突然响起，那姑娘满眼焦急
不觉中下起雨来，在黄昏的站台
她终于上了列车，却一直望向窗外
当列车徐徐开动，掠过蓝色站牌
我看见她难过的脸，如此苍白
伴随雨点敲击车窗，她的泪流下来
我赶紧转过头去让我视线离开
不知是甜蜜的伤感还是无奈
天色暗了下来，人们开始了等待
我想起多年以前，像今天的画面
以为告别还会再见，哪知道一去不还
……
——李健，《车站》

1

1 融入城市的上海火车站
2 暮色中的站台离别
3 观望列车风景的人

2

3

徐洁
同济大学建筑与城市规划学院 副教授
《时代建筑》杂志 执行主编

青春·车站：旅行看世界

火车让旅行成为现代人日常生活的一部分，去远方看世界几乎是每个人心中的梦想，伴随每个人的成长。旅行也是对家园的重新认识。

20 世纪 80 年代，中国已经打开国门，开启改革开放的大幕。带着探知世界的好奇，旅游成为当时的风尚。在读大学之前，我的旅行经历只是温润的江南山水城镇、小桥流水人家，在吴侬软语中品尝馄饨、汤圆、小食，对中国文化历史中遥远而神秘的西部、秦汉隋唐的知识都从书本上来。因为毕业设计实习的旅行，实现了自己坐火车去远方的梦想。这是一趟青春放飞的行程，因为学习规划、建筑的专业铺垫，我们遵循着中华文明的足迹，在人文地理、城市建筑、古迹名胜和日常生活中，开启了历时近两个月的探寻。我们设定的行程同行的 7 位同学都没有去

1

2

过，充满了未知和不确定性，因而十分具有挑战性。

我们从上海西站出发，西安—广元—剑阁—松潘—九寨沟—茂县—青城山—都江堰—成都—昆明—石林—滇池—思茅(普洱)—西双版纳—勐腊，最后从昆明回到上海。在近两个月的行程中，经过一座座车站，走进一座座城镇、村落；感知不同地域文化传统、地理山川、奇异风光；在与人的相遇交流中品尝人间美味，重新认知家园；更有一份青春感怀，发现中华文明的年轮和印迹，从我们脚下的这条道路展开延伸，历史家园成为直面的真实时空，变得鲜活生动、栩栩如生。

午夜时分，我们一行在上海西站候车室等待。昏暗的灯光下，长条木椅排列有序，伸向门口的铁栅柱。三月的室内还有寒气，空气中烟雾升腾散开。静静的黑夜里，人们在默默等待，一声喇叭呼叫，我们来到站台。漆黑的夜色中，隐约能听到远方的声音。等大家上车，已少了好奇，疲倦地进入梦乡，只等第二天天明到达陕西。

到西安临潼看了千年兵马俑，一支雄健壮观的古代军队，整齐列阵，豪迈、雄壮，铺满巨大的空间。那一刻我们重回秦朝，万千气象缓缓展开，金戈铁马、号角震天、鼓点阵阵、步伐整齐。在西安的大雁塔，仿佛回到唐代都城，感受其气势恢宏、华丽雍容。我们坐在街边，遥望大雁塔，吃到了人生中第一碗牛杂汤，香味夹杂着调料，留下了落日中的古塔剪影。古都夕阳依旧。我们也去了华清宫，寻访华清池，遥想当年繁花似锦，好似也听见穿行游走的古人，在古老有些破旧的院落间，探寻古老城市迷宫中的密码，看着那些穿着黝黑棉衣的男人，脸上表情木然，蹲在墙边的街道上抽烟，观察来往行人。那些曾经在书本上读到的历史故

1 在车厢里化妆

2 在座椅上用电脑工作

3 成昆线上的送别、出发、守候、致敬

事和人忽然鲜活起来。在西安碑林，我们和历史上的文化巨匠对视，伸手触摸他们的笔锋，耳边回荡着优美的诗文。在这样的时空，千百年的中华文明汇聚、对话，展示着古老文明不息的生命。

作家周国平曾写作短文《车窗外》讲述：小时候喜欢乘车，尤其是火车，占据一个靠窗的位置，在车窗旁看窗外的风景。这爱好至今未变。列车奔驰，窗外无物长驻，风景永远新鲜。在去九寨沟的路上，我感受到的是车窗外流动的风景，思绪也是流动的，两者融为一体，仿佛置身于流畅的梦境。当我们转换为长途汽车时，我就坐在司机后，能够有更广阔的视野，从前方望出去，是不断变换的世界。汽车沿着岷江源头的水流前行，碧绿清澈的江水，翻起白色的浪花，快乐而不停歇地向前欢跑。忽然巍峨的雪山矗立在远方的高原草坡后，在很长的时间里，雪山一直陪伴我们在路上。疾驰在开阔的高原里，想起毛主席的《七律·长征》：“红军不怕远征难，万水千山只等闲。五岭逶迤腾细浪，乌蒙磅礴走泥丸。金沙水拍云崖暖，大渡桥横铁索寒。更喜岷山千里雪，三军过后尽开颜。”是天地间的气质不凡、轻松豪迈，将自然的磅礴气势和人的宏伟气魄同构，是精神的华彩乐章。长征，人类近代史上的壮举，锤炼了红军这样的队伍。

3

成昆线：难于上青天

蜀道难。20世纪50年代开始，我们建设成昆铁路，用了十多年时间，克服重重艰难险阻，在1976年全线竣工开通。成昆铁路从川西平原的成都出发，跨过岷江、青衣江，经峨眉山，沿大渡河，横贯大小凉山，在江河峡谷中迂回穿行1 096公里，最终来到滇池湖畔的昆明。铁路沿线三分之二是崇山峻岭，奇峰耸立、深涧密布、沟壑纵横，多民族的村寨、市镇顺应陡峭地势星罗棋布，使成昆铁路线成为中国风景和民族文化之最美线路。

这是一条用生命铸就的铁路传奇。建设期间牺牲了2100余名建设者，平均每一公里就有两到三名英魂永远守护在了这绵长的铁道线上。“为有牺牲多壮志，敢教日月换新天。”成昆铁路线基本由穿越山体的隧道和架空路桥组成，从海拔2 280米的沙木拉隧道到海拔500米的川西平原，凿穿大山数百座，修建隧道427座，架设桥梁653座，桥隧总长400多公里，平均每1.7公里一座桥梁，每2.5公里一座隧道。成昆铁路创造了世界铁路建设的奇迹。

1984年12月，联合国将中国成昆铁路，与苏联第一颗人造卫星上天、美国阿波罗宇宙飞船登月，并称为“象征20世纪人类征服自然的三大奇迹”。

1 成昆铁路里程示意图

2 穿山越岭的成昆铁路成为一道风景

3 在斑斓田野中的成昆铁路

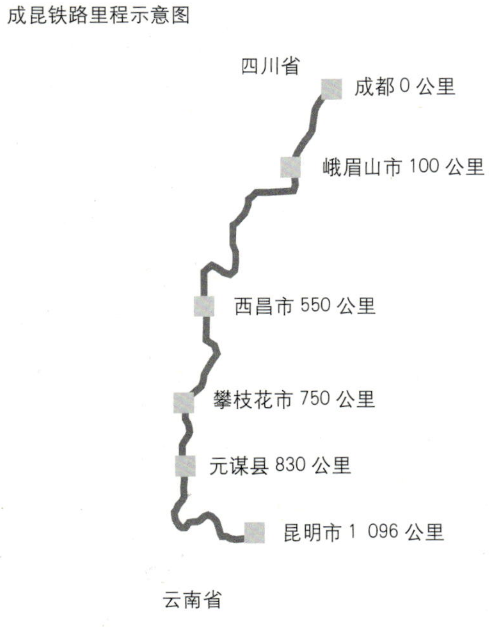

1

2

成昆铁路开通运营 50 多年，成为西南地区发展腾飞的钢铁大动脉。它是西南边疆多民族大团结之路、友谊之路，更是脱贫致富、奔向小康之路。随成昆铁路复线在 2023 年全线通车，其间共设大小车站 124 座，成都至昆明的交通时间从 18 小时缩至 7 小时左右，大幅提升了西南地区的生产生活水平，促进了全国的铁路大流通。

当我靠着车窗望向远处，列车在山谷间穿行，四面青山满目苍翠。山气蒸腾云雾飘荡，宛若仙境。清新凉爽的山林气流从窗缝中扑面而来，我的思绪和心境随列车飞驰，沿峡谷穿越隧道，进入大山，与山水自然融为一体。随汽笛声响起，列车又进入幽深隧道，只有车轮的咔嚓节奏，充满漆黑的车厢在漫长等待后，呼啸而出，冲入山谷，豁然开朗，天地壮阔。远山连绵、村舍星布、炊烟袅袅，夕阳下田野中牧人和牛的剪影定格在那里。

靠近金沙江大峡谷的柏村站，伴着高山峡谷，瀑布流水，春天是金黄色的菜花。曾有 4 位女性铁路员工坚守大山小站二十年，看每天的列车准时往来，如行云流水不急不缓，奔向各自的车站方向。

开往春天的绿皮火车，穿行在四川大凉山深处，50 多个车站连起的是各民族村寨的日常。自家土特产由此进入城市，彝族同胞们解决温饱奔小康，家乡的蔬菜、核桃和家禽等带到山下，日常生产生活用品采购回乡；列车也是孩子们每日的“校车”，承载少儿的梦想，走出山寨到外面的世界。

车站的停留、出发，带来了远方的火车和等候出发的人们，每一个成昆线上的城市、乡镇、村寨，因为火车而发生巨变。

火车旅行，就是我们的故事片

20世纪八九十年代的火车站候车厅内，放映厅是一种独特的存在，留在了一代人的记忆中，它丰富了旅行中的故事，让人们看到了外面不一样的世界。80年代中国改革开放，文学艺术、电影成为无数青年的梦想，人们追逐青春远方，港台武打电影和文艺片引入内地，成为大家了解世界的窗口。那时的城市街区，只要是人流集中的地方，都会有录像放映厅。火车站的候车厅内一般也都会设放映厅，几元钱就能待一晚，在室内看录像过一夜，比起候车厅枯坐长椅，放映厅要舒服而有趣许多。在黑暗中美美睡一觉，泡上一杯热茶，驱散夜的寒气。饿了来一袋方便面……火车站的放映厅成为美好记忆，刻在火车线上。

我们在旅行中偶遇了美国电影周。电影是青春的解药，而20世纪80年代的美国电影周也是无数青年的节日。许多奥斯卡大片在影院轮

1

2

3

4

6

1 列车里的移动售货

2 餐车车厢

3 车窗“速递”

4 赶火车

5, 6 铁路的交会处

番上映，只可惜一票难求，在上海很少有机会抢到票。到了成都，突然看到美国电影周的街头广告，连忙赶去影院，居然有票，买了联映夜场。共放映四部影片：《转折点》《矿工的女儿》《金色池塘》《克莱默夫妇》，前两部讲述女性的艺术追求和个人成长，打动我们的是执着坚持和青春艺术之美，旋律节奏带领我们沉浸在欢愉的场景中。后两部电影更多的是社会温暖，人与人之间的情感、陪伴、关怀，无论是凯瑟琳·赫本与亨利·方达扮演的老年夫妻间的默契，还是和女儿、孙子三代人间从隔阂到和解，其乐融融的家庭生活，如同黄昏阳光下的金色池塘，温暖、

1

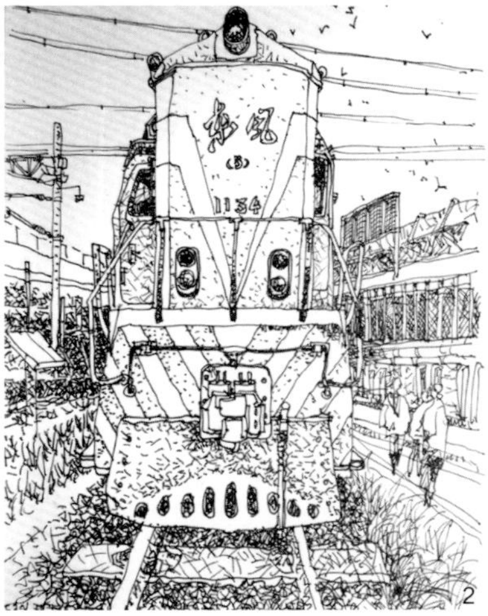

2

1 北京火车站，现为火车博物馆

2 东风火车头

3 火车上的音乐会

4 相望

5 沪杭线上的同济工学院学生（1930 年）

祥和。《克莱默夫妇》中，达斯汀·霍夫曼和梅丽尔·斯特里普演绎了普通美国家庭生活，父母和儿子的一段温情，让我们记住了两位演员。

旅行中与这些电影偶遇，丰富了旅途内容，打开了外面世界的另一扇窗。当电影结束、灯光亮起，回头才发现，我们坐在第一排，背后只有稀疏几人。缓步走出影院，已是凌晨时分，街上有些凉意，我们一起扎进了幽长的街道昏暗的路灯下。城市特别安静，偶尔一只猫穿过，打破我们行走的节奏。这一路夜行，大家还在兴奋谈论，到了招待所，在礼堂的大通铺中找到自己的床睡下……第二天醒来，天已大亮，周围不少床铺已空，我们也洗漱早饭，赶往车站。清晨一路赶车，到了车站才发现，昨夜疲倦，没有看清车票上的火车站，我们到的是西站，车票是城站。还剩一刻钟，时间已不容我们折返，大家赶紧上站台，此时的成昆线站台，已是人潮涌动，寻找到我们车厢位置，守候……随着一声汽笛，巨龙缓缓驶入站台，找对了我们的车厢，车门已被堵，而车只停留 5 分钟，急中生智，我们找对窗口，求人打开，先将 2 位女生抱入车厢，接着 5 位男生依次翻入车窗……

3

4

5

穿越：从东方快车到青藏铁路

神秘、新奇、刺激、豪华……英国作家阿加莎·克里斯蒂笔下的“东方快车”让大家见识了火车旅行的神奇。文学之外，东方快车从巴黎东站出发，开始跨越国界的旅途，3 天 9 小时 40 分钟之后，穿越七个国家抵达土耳其的伊斯坦布尔，列车途经的每一座城市车站，或许都会留下一段美好时光。

东方快车古典豪华的装饰、完备的功能配置与贴心的服务，如同“轮子上的宫殿”，成为公众焦点，同时也推动了民众旅行的热情。火车带着人们发现新世界，火车站成为进入城市、国家的窗口、门户。

2015 年，当我再次来到伊斯坦布尔车站（东方快车终点站），这里

1 穿山越岭的成昆线
2 车轮咔嗒的节奏已经远去
3 雪山下的列车打开“天路”
4 伊斯坦布尔的东方列车终点站

已经没有了百年前的繁华热闹和欢声笑语，有那么一丝寂寞、空旷。这座欧式古典建筑，精美的铸铁结构保持着轻盈、秀丽的模样，大胆的色彩运用，凸显东方热情、浪漫的情调，马蹄券拱的韵律和彩色玻璃的拼花图案，能让人感受到伊斯兰历史文化的气息。这么多年来车站还是完整保留，成为了文化交流场所。我在月台上驻足散步，等待着下面开始的土耳其旋转舞表演。重回大厅，一片静默，空旷高敞的精美建筑空间里，

几位头戴黑色高帽、身着白衣的舞者已站在中央，弦乐缓缓响起，舞者开始全身旋转，东方快车终点站成为一个时代的文化印痕留在城市中。

铁路与火车拉开了人们旅途的序幕。在19世纪的世界地理版图上，东方快车为我们展现的是跨越国家、城市、文化间的新旅行，火车改变了人们的生活方式，深刻影响了世界的融合与发展。

高原列车是人类对极限的突破。21世纪青藏铁路的全线贯通，火车带着我们爬上了世界屋脊。在海拔5000米的车站，这条从青海省西宁市到西藏自治区拉萨的青藏铁路，全长1956公里，被誉为“天路”。它穿行在严寒高原（海拔4000米）生态自然保护区、沙滩、冻土的严酷环境中，也翻越雪山、三江源河流、湿地草场，与珠穆朗玛峰相望，与黑颈鹤、牦牛、藏羚羊、野马等野生动物相遇。铁路为这些自然的生灵让出了生命通道，使其能够自由迁徙。青藏线的一路风景，跨越时空，融合多民族人文自然地理地貌，如韩红唱的那样：“黄昏我站在高高的山岗，盼望铁路修到我家乡。一条条巨龙翻山越岭，为雪域高原送来安康。那是一条神奇的天路，把人间的温暖送到边疆。从此山不再高、路不再漫长，各族儿女欢聚一堂。”

车站涌动：团聚与别离

济南火车站与广场：城市门户和市民客厅

于晨
筑境设计 CCTN 总建筑师
上海一院 院长

火车站是一座城的地标和重要的场所。在欧洲，传统火车站都坐落于城市中心，站前广场就像教堂前广场一样，成为城市生活汇聚的中心。

中国铁路建筑史上非常有代表性的济南老火车站，全称是“津浦铁路济南站”。济南火车站是当时津浦铁路线上规模最大、外观最奢华的车站，曾与周围的济南铁路局、铁路医院、胶济铁路济南站等建筑组成一片气势恢宏的德式建筑群。正面为拱形屋顶，上部为孟莎式坡屋顶，以“远东第一站”之名而享誉中外。

对于居住和生活在济南这座城市的人们而言，老火车站是一种独特的存在。自 1912 年建成投入使用到 1992 年拆除，它见证了济南从清末民初一直到 20 世纪末的历史更迭，是城市的门户。火车站是由德国设计师赫尔曼·弗舍尔设计的，虽然是一座带有明显古典西方风格的建筑，但是火车给城市和人民带来的便利、新奇是持久的。火车站建筑的艺术性和文化性，早已深深融入到济南城市和人的生活中。济南老火车站成为一座城市和一代又一代济南人共同的回忆和情感，记录了人们团聚的欢乐、离别的悲伤，随时间的沉淀慢慢抽象为一个特定的情感符号并与火车站建筑与空间融合。

1

百年济南火车站的钟楼是我挥之不去的记忆。我出生在济南，儿时，

2

父亲牵着我经过，彼时的车站像是一个神秘的城堡，高大的钟楼矗立，哥特式尖顶山墙起伏，花岗岩的建筑浑然一体，红色的屋顶、精美的石材装饰，充满了莫名的神奇吸引力，是对我建筑认知的启蒙。

20世纪80年代初我刚上小学时，经常去火车站周边闲逛，买小糖果、羊肉串，这些自由自在的儿时记忆令我至今难以忘怀。那时我满怀好奇心，探险求知，希望可以看到、听到一些不同于学校和家里的东西，火车站及其周围场所则成为了我在济南城市生活中重要的节点。更重要的是，那里散发出浓郁的人间烟火气息，让我强烈地感受到这个地方与城市其他区域完全不同，它是济南城独特的城市印迹。

1 国营站台上的零售车
2 济南老火车站

我第一次坐火车是跟着父亲一起出差，济南老火车站让我完整体验了火车旅行与火车站。从建筑风格看，这是一座典型的哥特式和罗马式风格相结合的建筑。与整个济南城常见的中国式传统建筑不同，独特的火车站成为济南人心中回家的记忆。作为济南市民，我喜欢去火车站接送客。当家人朋友来济南，或是离开时，大家常会在站前广场停留，以车站建筑为背景在大钟楼前留下一张照片。许多人的成长影像中都留下过济南火车站的身影，车站成为了个人成长的记录。每逢离别的时刻，火车轰鸣着从站台驶出，让人不得不分别。坐在列车上，我们期待着下一次的相聚。火车发出震耳欲聋的汽笛声，提醒着我们分别的时刻来临，我们不由自主地被推向离别不舍的情感高潮。这难忘的瞬间深深地刻在了我们的心中，而烟雾则缓缓地弥散在空气中。

1 济南老火车站鸟瞰

2 旅途中的小站

火车站是仪式的空间，是远行的起点又是归家的终点，总让人感觉到它是济南城特别独特的一个区域。这就是城市最具历史人文和生活气息的“场所”。济南的老城有上千年深厚文化的积淀，整个老城论风格在北方城市里和北京很像。那时候济南老火车站的存在对于城市来讲是很独特的，是城市门户、广场集市，它令人印象深刻，不只是因为它满足了人们对出行的期待，更是因为它亲切、自由的氛围，让人感到特别鲜活生动。人们在这里聚集，嘈杂的商品交易声不绝于耳。站前广场周边的区域，就有点身处异国的感觉，像跨越了时空。火车站就是整个城市的形象、风貌开篇，引导人们进入城市的内部。

济南老火车站复建问题

1 站台上

2 高铁乘警和帅气的乘务员

3 老火车站的地域特色

1992 年，在一片争议中，济南火车站没能保留住，被彻底拆毁。老火车站能否复建成为当时整个业内甚至全国都在讨论的一件事，甚至希望复建的声音曾经一度超过了维持原状的意见。理由也很充分——它太宝贵了。无论是整体建筑的成就，还是作品的呈现度，它确实很有价值。记得我读书时有一个历史教研室老师曾讲过，他接待过一位德国建筑史学家，那位学者在见到拆除之前的济南火车站之后说太宝贵了，在德国这个类型的建筑也所剩无几，因为它所属的流派存在的时间很短，本身的建筑实践也没有太多，当时在欧洲基本上很难见到。结果没想到远在山东济南，还有一个这么完整并且还正在使用的建筑，而这样一座建筑要被拆除了，这让他觉得非常可惜。当然它的价值不止于此，如果能够实现复建，那么它对于济南的城市风貌，对于老济南人的记忆都将具有特殊意义。

还有一个因素，就是几年前大家对于城市的特色风貌还不那么在意。现在，人们的认识有所转变，意识到地域特色和现代风貌并存，才能让城市显得更有特色，不会千城一面。我个人对于济南火车站是否复建的观点一直是很清晰的，我觉得还是应该维持现状，不要复建。首先，我觉得凭借现在的手段很难复建成原样。在我们的整个历史中，不像日本长久以来就有反复拆建的传统，比如大阪城的小楼，几乎百分之百的材

1

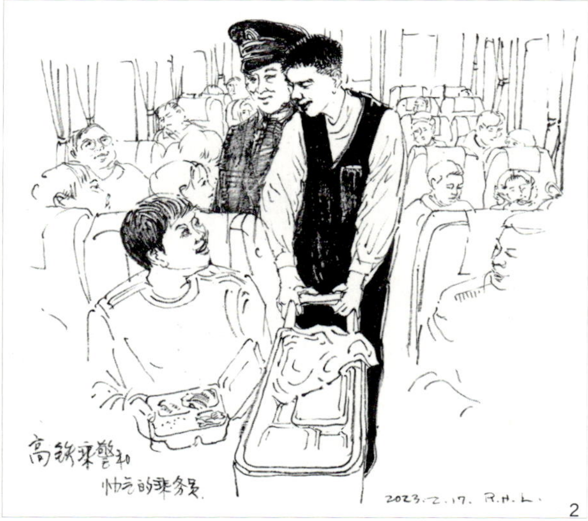

2

3

1 旅途中的车站

2 杭州站站台（1940 年）

3 旅途中的站台

料都是 20 世纪 60 年代以后出现的；我们对于古代建筑并没有这样反复拆除再重建的传统，这和重建黄鹤楼是不同的。其次，我觉得济南老火车站虽然建筑价值很高，但是从历史来讲，它毕竟是一段殖民历史的产物。从感情上来讲，复建一件建筑艺术品其实是没有意义的。所以我觉得，大家始终留有这份遗憾，反而会让我们对当时拆除老火车站的错误有更清醒的认识和记忆。如果复建，可能十年、二十年后就不太会有人记得老火车站已经被拆了，大家只会记得老火车站的形象，而不会去了解它是复建的还是原始的，不知道我们曾经有一段时间不懂得珍惜这些老建筑。

站台・背影

《背影》是朱自清先生的代表作之一，它描绘了学生时代很多同学对火车站的记忆。文中父亲送儿子上学，月台上的相聚离别，体现了父亲对儿子的关爱和体贴。在轨道边，父亲的背影被永久地定格下来，在一代代人的心中流传着这个感人至深的故事，让人们对亲情、爱和家庭有更深刻的认识。站台曾是见证离别的地方，也记录着每一代人的成长与梦想。这里承载着人们的情感和记忆，让我们明白亲情、友情、爱情的珍贵，并期待着美好未来。

人与人，人与车的相遇与离别在站台上演，这些画面一直刻在我的记忆里。在这里，人们挥手道别、拥抱相聚，表达着自己的情感和祝福，这些精彩瞬间让人难以忘怀。每一次相遇和离别都是一段故事的开始或结束，火车站见证了无数人生的历程，承载了太多的感情。

在遇到火车站设计时，我希望站台的人和车的空间能够直观透明，让人们在相遇和离别时保持场景的仪式感。同时，我也希望这里能够传递情感的温度和尺度，在相拥和挥手告别时，保留人与人之间的情感联系，让每一次相遇和离别都成为一份珍贵的记忆。无论是看到亲人离去，还是向朋友挥手道别，这些瞬间都会让我们感受到生命的脆弱和珍贵，也让我们更加珍惜当下，更加关爱身边的人。

3

天空之城：描绘人类梦想

千万年来，人类对于未知世界的好奇与渴望，牵引着人类前赴后继、探索新的疆域。人类文明漫长的进化史，是不断突破自然边界、开辟新世界的过程：远古时代，原始人类走出非洲，在大地上四处迁徙，在地球的各个角落开枝散叶、拓展栖息家园；500 年前，欧洲人开启大航海时代，引领人类文明进入全球化的新世界，催生了现代工业技术革命；今天，人们借助新的技术范式探索星辰大海，辽阔大海上的邮轮、航母，浩瀚太空中的飞船、空间站，让封闭的人造巨构自由移动，人类的足迹一步步从陆地走向海洋，从地球走向星空。新技术革命开始颠覆既有的城市理论模型，转而以前沿科技的逻辑，重塑生命体成长活动的空间和场景。人类家园向沙漠、海洋的拓展已经在路上，奔赴星空的冒险征途刚刚开启。

就像迁徙的候鸟，长途跋涉的旅途需要“站点”，提供停留、休憩、补充给养的场所，人类奔赴远方的征程中，站点是停留、再出发的起点，也是连接的中心，是人类移动空间中最基础的细胞单元——古代的车马驿站、舟船码头与村镇、城市结合，建构起一个地方对外交通、交流的网络；现代站城一体的车站、码头、港口、机场等，建构了城市化、国际化交通交流的中心节点，为全域乃至全球的人员、货物的自由流动网络提供通道和支撑；面向未来，人们将站点植入地球外的浩瀚星空，在轨运行的空间站将成为探索宇宙新世界的跳板和补给站，为人类文明开拓新的纪元。明日之城，以站开启。

1《瀑布》，由荷兰著名版画家莫里茨·科内利斯·埃舍尔绘制，埃舍尔的主要创作方式包括木版、铜版、石版、素描，并因绘画中的数学性而闻名，特征在于利用空间扭曲与正负形转化来造成视错觉，《瀑布》是其最为人所知的作品之一，图中瀑布会源源不断落下，落下的水又逆流而上

天空之城：科技编织梦想

20 世纪 50 年代，美苏开启“太空竞赛”，人造卫星、无人驾驶空间探测器飞向月球、金星、火星等。载人飞船发射成功，宇航员在月球上迈出一小步，却是人类文明跃迁的一大步，极大拓展了人类的空间疆域，激发出崭新的世界观、方法论，并催生了电子信息、材料等诸多领域的技术革命。城市规划和建筑领域积极回应时代的新观念和科技成就，在技术派的框架中生成了未来城市之观念与构想，以英国建筑电讯派、日本新陈代谢派为代表的先锋派探索，颠覆了传统设定，倡导城市、建筑中的流动性和变换性。由建筑功能模块组成的巨构既可以独立自洽，也可以通过一系列拼接集群拓展，还可以迁移至合适的位置，就像一个超级有机体，自由生长、移动和新陈代谢。

1

为应对第二次世界大战后大城市的高密度集中和高速流动，在未来的城市图景中，城市是多维立体的综合体巨构：连绵起伏的摩天楼群向空中伸展，公共交通网络纵横交错、立体贯通，从地下铁、地面干道，到天桥、架空轨道、悬浮列车，一辆辆悬浮列车穿梭于城市高空中，建构起便捷、高效、密织的城市空间移动网络，网络节点上则集结延展出各种模块式的功能空间单元。未来的城市图景就像埃舍尔的图画，局部场景循环往复，以规则形状渐变的组合相互交错、造就无数的“变奏”，编织出超常规、永恒运动、循环延展的超现实场景，一个让人目眩神迷的“无限”异度空间。

未来是当下时间的延伸，是真实物理空间的折射。这幅未来世界的图景以真实衬托想象，让我们看见世界存在和运行的另一个维度：在那里时间是循环无尽的，空间是叠合无穷的，空中城市（Sky City）、行走城市（Walking City）、拼接城市（Plug-in City）、海绵城市（Sponge City）、计算机城市（Computer City）等一个个奇思妙想组成了未来世界的时空架构和基本单元，重新定义人类的空间疆域和时间维度。尽管由于技术限制，当时先锋派的未来探索大多停留在手绘、拓印、拼贴的建筑概念画研究或是艺术创作中，但他们对于城市巨构和空间愿景的思考探索，对于未来城市与人类生活新图景的描绘，持续影响着我们的城市规划、建筑设计、艺术创作、动漫影视等诸多领域。

1 由英国建筑师罗恩·赫伦于1964年绘制的“行走城市”草图。在其提出的未来城市构想中，城市不再受到地理限制，而是宛若一个庞大的机器生物，可以自由行走

2 电影《大都会》中的场景。电影由弗里茨·朗导演，于1927年上映，作为一部经典表现主义电影，其以一种非传统的方式，描绘出了当时所认为的未来城市景观

3 1914年的米兰“新趋势派”展览期间，建筑师圣伊里亚和基亚托尼以“新城市”为主题展示了一组草图，其中高度机械化和工业化城市的蓬勃景象，包括摩天大楼和立体交叉的道路，描绘了建筑师对未来建筑的畅想，这次展览的展品目录上的“前言”，即是著名的《未来主义建筑宣言》

3

1 南京北站投标方案

超级高铁，未来已来

进入 21 世纪，世界 200 年来的城市化发展路径、经济体系的底层逻辑正在发生剧烈变化。城市不再以大为美、以规模和集中胜出，工业文明奉为圭臬的规模和效率开始转向人本、生态和可持续。新型城市的胚胎开始萌芽，近乎人之理想、合乎人之需要的未来之城，可以不受历史城市、现代都市地理上的限制，并能克服大城市无限扩展蔓延的惯性，在集约的空间范围内生成分散自立的生态城市。人类家园向沙漠、海洋中拓展，人们在以往的“不毛之地”中生存发展，并与当地环境建立和谐的共生关系。

2021 年，沙特开始实施一项雄心勃勃的造城计划，投资千亿美元打造一座名曰“The Line”的明日之城。这座城市从红海之滨出发，跨越山峦延伸至沙漠腹地。规划容纳 900 万人生活，占地只有 34 平方公里，城市主要功能和活动被镜面板墙限制在一条长 170 公里、宽 200 米、高 500 米的狭长地带中，是名副其实的线性城市。

在这座未来城市中，城市基础设施发生革命性变化：超高速管道列车（Hyperloop）取代传统汽车和道路，纵贯城市，时速高达 600~1 000 公里 / 小时，使城市任何两点之间的行程缩短至 20 分钟以内；城市建筑围绕脊椎状的基础设施建造，城市功能与活动垂直分层分布，人们可以毫不费力地在 5 分钟内到达所有的公共服务设施。超高速管道列车俨然是城市空间的生成器，编绘城市之版图，生成空间之骨架，让整座城市高速流动起来。

在高速流动的城市网络中，站城枢纽位于中心节点上。车站采用模块化的系列镶嵌结构，有机的空间组织由可预制、可替换的自由单元组成，分割成模块的镶嵌单元可以是办公区、餐饮娱乐、自行车存储、儿童日托、小型公园等，既灵活又有可延展性、可调节性，嵌入车站大系统组成的连续空间，创造出车站综合体的无限可能和生命成长代谢。

在当下数字信息革命的带动下，这座未来城市开始摆脱机械时代的特征，展现出生命的状态：脊椎状的基础设施是“核心”“主干”，围绕的服务功能是“单元”“分支”；核心是永久性的，为单元提供通道和支撑，而单元是预制的、可替换的细胞状构件，易于安装和拆卸。城市、建筑不再是静态的实体，而是不断变化的有机“生命”，拥有神经网络和开放的体系与结构，具有可移植性、可裁剪性、互操作性，通过收集和分析用户数据反馈系统，进而调整建筑功能、优化空间使用、触发建筑进化。

站在新时代路口，直面当下拥堵、污染和过时的基础设施等日益增长的挑战，紧凑集约、生态人本的“一线”新城全方位颠覆了传统的城市概念，犹如启示录，为未来城市化的可能性打开了一个新视界。今天，超级高铁正在逐渐成形，从愿景走进现实。2023 年，埃隆 · 马斯克旗下的 The Boring Company 宣布该公司的超级高铁（Hyperloop）在拉斯维加斯环线项目中实现贯通。拉斯维加斯环线项目的规划长度已经达到了 104 公里 / 小时，沿线将建超过 69 个车站。按照规划，真空管道内将使用特斯拉无人驾驶车队运送乘客，隧道胶囊车理论上可以达到每小时超过 1000 公里 / 小时的速度，比目前的高速铁路和飞机都要快。通过在城市之间和城市内部进行快速、高效、低成本的交通，超级高铁可以缓解城市交通拥堵问题，同时也可以提高人们的出行效率和体验。

中国目前也正在积极推进超级高铁项目，中国工程院和铁路部门正在进行相关研究，认为在上海和杭州之间建造第一条超级高铁线路最有可能性，这条 150 公里长的真空隧道将允许磁悬浮列车以高达 1000 公里 / 小时的速度行驶。超级高铁的技术创新和应用将推动交通运输领域的发展和进步，为未来的交通工具和交通系统提供了新的思路和可能性。凭借强大的高铁实力和政策支持，中国未来的交通系统也将会朝着便捷、高效、舒适的方向，与技术创新协同发展，共同步入更高速的未来时代。

未来世界的支点：空间站

在地球的夜空中，移动的星星日益增多，那是人类在太空轨道上的大型建筑物……随着太空电梯的建成，人类开始了对太阳系行星的大规模探索。

——刘慈欣，《三体Ⅱ：黑暗森林》

仰望星空，全球在轨飞行的人造卫星有数千颗，其中最为亮眼的莫过于大吨位、长续航、已在轨运行十余年的国际空间站。空间站是人类远征探索宇宙的“驿站”。它总长 110 米，宽 88 米，相当于 2 个足球场大小，总质量达 400 余吨，可供 6~7 名宇航员在距离地球近 400 公里的空间轨道上长久工作和生活。这是一个以桁架为基本结构的空间联合体，犹如插件城市，各个舱段、功能模块由十多个国家分别在地建造，由重

1

1 太空电梯概念（效果图）

2 NASA 拍摄的地球

型航天器运送入轨，通过预留的接口在轨自动交会对接，将空间站的主体结构、能源控制系统、轨道和姿态控制系统、计算机系统、环境与生命维持系统、宇航员生活工作区域等模块糅合或分列于不同舱段内，不仅实现了空间站功能的增加、切换，也让天地间的双向奔赴、生态构建、良性生长有了一个起飞的平台。

相比于十分昂贵的化石燃料火箭、航天飞机、空天飞机等，太空电梯或将成为天地往返的大众交通工具。在科幻小说《三体》中，太空电梯的一端建在赤道，另一端连接同步轨道卫星，由碳纳米材料的导轨连接，在适当的高度安装“站台”（固定在太空电梯上的空间站），方便乘客和货物上下。几百年后的地球，借由无数直冲九霄的太空“天梯”，地球居民大规模向外层空间移民，在地球外围建立起数以万计、大大小小的空间城。空间城之间也会建设轨道相连的“天路”，这是太空定居点之间交通往来的通道，就像今天把城市连接起来的公路和铁路一样，在星际间开启壮丽的航程……

或许，在不再遥远的未来，借由植入深空的“驿站”，人类将走出地球家园，在太空中游牧定居，建立“太空家园”，开启银河系文明的新世界。

参考文献：

[1] 霍尔．明日之城：1880 年以来城市规划与设计的思想史 [M]．童明．译．上海：同济大学出版社，2017.

附录 | 图片来源

P12：《周礼·考工记》
P13 左：flickr，anokarina 拍摄；右：顾森．中国汉画大图典 [M]．西安：西北大学出版社，2022.
P14：蒋季成．丝路沧桑 [M]．西安：西安地图出版社，2011.
P15：张驭寰．北宋东京城建筑复原研究 [M]．杭州：浙江工商大学出版社．2011.
P16：《清明上河图》
P17、P27、P64：杨勇制作
P18：Wikimedia Commons，由 Sir Joseph Paxton 提供
P19：来自 University of California Libraries，John Tallis 绘制
P20 上：Wikimedia Commons，由 Mister No 提供；下：Wikimedia Commons，由 Norbert Aepli 提供
P21：Historic American Buildings Survey，Cervin Robinson 拍摄
P22：Wikimedia Commons，由 Nono vlf 提供
P23 左：Wikimedia Commons，由 Jean-Pierre Dalbéra from Paris 提供；右：Paris Musée Collections，Charles Joseph Antoine Lansiaux 拍摄
P24：Historic American Buildings Survey，Cervin Robinson 拍摄
P25 上：flickr，TeaMeister 拍摄；下：freepik.com，vwalakte 拍摄
P26：pixabay.com，guy_dugas 拍摄
P28 上：Wikimedia Commons，由 User:Colin 提供；下：Wikimedia Commons，由 DXR 提供
P29：Wikimedia Commons，由 DiscoA340 提供
P30、P31、P35：铁道部第三设计院标准处，南京工学院建筑系，天津大学土建系，等．铁路旅客站建筑设计 [M]．北京：中国建筑工业出版社，1977.
P33：北京站站房设计图纸，由建筑工程部北京工业建筑设计院（现中国建筑设计研究院）和南京工学院合作完成
P36、P37、P54、P171 左、P176 下：由筑境设计 CCTN 提供
P38、P55、P56、P58、P60-P61、P99、P104-P105、P107、P108、P109 上、P112、P115-P118、P120-P123、P125、P126、P127 下、P130-P135、P138、P140、P141、P143 下、P152、P157、P158、P159 左下（三张）、P160 右、P165 左上、P174、P179、P191、P192 上、P192 左下、P199、P204、P205、P207、P208：由筑境设计 CCTN 和中铁第四勘察设计院提供
P46：邹身城，刘伟文，邹小芃．杭州城市发展史 [M]．北京：新华出版社，2007：3-4.
P47：杭州市人民政府地方志办公室．杭州图志 [M]．北京：方志出版社，2019：40-151.
P48-51、P248 下：杭州市档案局（馆）．杭州交通寻踪 [M]．杭州：杭州出版社，2014.
P52：杭州市人民政府地方志办公室．杭州市志 1986—2005 第一卷 [M]．北京：方志出版社，2015：26.
P53 上、P215、P223、P225~227、P229-P231 右、P237、P238、P240、P243、P245、P247、P248 上：王晓东绘制
P53 左下：傅灿良拍摄
P53 右下：谭启晓拍摄
P57、P109 左下、P119 上、P184、P186、P187 下：由中国中铁建工集团有限公司提供
P59：摄图网
P63：Wikimedia Commons，由 Alexander Kachkaev 提供
P65 左：Wikimedia Commons，由 Classical geographer 提供；右：Wikimedia Commons，由 BertSeghers 提供
P66：Rawpixel.com，John Nash 绘制
P67 上：The Metropolitan Underground Railway[J]. The Illustrated London News, 1862 (1181):692；下：New York Public Library，Berenice Abbott 拍摄
P68：Wikimedia Commons，由 Ben Brooksbank 提供
P69 上：Unsplash.com，Kevin Grieve 拍摄；下：Unsplash.com，Deep Trivedi 拍摄
P70：Unsplash.com，Andrei Ianovskii 拍摄
P71、P162、P178、P249：徐洁拍摄
P73、P234 右、P235、P241：图虫网
P74：Unsplash.com，Michał Parzuchowski 拍摄
P75：Unsplash.com，Muktar Musa 拍摄
P76 、P78、P86：Kyoto Station Building 官网（www.kyoto-station-building.co.jp）
P77：rawpixel.com，Takebara Kahei 制作，收藏于 The Beinecke Rare Book & Manuscript Library
P79：Wikimedia Commons，由 XIIIfromTOKYO 提供
P81：Photolibrary.jp，セスナ 172 拍摄
P83、P87 上、P93：Wikimedia Commons，由 Zairon 提供
P85 上：Wikimedia Commons，由 Martin Falbisoner 提供；下：Wikimedia Commons，由 DVMG 提供
P87 下、P88、P90：Flickr，Domenico Convertini 拍摄
P89：Wikimedia Commons，由 Zairon 提供
P91：Wikimedia Commons，由 EXECUTOR 提供

P92：Wikimedia Commons，由 Hide1228 提供
P95：Wikimedia Commons，由 Dick Thomas Johnson 提供
P99、P102-P103、P110-P111、P119、P128、P129、P143 上、P144、P146、P150、P155、P159 上、P161 上、P163、P166-P167、P173、P175、P177、P180-P181 下（三张）、P185 上、P187 上、P188-P189、P190、P196、P198、P200、P202：奥观建筑视觉 AOGVISION 拍摄，由筑境设计 CCTN 提供
P101：程泰宁绘制，由筑境设计 CCTN 提供
P109 右下：来自杭州本地宝
P124：由筑境设计 CCTN、中国城市规划设计研究院和中国中铁二院提供
P127 上、P136、P137 下、P139、P154、P169 下、P171 上、P172：陈畅拍摄，由筑境设计 CCTN 提供
P164、P165 左中、P165 左下、P165 右：钱湘君拍摄，由筑境设计 CCTN 提供
P180 上（第一张）：《富春山居图・子明卷》
P182-P183：杭州园林院绘制，由西站枢纽公司提供
P185 下、P206：孙新尖拍摄，由西站枢纽公司提供
P203：陈立国拍摄，由筑境设计 CCTN 提供
P216 上：原图由程泰宁提供，杨勇制作
P216 下、P218、P220：由程泰宁提供
P217、P221（两张）、P239（三张）：金石声（本名：金经昌）拍摄
P219（两张）：程泰宁绘制
P222：原图由王晓东提供，杨勇制作
P231 左：原图由徐洁提供，杨勇制作
P232、P236、P242 下、P246：李蓉晖（北京中加睿吉景观设计有限公司设计师）绘制
P233：来自成昆铁路纪录片
P242 上：原图由于晨提供，杨勇制作
P244：杨勇制作
P251：*Scientific American* 杂志封面（1913 年 7 月，109 卷，第四期）
P253：flickr，由 Pedro Ribeiro Simões 提供，Maurits Cornelis Escher 绘制
P254：Ljiljana Vujadinovic, Svetlana K. Perovi. Influence of Technology on Socio-spatial City Development; Reflections on Some 20th Century Ideas[J]. Prostor, 2021, 29: 118-129. （Ron Herron 绘制）
P255 上：电影 *Metropolis*
P255 下：吕富珣 . 圣伊利亚与未来主义建筑 [J]. 建筑史，2005，21：215-226.
P256：由筑境设计 CCTN、中国铁设、南京城交院提供
P258：由 NASA 提供
P259：Unsplash.com，由 NASA 提供

后记

2020年底，杭州西站已经开始建设，关于研究火车站的专业图书也有几本正在编撰中，但是我们决定，共同编著一本以专业背景为基础的火车站故事书。火车站的复杂和丰富使其成为城市生活中最有趣、最生动的场景，可以在无数小说、电影和报纸中找到火车站中的场景故事。许多重大历史事件和决定人们命运的时刻都发生在火车站，其中的情景大家都能共情。同时，当今的火车站已经与城市融为一体，成为改变城市生活的重要推动力。

杭州西站故事由此开始，尽管受到新冠肺炎疫情的困扰，但杭州西站的工程和写作仍按计划持续推进，筑境团队几乎每周都到现场协同工作，为我们提供了大量的工程分析报告和影像资料。通过几次与筑境团队各个专业的研究讨论，我们逐渐厘清了西站在专业维度上的层次。站城融合的杭州西站，如此庞大的体量和规模，以东方意境中的“云”为意象，通过“云门”“云谷”“云厅”“云盖”等元素，建构着杭州城市西部的中心节点。

通过几次实地考察，我们着实被杭州西站的未来感震撼，它是无数不同空间的叠合，是时间和空间的交汇、穿越——仿佛记忆也在这里交错，不同年代的场景、人物和事件再次浮现在眼前。火车站是相聚与离别的地方，“车站”始终是我们来时的“起点”，是去远方追求梦想奔向未来的开始。

当我们谈论起绿皮火车、探亲、回家、远行这些流动的风景时，大家的眼中都闪烁着兴奋的光芒，沉浸在幸福的回忆中。这些也许就是火车站建筑的温度和记忆的痕迹，永远能温暖人们的内心。那些时刻的空间、场景和人物成为了永恒的定格。

如果轮子是人类最重要的发明之一，那火车就是工业时代最具影响力的创造之一，因为火车与火车站改变了城市与生活。

我们按照历史的发展线索，从中国古代的“匠人营国”到“九经九纬”的道路和城市格局，再到“车同轨”的国家发展战略，从近现代工业革命的源头伦敦火车站到亚洲京都火车站的对比研究，似乎能够发现城市和火车站发展的脉络。火车站和城市相互依存、合为一体，逐渐成为大城市发展的重要支撑，交通和火车站指向未来，而未来已来。

本书的写作过程经历了多次研讨和修正，伴随着杭州西站的建设同步展开，其中凝聚了各单位许多同仁的心血与付出。

感谢国铁集团原总工程师郑健在杭州西站设计与建设过程中给予的大力支持和帮助，推动了一座站城融合代表性客站的诞生，并不断激励与启迪铁路客站设计者的创新思考。

感谢国铁集团相关机构与部门的支持与奉献，感谢徐尚奎、韩志伟、李京、刘振娟、郭明、蔡珏、郑云杰、刘世峰、阎伟、付鹏、苏杭、周正、张凯、王彦、张宇墨。感谢上海铁路局俞敏、徐娟霞、郝颖、童亮亮、艾岩、朱晓东、徐雄、李新，上铁房产徐益、孙雷、王拥军，沪杭公司董光炎、武金料、汪海沧、王学盛，在西站的建设中倾注了心血，并为本书编写提供了悉心指导与专业意见。

感谢杭州市交投集团陈金友、许敦莲、张敏、张佰良、宫达、马戈等同仁对于西站建设、管理和服务的辛勤付出。通过丰富多样的城市活动延续了西站的生命力，让西站呈现出独特风姿，也让这本书变得丰满生动，同时充满了烟火气。

感谢设计联合体中铁第四勘察设计院盛晖、罗汉斌、杨志红、王敏、周洋、吴奎在西站设计过程中的并肩奋斗以及提供相关图纸和资料的支持。

感谢中国城市规划设计研究院李晓江院长、尹维娜，杭州市规划设计研究院王锋、张弢，在西站方案阶段的共同协作，为西站的落成提供了专业性建议，也对本书中的观点产生了重要影响。

感谢筑境团队的支持与帮助，是你们的思想火花和严谨的工作精神激励着我们,使我们在编写过程中能够持续有所发现,并不断学习、不断突破。

感谢摄影师和绘画老师王晓东和李蓉晖的友情工作，让这本书的阅读体验更具有画面感和感染力。

感谢为中国铁路作出贡献的一代又一代的工作者!

编者

2023 年夏末于同济大学